René Kerviler

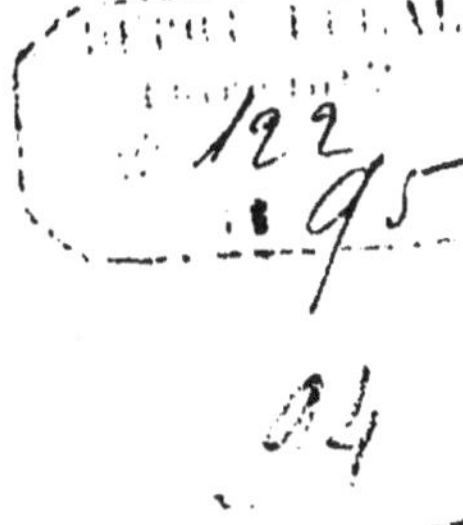

TRENTE JOURS

A TRAVERS

la Savoie, la Suisse et l'Italie

SAINT-NAZAIRE

IMPRIMERIE FRONTEAU, RUE DE L'HOTEL-DE-VILLE

1896

TRENTE JOURS

A TRAVERS

la Savoie, la Suisse et l'Italie

SAINT-NAZAIRE

IMPRIMERIE FRONTEAU, RUE DE L'HOTEL-DE-VILLE

1893

TRENTE JOURS

A

travers la Savoie, la Suisse et l'Italie

Au mois de septembre 1874, j'eus occasion d'entreprendre, avec ma femme, un voyage de vacances en Suisse et en Italie. Nous laissâmes les enfants à leur grand'mère et nous partîmes directement de Nantes par la voie de Lyon et de Genève. A Venise un de mes beaux-frères qui sortait de l'école d'application du génie de Fontainebleau vint nous rejoindre et acheva le voyage avec nous. Le programme en avait été minutieusement tracé d'avance, pour épargner toute perte de temps, car nous n'avions à notre disposition qu'un mois sans un seul jour de plus ; et j'avais pu d'autant mieux l'établir, qu'en 1864, j'avais déjà visité seul une partie de la Suisse et une partie de l'Italie. Nous réussîmes à le réaliser sans encombre jusqu'au dernier moment et j'ai pensé que le récit de cette rapide excursion pourrait servir de guide ou de memento à ceux qui désireraient tenter l'expérience, en faisant provision, au départ, d'une forte dose d'activité corporelle. On me pardonnera si j'ai osé prendre parfois la forme du vers et en particulier celle du sonnet, pour résumer quelques fortes impressions. Outre que cela jette une certaine variété dans la monotonie de la prose, je n'ai pas trouvé d'autre moyen d'exprimer plus exactement ce que j'ai parfois ressenti, soit devant les grands tableaux de la nature, soit devant les chefs-d'œuvre de l'art, soit au spectacle plus philosophique des manifestations encore subsistantes de l'histoire des peuples.

Ceci bien entendu, reprenons, ma femme et moi, chacun nos deux sacs de voyage portés à la main, car il est essentiel, en pareille occurrence, de ne pas être retardé par ses bagages, et remettons-nous en route.

CHAPITRE PREMIER

De Nantes au Mont-Blanc

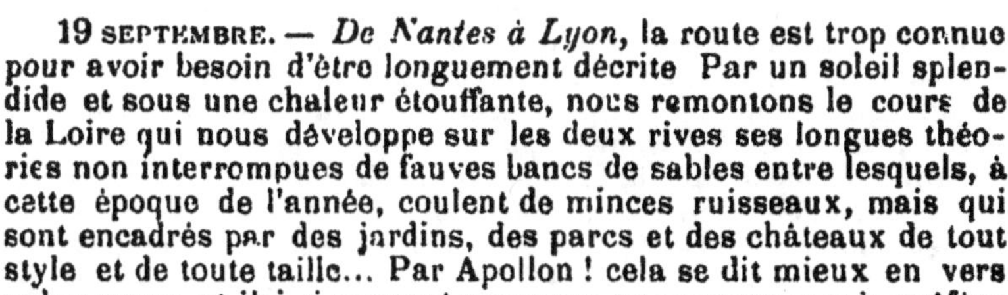

19 SEPTEMBRE. — *De Nantes à Lyon*, la route est trop connue pour avoir besoin d'être longuement décrite. Par un soleil splendide et sous une chaleur étouffante, nous remontons le cours de la Loire qui nous développe sur les deux rives ses longues théories non interrompues de fauves bancs de sables entre lesquels, à cette époque de l'année, coulent de minces ruisseaux, mais qui sont encadrés par des jardins, des parcs et des châteaux de tout style et de toute taille... Par Apollon ! cela se dit mieux en vers qu'en prose, et j'ai si souvent parcouru ce paysage que je préfère le représenter à la manière d'Oronte :

La Loire de Nantes à Tours, en septembre

— SONNET —

Loire, fleuve de sable avec des filets d'eau,
Salut, noble vaincu que l'été seul terrasse ;
Aujourd'hui des enfants tendent sur toi leur nasse,
Mais tu seras demain le maître de nouveau.

Alors, tes flots chargés d'un limoneux fardeau
Sur ces grèves viendront reconquérir leur place ;
Et roulant, généreux, contre vent, mer et glace,
Ils fertiliseront la plaine et le coteau.

Cependant la verdure embellit tes deux rives.
Prés, jardins et grands bois, bosquets aux sources vives
Entourent les châteaux, les manoirs, les clochers,

Et tes bords sont si frais, tes vallons si tranquilles,
Et si bien encadrés de mousse tes rochers,
Qu'ils rendraient l'énergie aux énervés des villes.

Mais nous n'en sommes pas encore à cet état d'énervement : et nous nous contentons de passer la revue rapide des tours et des châteaux : Saumur, sa vieille citadelle et ses moulins, Langeais et sa porte à poivrières..... puis après avoir salué au passage la capitale de la Touraine qui ne laisse apercevoir que les sommets de ses clochers, nous nous engageons vers le soir dans la vallée du Cher, plus étroite, plus calme et plus bourgeoise, dont nous voyons disparaître successivement, à la faveur des derniers rayons de la lune, les coteaux adoucis. Bientôt la nuit nous supprime tout paysage aux environs de Vierzon, et nous dormons d'un profond sommeil en passant devant Bourges et Moulins. Les touristes qui ne participent pas au privilège de pouvoir sérieusement dormir, à l'occasion, en chemin de fer, doivent se résigner à restreindre, dans une large proportion, les jouissances qu'ils ont à retirer de leur voyage, s'ils n'ont à leur dioposition qu'un temps déterminé.

20 SEPTEMBRE. — A six heures du matin, le soleil levant nous éveille, aux environs de Roanne, colorant d'une teinte rosée les premiers contreforts des montagnes de l'Auvergne. La Haute-Loire coule ici dans une large plaine légèrement ondulée : nous la traversons au milieu des immenses filatures de coton et de soie qui coupent de leurs lignes sèches et sombres les bandes vertes des prairies et des vignes : puis nous montons vers le faîte séparatif des bassins de la Loire et de la Saône. Le paysage devient fort accidenté à mesure qu'on s'élève, mais il est à peine boisé. Néanmoins plusieurs bourgs au dessus desquels nous passons à une grande hauteur, Saint-Victor, Amplepuis, paraissent agréablement situés. C'est le dimanche matin. On entend au loin les cloches sonner à toutes volées lorsque les nombreux méandres de la voie se présentent sous le vent des villages ; on n'aperçoit aux stations que gens en habit de fête ; on respire un air frais et qui porte avec soi la gaieté : comment ne pas augurer pour notre expédition le cours le plus favorable ? Si le panorama pouvait ne pas disparaître avec tant de rapidité, nous garderions un contentement parfait : mais nous ne sommes pas encore en Suisse, et par conséquent nous n'avons pas le droit de nous plaindre.

Aux approches du faîte, le sol devient beaucoup plus tourmenté, et le point culminant porte avec juste raison ce nom caractéristique « *Les Sauvages* » ; mais c'est surtout après l'avoir franchi, et en descendant vers Tarare, que la montagne se découpe d'une façon franche et nette ; les pentes sont beaucoup plus fortes sur ce versant de la Saône, les vallons plus étroits : et les sommets, dont l'altitude ne dépasse pourtant pas 7 ou 800 mètres, semblent plus élevés qu'ils ne le sont en réalité. Nous passons au dessus de la grande ville industrielle de *Tarare*, encaissée au fond d'une vallée sinueuse : elle apparait tout d'un coup au détour d'une courbe et disparait de même, au bruit du torrent qui coule à nos pieds : ses toits gris ou bruns, sur lesquels plonge au loin notre vue, nous représentent, grâce aux reflets brillants de quelques rayons de soleil perçant de gros nuages qui commencent à s'amonceler, une véritable mer de tuiles aux flots agités.

De Tarare à l'Arbresle, la vallée de la Turdine, à mesure qu'elle s'élargit, prend un air frais et riant. Les grandes manufactures qui nous poursuivent toujours de leurs immenses façades, semblables à des régiments de casernes, s'encadrent doucement dans la verdure; et la petite ville très pittoresquement assise de l'*Arbresle* nous marque la transition toujours heureuse de la montagne à la plaine : les coteaux s'inclinent lentement et nous allons bientôt atteindre la vallée proprement dite de la Saône. A toutes les stations, on embarque dans le train une foule de gens endimanchés, aux allures bruyantes, qui, sans doute, vont passer la journée à Lyon pour y chercher les plaisirs non moins bruyants de la grande ville, pendant que les Lyonnais, au contraire, se répandent dans leurs campagnes, pour échapper, au moins une fois par semaine, à l'étreinte de leurs rues et de leurs collines. Un vénérable ecclésiastique qui prend place à côté de nous pour se rendre, aussi lui, mais pour d'autres motifs, dans la patrie du célèbre Barodet (1), nous assure que les concitoyens du nouveau député de Paris ne doivent pas être jugés sur cette seule étiquette ; que ce sont d'excellentes gens ; que les œuvres pies sont chez eux florissantes ; que nulle part en France on n'a plus ouvertement acclamé la proclamation du dogme de l'Immaculée-Conception ; que les illuminations du 8 décembre sont encore aussi générales et aussi populaires qu'en 1854 ; et que nous trouverons à midi des messes très suivies, non-seulement à la cathédrale de St-Jean mais dans toutes les paroisses urbaines ; aussi, la conscience désormais tranquille, au sujet du devoir dominical, dévorons-nous avec l'appétit que donne l'air vif du voyage, un déjeûner cueilli à la gare voisine et assaisonné par les exclamations de joie de nos compagnons qui sentent les approches de la cité Lyonnaise en constatant que les accidents de la plaine s'allongent successivement sous nos yeux.

Enfin l'horizon s'élargit brusquement pour s'étendre à perte de vue vers le Nord, et nous atteignons la Saône à St-Germain pour emprunter les rails de la ligne de Paris, au point où la rivière se resserre entre le mont d'Or et les hauteurs de Sathonay avant d'entrer à Lyon et de se perdre dans le Rhône. Cette arrivée à Lyon est fort belle. Le chemin de fer longe la rive droite de la Saône au pied du Mont-d'Or dont les pentes sont très abruptes ; et sur l'autre rive on voit défiler une série de riants villages, de petits ports ombragés, de châteaux, de parcs et de villas qui annoncent les faubourgs voisins de la seconde ville de France. Puis les remparts des forts de ceinture apparaissent sur la pointe avancée de Calvire et de la Croix-Rousse, les groupes d'habitations deviennent plus compacts ; un léger voile de fumée s'étend au Sud ; le jour disparaît tout à coup... nous sommes entrés sous le grand tunnel de Fourvières et nous débarquons à la gare de Perrache, presqu'au confluent même de la Saône et du Rhône, à dix heures du matin, après vingt-deux heures de wagon.

---

(1) Il est bon de se rappeler qu'à l'époque où nous exécutions ce voyage le monde politique avait été très ému par l'élection de M. Barodet à Paris, contre M. de Rémusat, le vieil ami de M. Thiers.

Lyon. *Trois heures d'arrêt.* — Hélas ! un brouillard assez épais nous menace du côté du midi ; et nous avons à peine logé dans une voiture découverte, nos personnes et nos bagages pour transporter ceux-ci à la gare des Brotteaux, de l'autre côté de la ville, tout en visitant ses rues, ses places et ses monuments, qu'une pluie fine commence à refroidir notre enthousiasme à l'égard de ce que nous pouvons soupçonner des splendeurs lyonnaises. Nous descendons cependant, décidés à tenir tête au mauvais temps, la belle rampe en fer à cheval de la gare de Perrache ; et nous nous lançons aussitôt en plein cœur de la cité. Mais ce beau dévouement ne reçoit qu'une demi-récompense.

Il y a des villes dont la visite demande plusieurs jours d'attention soutenue : presque à chaque pas on rencontre, dans leurs vieilles rues, des ensembles ou des détails d'architecture ancienne, maisons, églises, fontaines, vénérables monuments de toute sorte, qui forcent l'arrêt, sollicitent l'étude, et provoquent tantôt l'étonnement, tantôt l'admiration. Rouen, Bourges, Dijon, Bordeaux, sont dans ce cas et j'imagine que Lyon devait jadis leur tenir cortège, car je me rappelle ces vers, ou prétendus tels, que Loret insérait dans sa *Muse historique* en 1664, à propos du voyage du Légat envoyé par le Pape à Louis XIV :

> Comme Lyon est une ville
> Opulente et riche, entre mille,
> Et comme elle a par sa grandeur,
> Par sa noblesse et sa splendeur,
> Du renom en mainte contrée,
> Quand le Légat y fit entrée,
> Il fut reçu des habitans
> Avec tant d'aprets éclatans
> Que mille fois cette Eminence
> Admira sa magnificence....

Malheureusement les commissaires de la Convention, Fouché, Méaulle et Collot-d'Herbois, se sont chargés, en 1794, de faire passer cette magnificence à l'état de souvenir historique. Lyon avait résisté à la Montagne. On voulut faire un exemple terrible, et sa destruction complète fut décidée. On avait projeté de semer ensuite du sel sur ses ruines pour les transformer en un vaste désert sur lequel l'herbe même n'aurait plus poussé : puis on aurait planté là un écriteau solitaire sur lequel la postérité aurait lu cette inscription laconique. « Ici fut un repaire d'aristocrates ». Et l'œuvre de vengeance commença : les habitants furent fusillés en masses et des quartiers entiers démolis. Si le 9 thermidor n'était pas survenu pour arrêter ce désastre, il ne serait pas resté de l'opulente cité pierre sur pierre... On rebâtit aussitôt la ville avec tout le confort de l'architecture moderne, mais il en est résulté que ces longues rues, froides et monotones, n'offrent plus au touriste les séductions d'autrefois. On a vite fait de les parcourir.

Donc, fouette cocher, et prends bien garde de ne pas nous

faire passer devant tout ce qui mérite une station. D'abord nous
longeons la grande place nationale veuve, depuis le 4 septembre,
de la statue équestre de Napoléon Ier que j'y avais jadis admirée.
Toujours les iconoclastes qui prétendent supprimer l'histoire ! et
ces gens-là sont légion : à Courbevoie, ils jettent le légendaire
Petit-Caporal dans la Seine ; à Bordeaux ils s'attaquent à Napoléon III ; à Nantes au ministre Billault ; et cependant, voyez
l'inconséquence : ils y laissent Louis XVI... mais peut-on
demander de la raison aux passions politiques ? Pour moi, intrépide archéologue de race, quelle que soit l'origine d'un monument,
une fois élevé, je voudrais qu'on n'y touchât plus. Mais il y en
aurait trop, me direz-vous, et l'on ne trouverait plus de place
pour en construire... Oh ! que non pas ! les courtisans d'une idée
trouveront toujours moyen de réaliser l'apothéose de leur idole.
Cette variété de monuments serait, pour nos enfants, singulièrement instructive : mais les humains ne seront jamais assez
sages pour nous offrir cette ressource d'éducation. C'est un rêve
de philosophe... En y songeant, nous traversons, par la rue
St-Joseph, le quartier aligné au cordeau qui conduit à la place
Bellecour. Si l'on excepte les grandes places de Paris et de Versailles, celle-ci est l'une des plus belles de France ; bien qu'elle
ne présente pas de monument particulièrement imposant, son
ordonnance générale est majestueuse et les dimensions de son
carré nous paraissent peut-être plus considérables encore, grâce
au brouillard qui éloigne les perspectives et qui ne se lasse point
de nous poursuivre à travers la rue Impériale dont le lourd
monument néo-renaissance qu'on appelle la Bourse n'attire que
très médiocrement notre attention. Voici l'Hôtel-de-Ville et le
Grand-Théâtre, d'une architecture plus sobre, puis le pont
Morand, la place Louis XVI avec sa fontaine artistique en marbre
blanc, et les interminables cours du quartier des Brotteaux.
Nous traversons de nouveau le Rhône entre deux eaux, sur le
pont Lafayette : le brouillard qui assombrit le paysage donne un
aspect imposant au cours impétueux du fleuve dont le bruit sourd
se mêle au crépitement de la pluie depuis quelques instants plus
violente, et la grande silhouette de l'Hôpital se détache sombre-
ment avec son dôme noir à notre gauche... Devant nous se
dresse le coteau de Fourvières sur le haut duquel on devine dans
le brouillard le clocher de Notre-Dame. Mais comment songer à
monter à Fourvières par un pareil temps ?... J'y avais admiré en
1864 un panorama inoubliable. C'était le soir, un peu avant le
coucher du soleil : la ville entière s'étendait à mes pieds avec son
bourdonnement de ruche en travail et sa fourmillière de maisons
et d'habitants ; les deux fleuves dessinaient au loin leurs bandes
d'argent à travers la campagne verdoyante ; et par dessus les
derniers plans vaguement estompés de l'horizon une silhouette
blanche profilait les cimes du mont Blanc : près de moi les
pygmées en mouvement perpétuel : là-bas le colosse immobile :
Je restai longtemps en contemplation devant ce spectacle grandiose, et quand la nuit m'en arracha après avoir successivement
éteint tous les contours et toutes les couleurs, je vis que le ciel

resplendissait d'étoiles, et que les mondes extérieurs restaient
encore à contempler quand le nôtre avait disparu. Aujourd'hui
nous ne pourrions monter là-haut que pour entendre la messe
dominicale de midi à Notre-Dame, mais nous n'aurions plus le
temps de prendre ensuite le train de Genève. Force nous est donc
de continuer notre promenade en bas, sous la pluie, jusqu'à ce
qu'il soit l'heure de nous rendre à l'église la plus rapprochée de
la gare

Traversant l'étroite presqu'île située entre le Rhône et la
Saône, nous passons devant l'élégante façade gothique de St-
Augustin, puis nous gagnons l'ex-place de l'Impératrice, occupée
par un coquet square à fontaine et groupes de statuettes : la verdure s'y marie admirablement avec le marbre, et si la balustrade
était moins lourde, l'ensemble serait charmant. Près de là, se
trouve le pont du Palais d'où l'on découvre un magnifique panorama sur la Saône : en face la longue colonnade du Palais de
justice et les tours carrées de la cathédrale de St-Jean dominées
par la montagne de Fourvières ; à droite les hauteurs de la
Croix-Rousse avec leurs innombrables maisons disposées en
amphithéâtre : à gauche, les ponts, les quais et les collines qui
s'abaissent harmonieusement vers le Rhône. C'est ici l'un des
plus beaux points de vue de Lyon et celui que les artistes se
plaisent à représenter pour donner une idée de la grande ville.
Nous franchissons le pont suspendu, puis à travers les ruelles
antiques qui séparent le palais de justice de la cathédrale, nous
parvenons sur le parvis de St-Jean au moment où une foule
compacte sort de la grand'messe par les trois larges portes
gothiques surchargées de fines sculptures du xiiie siècle, qui font
le plus bel ornement de cette vieille place, trop étroite pour
donner une juste idée des proportions du monument. L'aspect
extérieur de la cathédrale n'est pas séduisant : la pierre est noire
et presque tout l'édifice, sauf la façade et le chevet est enclavé
dans des constructions qui empêchent d'en apprécier le style.
A l'intérieur un peu trop sombre, les proportions de la nef qui
date des premiers temps de l'époque gothique sont fort heureuses,
le triforium est très élégant, et les fines nervures des voutes
donnent à l'ensemble une grande légèreté. Mais de grâce, que
l'édilité lyonnaise débarrasse au plus vite ce beau vaisseau des
coquilles parasites qui flanquent sa carène !

Il est temps de prendre le chemin de la gare de Genève. Nous
retraversons le Rhône, cette fois sur le pont du Collège, et nous
nous dirigeons vers l'église des Brotteaux, en remarquant que les
noms des quais, des rues et des places, dans tout ce quartier,
rappellent des souvenirs d'ancien régime. Ce ne sont ici que
quais Joinville ou d'Albret, cours Bourbon, rue Monsieur, rue
Madame, place Louis XVI, avenue de Saxe ou de Vendôme : et
la rue Bugeaud qui nous mène à l'église est flanquée de la rue
d'Enghien et de la rue d'Orléans. L'Empire avait respecté tous
ces noms, mais l'on s'est empressé de supprimer tous ceux qui
rappelaient l'Empire. Pauvre histoire ! comme on te traite avec

désinvolture ! mais il en a toujours été ainsi dans tous les temps
et dans tous les pays... L'église des Brotteaux est fort modeste ;
c'est une basilique simple, précédée d'un portique à colonnes
doriques dans le type architectural fort en faveur il y a une
trentaine d'années. Malgré la pluie qui tombe à torrents, elle est
remplie d'une foule en toilette à demi bourgeoise, derrière laquelle
se tiennent en grand nombre des ouvriers de fort bonne tenue.
Ici, n'est sans doute pas le quartier général de ce radicalisme
lyonnais qui a fait tant de bruit dans les derniers temps. Pour
en juger, il faudrait monter à la Croix-Rousse ; mais nous n'en
avons pas le loisir et la gare de Genève nous appelle à grands
cris.

Après une visite aussi superficielle et si contrariée par le
temps, il serait difficile que nous puissions rapporter de Lyon
une idée exacte : la physionomie générale de la cité nous a seule
présenté ses principaux traits et nous n'avons pénétré ni dans
les musées qui sont fort riches, ni dans les manufactures et les
usines qui sont nombreuses et très variées. Notre impression
concorde cependant avec celle que j'avais déjà ressentie en 1864.
Lyon est une ville incontestablement grande et prospère : mais
elle manque d'air et d'originalité ; elle est écrasée par les hautes
collines fort escarpées qui la dominent ; et malgré la place Bellecour, ce qu'elle a de plus beau, c'est le Rhône et Fourvières.
On y rencontre beaucoup d'édifices intéressants, mais pas un
monument qui frappe réellement l'imagination. Que de villes de
moindre importance, Bordeaux et Nancy pour n'en citer que deux,
ont à la fois plus d'air et de majesté !

Dé Lyon à Genève. — La gare des Brotteaux était assiégée
par une foule de Lyonnais qui, bravant le brouillard et la pluie,
préféraient la villégiature à leur prison. En wagon, notre compartiment est au grand complet et fort heureusement nous arrivons assez à temps pour prendre d'assaut deux fenêtres. Le ciel
commence à s'éclaircir : nous avons l'espoir de quelques belles
échappées sur la plaine et sur la montagne. Cinq minutes de retard
à cause de l'encombrement : le train siffle et nous partons. Voici
d'abord, épars au milieu du parc bouleversé de la Tête-d'Or les
derniers débris de la grande exposition internationale de 1872 :
des fermes métalliques, des pans de murs, des amas de décombres. Le grand Léviathan industriel a passé par là ; longues et
douloureuses sont ses traces ; et la Tête-d'Or se souviendra longtemps de son hôte aux griffes de fer. Mais aussi pourquoi lutter
avec le Champ-de-Mars de Paris, qui, un an à peine après l'exposition de 1867, ne gardait plus aucun souvenir de ses lacs, de
ses palais, de ses vallons et de ses grands arbres !... Nous traversons le Rhône et suivons, sur la rive droite, de riches coteaux
couverts de vignes et de villas aux stations desquels s'égrène le
long chapelet de nos compagnons de route. De temps à autre, un
rayon de soleil s'échappant d'un groupe de nuages vient éclairer
de teintes chaudes et dorées les toits rouges ou les bosquets
fleuris dont la pluie du matin a foncé les couleurs ou développé .

les senteurs pénétrantes. Les riantes stations de Montluel et de Meximieux nous présentent ainsi leurs profils pittoresques, tandis qu'à notre droite de l'autre côté du Rhône, une plaine immense bornée à l'horizon par une ligne de brouillards semble se prolonger indéfiniment, sans nous faire pressentir les contreforts du Jura ou des Alpes.

A quelques kilomètres au-delà de Meximieux, nous franchissons l'Ain, un peu au-dessus du point où il se jette dans le Rhône, et nous apercevons sa vallée fraîche et verte se dérouler à longue distance vers le Nord ; puis nous nous arrêtons à Ambérieux, à l'entrée de la vallée abrupte et resserrée de l'Albarine, pour attendre le train venant de Bourg. On n'a guère le temps, pendant l'arrêt, d'aller visiter la ville, située à quelque distance et qui ne présente, dit-on, de remarquable que ses manufactures de drap pour l'armée ; aussi pouvons-nous, du quai de la gare, étudier à loisir les silhouettes dentelées des coteaux voisins et les ruines de la vieille tour féodale de St-Denis-le-Chausson qui se dresse au promontoire le plus avancé de la bifurcation des vallées du Rhône et de l'Ain. On se plaint souvent de ces arrêts forcés qui font perdre un temps précieux pendant les courts voyages ; mais ils ont leur charme, au milieu des longs trajets, surtout lorsqu'on les subit, comme celui-ci, en présence d'une nature aux larges traits, aux tableaux francs et pittoresques.

A quatre heures, nous remontons en wagon, presque seuls cette fois, pour nous engager dans le défilé qui conduit à Saint-Rambert et à Culoz. Cette petite vallée, jadis défendue, dès son entrée, par les deux châteaux de St-Denis et de St-Germain, placés en sentinelles sur ses deux rives et complètement en ruine aujourd'hui, est très variée d'aspect. D'abord ombreuse et riante, elle se resserre à mesure qu'on s'approche de St-Rambert-de-Doux, en se repliant deux ou trois fois sur elle-même : puis, dès qu'on a franchi ce village manufacturier, composé de filatures de laine et de soie, de papeteries et de fabriques de linge de table, qui se cramponnent aux flancs d'une arête rocheuse et moussue, elle devient si étroite que les moulins et les chûtes d'eau des usines peuvent à peine trouver leur place à la pointe du triangle renversé qui constitue son profil. Bientôt, au-dessus des filatures et des blanchisseries de Tenay, nous gravissons lentement un vallon secondaire aux murailles à pic qui se dressent des deux côtés comme des forteresses ; le cours d'eau a disparu, et la voie de fer l'a remplacé, trouvant tout juste sa largeur dans ce qui fut son lit : les aspects deviennent de plus en plus sauvages ; les parois de la montagne affectent partout des formes absolument géométriques ; ce ne sont plus que des cônes d'éboulis parfaits, enchevêtrés par leurs arêtes et surmontés par d'immenses surfaces cylindriques rigidement verticales : un vrai paysage fantastique à la Gustave Doré. De temps en temps, quelques chèvres apparaissent capricolant au milieu des éboulis et broutant les maigres ronces qui réussissent à y pousser. C'est le désert de la désolation : et le noir serpent de wagons qui rampe péniblement au fond du val aride, en lançant avec de sourds mugissements ses flots de fumée opaque vers les sommets chaudement éclairés par les rayons du soleil à son déclin, conduit notre imagination dans les régions étranges que décrivent les légendes. Au col, le vallon s'élargit un peu, pour nous offrir trois étangs aux eaux noirâtres dont l'aspect triste et morne augmente encore notre sinistre impression. Ici Dante pourrait placer l'une de ses scènes les plus sombres.... Mais tout à coup, la marche du train s'accentue ; la vapeur siffle joyeusement ; les échos répètent de tous côtés ses appels et nous descendons à grande vitesse vers le Rhône, en suivant le val du Guraud qui s'ouvre bientôt, large et bien découpé, avec des cascades, des ruines de vieux châteaux et de bizarres plateaux rocheux semblables à d'immenses bancs de pavés.

Nouvel arrêt à Culoz, pour l'embranchement de la ligne d'Aix et de Chambéry, au pied de la montagne du Colombier, devant le vallon déversoir du lac du Bourget. Le ciel s'est complètement éclairci ; plus un seul nuage. Il est près de six heures du soir et les colorations jaunes ou violettes dues au soleil couchant donnent une chaude profondeur aux horizons et de vigoureux reliefs aux majestueux massifs qui émergent de la plaine à quelques pas de nous, pour défendre le passage. Mais ce spectacle, si grandiose qu'il soit, n'est qu'un simple prélude auprès de celui qui nous attend lorsque nous reprenons définitivement notre voyage deux fois interrompu, pour entrer, au clair de lune, dans les gorges du Rhône. La voie s'élève d'abord péniblement jusqu'au plateau inférieur des montagnes du Val Romey ; puis, de Seyssel à Bellegarde, elle se maintient à une grande hauteur au-dessus du fleuve qu'elle côtoie de très près et qui roule en grondant au fond de précipices à pic. A de certains détours, il se présente en enfilade, tout argenté par la lune qui fait scintiller ses eaux impétueuses, tandis que devant nous, barrant la vallée, se dresse le noir massif du Credo sur l'arête duquel est entaillé le fort de l'Ecluse. De temps à autre, un tunnel nous plonge dans une obscurité profonde, et tout d'un coup les clartés bleuâtres du crépuscule lunaire nous donnent la sensation d'être emportés dans le monde des rêves, vers une sorte de sabbat, entre ces flots écumants qui mugissent à nos pieds et ces sombres pics qui menacent nos têtes. Nous arrivons ainsi à la station de Bellegarde.

De l'extrémité du viaduc de la Valserine qui se charge brusquement de nous faire croire que nous touchons à ce but infernal, le village nous apparaît tout illuminé, au fond du gouffre, de mille feux étincelants qui forment une auréole au-dessus de ses toitures ; et des clameurs s'élèvent de toutes parts. A peine le train s'est-il arrêté en gare, qu'une foule compacte se précipite sur la voie, forçant les barrières, repoussant les gendarmes et chantant à pleins poumons des refrains bachiques ou des airs nationaux. Pendant qu'on ajoute force wagons, ceux qui nous ont amenés sont envahis de force ; et ce ne sont que cris de gens bousculés qui s'imaginent ne pas trouver place ou sont écrasés par leurs voisins, que vaines protestations des agents de la Compagnie qui ne peuvent réussir à contenir les assaillants ; que coups de sifflets des chefs de gare affolés ou des locomotives en manœuvre. A cette hauteur, entre ciel et terre, avec nuit close, aux éclats jaunes du gaz et aux rayons blafards de la lune, on dirait d'une danse démoniaque, dont les files noires de wagons qui s'engagent de temps à autre en mugissant sur le viaduc, semblent mener le branle aérien... Que signifie tout ce vacarme ? Au bout de vingt minutes, le calme se rétablit peu à peu, on n'entend plus au fond du précipice que les chants joyeux des retardataires ; un dernier coup de sifflet retentit suivi d'une immense clameur ; notre train plus que doublé traverse péniblement l'immense viaduc de la Valserine pour s'engouffrer presque immédiatement dans le long tunnel du Credo, et nos envahisseurs nous apprennent que toute cette multitude est composée de Genevois qui, pour fuir le jour de jeûne cantonal, sont venus faire bombance à Bellegarde, et s'en retournent gaillardement chez eux avec la conscience du devoir à la fois éludé et accompli. Il y a fort à parier que le rigide Calvin n'eût pas toléré jadis de pareilles licences. Mais depuis trois siècles les compatriotes de Topffer se sont singulièrement émancipés. Leur prophète n'est plus Calvin, mais Rabelais. Ils vous en font l'aveu avec une candeur qui vous désarme.... Prenez donc la peine d'édicter des lois de sacrifice et d'abnégation, pauvres petits états enclavés ! La terre étrangère est beaucoup trop voisine et vos jours de pénitence se changent en jours de plaisir.

Mais la sortie du tunnel du Credo, en nous rendant la lumière, nous arrache à nos réflexions philosophiques, et nous glissons rapidement sous les escarpements qui supportent les batteries étagées du fort de l'Ecluse. Eclairées en plein par la lune, leurs blanches murailles nous paraissent plus formidables qu'elles ne le seraient au jour : et cette gorge étroite au fond de laquelle roule le Rhône avec fracas, comme pour protester d'être ainsi resserré entre les deux flancs de la montagne déchirée par les convulsions géologiques, nous donne à penser qu'une armée d'invasion devrait chercher ailleurs un passage. Nous traversons encore quelques tunnels : puis la vallée s'élargit : voici Collonges. Nos voisins, deux jeunes mariés dont l'accent exotique rend la conversation assez difficile à saisir, nous annoncent que la frontière suisse est franchie. Nous cherchons en vain à apercevoir les cimes du mont Blanc que l'on doit saluer de Sattigny ; et bientôt, à neuf heures du soir, nous entrons dans la grande halle couverte de la gare de Genève.

Genève. — Vaste et bien aérée, la gare de Genève, située sur une éminence qui domine toute la ville, occupe le plus bel emplacement de station que l'on puisse rêver. Nous admirons, à la porte de sortie, la tenue correcte et distinguée des gendarmes suisses, qu'on pourrait prendre, n'était leur étroit baudrier jaune,

pour des élèves de quelque école spéciale : nous traversons la file
imposante des chasseurs luxueusement galonnés de tous les
hôtels de la ville, alignés comme pour une réception princière,
et nous prenons place avec nos bagages dans l'omnibus tout
garni de velours rouge de l'hôtel de la Couronne. On sent, dès
ces premier pas, qu'on est entré sur un territoire cosmopolite,
où rien n'est épargné pour assurer aux voyageurs les plus
exigeants les moindres desiderata du confortable et du luxe
modernes. Nous apprendrons par expérience à en prendre et à
en laisser.

Du terre-plein de la gare, on jouit d'un magnifique panorama,
auquel le clair de lune et les brillants becs de gaz répandus à
profusion jusqu'à d'interminables distances, donnent une grande
profondeur. En face de nous, les profils allongés des Salèves,
derrière lesquels apparaît la silhouette du mont Blanc, semblent,
au lieu de se dresser directement au-dessus des quartiers de
l'autre rive, reculer au fond d'une vaste plaine : et leurs blanches
arêtes calcaires argentées par les rayons lunaires nous préparent au spectacle des glaciers. A nos pieds, les eaux sombres
du lac reflètent les mille lumières des jardins et des quais ; et la
jolie flèche de l'église gothique de Notre-Dame, encore possédée
par les catholiques romains, se dresse gaiement près de nous,
vivante protestation contre l'usurpation hérétique de la vieille
cathédrale dont les deux tours sombres et découronnées émergent
à grand peine au-dessus des hautes toitures de la cité de Calvin...
Mais l'appel du départ nous arrache trop vite à cette contemplation, et nous descendons au grand trot les magistrales rampes
curvilignes qui supportent le massif de la gare, pour parcourir le
quartier Saint-Germain, de récente création, dont les immenses
maisons ou hôtels, un peu trop semblables à des files de riches
casernes, entrecoupées par des squares et des temples de physionomie anglaise, ont successivement remplacé, depuis vingt ans,
les fortifications qui jadis défendaient Genève du côté de la
France. Puis nous quittons la rive droite pour traverser le pont
du Mont-Blanc, large, bas et léger, long de près de 300 mètres,
construit, à l'aide d'arcs en fer, sur le premier rétrécissement du
lac, un peu en aval de l'île Jean-Jacques-Rousseau. La nuit, ce
pont est féerique, avec ses grands candélabres dont les éclats
sont réflétés par les eaux scintillantes du lac. Mais l'omnibus
s'arrête brusquement. L'hôtel de la Couronne est situé à l'extrémité même du pont, sur le quai de la Vieille-Ville. Porteurs et
porteuses s'arrachent nos valises, nos sacs, nos bougeoirs et nos
clefs : On n'est plus maître de soi dans ces caravansérails.
Pourtant, la chambre se vide enfin, et nous pouvons nous livrer
au plus réparateur des sommeils.

21 SEPTEMBRE. — A six heures du matin, branle bas de combat.
Hélas ! on ouvrant nos fenêtres, nous n'apercevons qu'un brouillard épais qui ne nous promet pas de lointains horizons. Cela ne
nous empêche pas de nous lancer intrépidement à travers les
anciens quartiers de Genève et de gravir les pentes rapides qui

conduisent à la cathédrale. Au milieu de la *place du Vieux-Marché*, nous remarquons la première fontaine à obélisque central dont le moindre bourg de Suisse se pique de posséder plusieurs exemplaires : ce qui distingue celui-ci, c'est qu'il n'est pas surmonté d'un Guillaume Tell, mais d'une simple boule. Nous traversons des rues tortueuses, étroites, bordées d'antiques hôtels aux reliefs puissamment accusés et de hautes maisons à l'aspect sévère, et nous parvenons à la *promenade des Bastions*, plantée d'arbres majestueux, d'où j'avais contemplé jadis le beau panorama qui s'étend sous les Salèves ; aujourd'hui le brouillard nous le borne à quelques pas, et nous sommes réduits à mesurer du regard la profondeur des fortes murailles qui défendaient autrefois la cité de Calvin : puis nous contournons la sombre masse des bâtiments de l'Athénée pour atteindre la *place de la Cathédrale*, dont la lourde façade de style xviiie siècle, ne nous inspire qu'un très médiocre enthousiasme : il est vrai que la place du parvis est beaucoup trop resserrée pour qu'on puisse l'apprécier à sa juste valeur : mais nous le regrettons moins, lorsqu'une vieille femme, nous voyant désolés de trouver les portes impitoyablement closes à cette heure matinale, nous conduit par des ruelles, derrière le chevet, pour nous faire admirer les détails de l'architecture romane de la nef et de l'abside. C'est, du reste, la seule curiosité archéologique de Genève qui doit beaucoup plus à la nature qu'à l'art pour sa renommée.

De là nous descendons au jardin anglais et aux quartiers neufs qui s'étendent le long de la rive gauche du lac. Le théâtre, le conservatoire de musique, le musée Rath en sont les principaux ornements, et l'on construit, en arrière, de monumentales rampes d'accès à la célèbre *promenade de la Treille* où le brouillard nous dispense de monter : en revanche nous parcourons le vaste port formé par de grandes jetées qui abritent les bateaux à vapeur rangés en bataille en attendant l'heure des départs. Les eaux vertes du lac sont ici d'une limpidité tellement extraordinaire que nous pouvons distinguer les moindres rocailles du fonds jusqu'à une grande profondeur. De l'autre côté du quai, d'innombrables boutiques d'horlogerie, de bijouterie, et des kiosques où l'on vend toutes les brochures satiriques dont l'entrée est interdite en France. C'étaient autrefois les Propos de Labienus, les Châtiments ou les Nuits de Saint-Cloud ; ce sont aujourd'hui les élucubrations des anciens membres de la Commune. Nous admirons, de confiance, chemin faisant, le monument commémoratif en bronze de l'admission de Genève dans la Confédération suisse en 1814, et représentant, disent les guides, « la Suisse tenant entre ses bras la ville de Genève, comme pour lui faire accueil et l'assurer de sa protection », œuvre assez banale qui n'a de mérite que dans l'intention : et nous revenons nous faire écorcher consciencieusement à l'hôtel, avant de monter dans la diligence de Chamounix.

De Genève à Chamounix. — A huit heures précises, près du pont des Barques, nous grimpons à l'étage supérieur de la diligence, au premier rang derrière le conducteur. Cinq autres banquettes se garnissent bientôt d'une nombreuse compagnie cosmopolite en grande partie féminine, composée d'Anglais, de Russes, d'Américains, d'Espagnols qui, ne pouvant arriver à se comprendre entre eux dans leur propre langage, s'expriment dans un français bizarre à mille facettes exotiques : tous paraissent avoir fait une ample provision de gaieté, peu rassurante pour un vénérable pasteur évangélique qui prend timidement possession du compartiment de l'intérieur. Deux voitures semblables sont bientôt prêtes et chargées : les cinq chevaux de chacune agitent leurs grelots ; les conducteurs complètent leurs rôles d'équipage : deux vigoureux coups de fouet, et nous partons en brûlant les pavés.

Les limites du canton de Genève sont si peu étendues, qu'en moins de trois quarts d'heure on les a franchies pour entrer en Savoie. On y arrive par une route ombragée, bordée de parcs et de villas fleuries : mais il faut nous contenter de la route elle-même, car le brouillard ne s'est pas encore dissipé, et bien qu'il devienne de moins en moins épais à mesure qu'on s'élève, nous ne pouvons même pas apercevoir les pentes des Saléves qui se dressent immédiatement près de nous. Nos compagnons en profitent pour engager de longues discussions sur les observations de leurs autres voyages. Un avocat de Buenos-Ayres et une dame russe sont les plus bruyants de la bande, et ce qui ressort le plus clairement de leur tournoi oratoire, c'est que les Français, en dehors de leur territoire, ne connaissent pas un traître mot de géographie.... Mais le soleil vient se charger d'interrompre fort à propos une dissertation aussi compromettante pour notre honneur national ; le brouillard disparaît tout à coup, et nous nous trouvons engagés à une assez grande hauteur sur le flanc des collines de la rive droite de l'Arve qui roule à nos pieds sur un large lit de galets. A notre droite, le dos verdoyant des Saléves qui n'est point zébré de blanc comme du côté du Rhône, et devant nous, les plaines étagées de la Savoie avec des horizons accidentés s'étendent à de longues distances dans la direction d'Annecy. Nous traversons un grand nombre de villages d'apparence assez pauvre, autrefois défendus par des forteresses inaccessibles, bâties sur des rochers à pic, qui ne présentent plus aujourd'hui que des tours et des murs ruinés envahis par le lierre. L'aspect général de ce paysage est riant, mais sans grand caractère, et ce n'est qu'au milieu du cirque de Contamine à gradins adoucis, à végétation luxuriante, tout parsemé de villages et de clochers, et brusquement fermé à gauche par deux grandes montagnes, le Môle et le Bréron, entre lesquelles la rivière se fraie impétueusement un passage, qu'il prend une physionomie imposante.

Bonneville, l'une des sous-préfectures du département de la Savoie, est située sur l'Arve, précisément au pied de ces deux montagnes. C'est la clef de toute la vallée savoisienne, et là seulement commencent les sites grandioses qui donnent rendez-vous aux touristes des deux mondes. La ville n'est guère qu'un village. Pour tout monument une colonne surmontée de la statue du roi de Sardaigne Charles-Félix : mais on est en train d'en élever un aux enfants de la Savoie morts pendant la campagne de 1870. En revanche, pendant que nous changeons pour la seconde fois de chevaux sur la grande place, nous constatons avec regret les premières traces de cette exploitation dévergondée qui va prendre une intensité de plus en plus menaçante à mesure que nous nous avancerons dans la haute montagne. La diligence est entourée de femmes et d'enfants qui offrent aux voyageurs altérés, qui une pêche, qui une grappe de raisin placée sur un lit de mousse dans une corbeille minuscule : le tout vaut bien trois sous, mais le malheureux que la soif a fait succomber à la tentation n'en est pas quitte à moins d'un franc. Nous en verrons bien d'autres. Américains et Russes paient sans sourciller. Pourquoi donc se priverait-on de les mettre à rançon ?...

· De Bonneville à Cluses, la vallée de l'Arve qui prend ici le nom, nous dit le conducteur, de *val de Marnoz*, présente un aspect tout-à-fait pyrénéen. Mêmes proportions relatives : mêmes agencements des pelouses, des rochers et des forêts : mêmes colorations des règnes végétal et minéral. On pourrait se croire dans la vallée d'Argelès : du reste, très agréable entrée en matière pour un vieux dessinateur, comme moi, des moindres recoins des Pyrénées. Ce qu'il y a de très remarquable dans cette traversée depuis Genève, c'est que tous les effets se produisent en ménageant très progressivement les impressions qui passent sans secousse du suave au doux, au sévère et enfin au sauvage. C'est ainsi qu'au fond du val de Marnoz nous laissons à droite la sombre *vallée du Reposoir* qui se profile avec d'admirables jeux de lumière sur ses plans accidentés, pour nous engager à Cluses, dans l'une des plus belles gorges que puisse parcourir une route de voitures. Grande animation à *Cluses*. C'est jour de marché : foule compacte sur la place, et les gendarmes ont grand'peine à la contenir pour faire place à la diligence. Costumes sombres et peu caractéristiques : quelques goîtres d'une dimension repoussante. Pendant l'arrêt, nous apercevons une vieille femme accroupie devant certains gâteaux jaunes à reflets dorés qui constituent sans doute quelque mets national. Pour trois sous, on nous monte une de ces galettes que nous attaquons à belles dents. Grimace épouvantable ! ce magnifique jaune d'or est dû à une dose concentrée de safran, contre laquelle notre palais proteste avec énergie : mais nous faisons un heureux en jetant la galette à un mendiant qui exprime vivement par geste l'ardeur de sa reconnaissance, aux applaudissements de nos compagnons des banquettes.

Mais les chevaux sont prêts pour une nouvelle étape : nous fendons lentement la foule qui assiège des centaines de petites baraques volantes, nous saluons en passant l'école d'horlogerie, et nous entrons dans le pittoresque défilé dont le conducteur nous détaille, chemin faisant, toutes les curiosités naturelles. Voici à une grande hauteur, à gauche, l'entrée de la grotte de Balme ouverte dans un rocher à pic : deux touristes, sac au dos, sont arrêtés au pied de l'échelle qui y mène, et marchandent, sans doute, le prix de quelques minéraux détachés des sommets ou celui du coup de canon qu'ils feront tirer pour entendre les échos répercutés par la montagne. Plus loin, c'est un rocher dont le profil, qui se détache nettement sur le ciel, ressemble d'une façon étrange à celui du roi Louis-Philippe. Puis nous passons au pied de la cascade d'Azrenez, haute de plus de 250 mètres, mais assez maigre en cette saison, et nous atteignons le hameau de Saint-Martin, où le défilé s'élargit brusquement pour faire place à la vallée de *Sallanches*. Tout d'un coup, des exclamations s'échappent à la fois de tous les bancs de la diligence. Le formidable massif du Mont Blanc vient de se démasquer dans toute la splendeur de son manteau immaculé de glace et de neige Impossible d'imaginer plus imposant spectacle que celui de ce dôme et de ces pics argentés, si vigoureusement mis en relief par les sombres montagnes de St-Gervais qui se profilent humblement à leur pied, par l'aiguille de Varon qui se dresse nue, droite et fière pour servir de repoussoir, à gauche, à ce tableau gigantesque, et par les pentes vertes et moins farouches du Combloux qui s'étagent à droite en plans nombreux et variés. Tous les contrastes se présentent ici sous leurs aspects les plus tranchés. Au premier plan, la vie artificielle, pauvre, resserrée, timide, représentée par les toits des vieilles maisons de Sallanches ; en arrière, la vie naturelle se déployant sans entraves avec toute la richesse de son efflorescence : le torrent roulant impétueusement ses eaux blanches et vertes dans une large plaine émaillée de prairies et de grands arbres ; des coteaux couverts de noyers et de châtaigniers séculaires au-dessus desquels émergent les clochers en ardoises des hameaux de la montagne ; puis des crêtes arides, des rochers abrupts, découpés, fendillés, se dressent en aiguilles ; et par dessus le tout les dômes arrondis et lisses de la neige compacte alternant avec les milles facettes brillantes des glaciers.....

La salle à manger de l'hôtel de *Sallanches*, est précisément disposée en face de ce tableau magnifique. Pendant le déjeûner à table d'hôte avec tous nos compagnons de route, on songe plutôt à le contempler silencieusement au travers des fenêtres de la salle, qu'à s'inquiéter du nombre des plats ou de la qualité des mets. C'est tout profit pour l'hôtelier : et lorsque la diligence repart en suivant le bord de l'Arve, nos regards ne peuvent se détacher de cet admirable panorama. Ici tout est grand, large, et l'on respire à l'aise : il y a de l'air dans ce vaste cirque, et le massif colossal du Mont Blanc, éloigné par la perspective aèrienne, ne vous écrase pas encore. Aussi traversons-nous, sans nous en apercevoir, les villages de Donancy et du Fayet ; et les crêtes neigeuses que nous contemplons toujours, disparaissent juste à temps pour nous laisser jeter un coup d'œil sur les gorges de St-Gervais, au moment où nous commençons à gravir, pour la contourner, la pointe avancée de la Tête Noire et du Chatelard. On a bâti au point de raccord de la route qui conduit aux bains de St-Gervais un vaste hôtel et des chalets bizarres où des troupes d'Anglais viennent faire d'assez longs séjours. D'un mauvais goût tout-à-fait remarquable, leur profil rouge et maigrelet détonne absolument dans le paysage.

Cependant nous nous engageons sur la nouvelle route, taillée dans le roc vif, qui se maintient sur la rive gauche de l'Arve, pour gagner les gorges du Châtelard. Autrefois on traversait le torrent au-dessus de Fayet, et l'on se dirigeait sur Servoz par la rive droite, à pente moins abrupte : mais le passage des gorges devenait très difficile au-delà de Servoz, et l'on s'est décidé à entailler le rocher au pied de la montagne de la Tête-Noire. Cette nouvelle route en corniche est fort pittoresque ; quoique la pente ne soit pas très forte, les chevaux ne la montent qu'au pas et conducteurs et postillons descendent de leurs sièges, ce qui fait pousser de temps en temps des cris d'effroi à la partie féminine de la compagnie, lorsque les détours du rocher sont trop raides et qu'entre le précipice à gauche et les murailles qui surplombent à droite la file de nos chevaux trouve à peine la place de se déployer. Devant nous se dressent de gigantesques aiguilles et des rochers dentelés dont le plus avancé figure une proue de vaisseau de ligne ; et sous leurs éboulis s'étendent des villages de chalets bruns dont les masses se détachent nettement sur le vert des pelouses. Tout d'un coup la route change brusquement de direction à angle aigu et nous entrons dans le sauvage défilé du Chatelard. Des deux côtés, des sapinières et des rochers à pic ; en face, l'aiguille verte, un des sommets du massif du Mont Blanc. Privée d'air et toute resserrée, la route est humide et l'eau suinte de toutes les roches suspendues au dessus de nos têtes. Près des pauvres auberges du Chatelard, on passe sous un étroit tunnel d'une centaine de pas et c'est un avec vrai soupir de soulagement qu'on salue, à sa sortie, un élargissement du val et le village de Servoz accroché sur l'autre rive. Des troncs de sapins déchiquetés par les vents et par les orages s'échappent du flanc de la montagne et glissent jusqu'au fond du torrent, pèle-mèle avec d'énormes blocs de rochers détachés par les gelées de l'hiver ; et ce tableau de la destruction lente et continue des reliefs naturels nous poursuit jusqu'à l'extrémité du défilé, en face du petit village des Ouches, l'une des trois paroisses de la vallée de Chamounix, négligemment jeté au pied du glacier de Taconaz.

On traverse deux ou trois fois l'Arve au-dessus de cascades bondissantes et la vallée de Chamounix s'ouvre alors tout entière entre des murailles de glace à droite et des pentes rocheuses à gauche, le tout couronné par l'immense glacier des Bossons qui nous présente ses mille facettes tailladées dont les arètes vues par transparence prennent des teintes bleuâtres tandis que les parties intérieures gardent le blanc mat de l'amidon.

Enfin, vers quatre heures, au bruit des grelots et des coups de fouet, nous faisons notre entrée triomphale dans le village de

Chamounix, presque uniquement composé d'hôtels. A peine descendus de la diligence, nous sommes assaillis par une foule de garçons aux gilets de velours, rouges, verts, jaunes, qui veulent, au milieu d'une cacophonie indescriptible, faite pour étourdir du premier coup des gens fatigués d'une si longue course en voiture, s'arracher nous et nos bagages. Nous nous dérobons à ces étreintes en nous précipitant dans le vestibule de l'hôtel le plus voisin du bureau de la voiture, mais ce n'est pas pour nous reposer : après une première reconnaissance de notre chambre, nous remontons à pied la vallée jusqu'à une distance de plusieurs kilomètres pour pouvoir admirer, du flanc de la montagne de la Flégère, un coucher de soleil dorant le massif du Mont Blanc. Les lacets tracés dans les éboulis sont durs à gravir, mais nous sommes largement payés de nos peines lorsque, parvenus à 200 mètres de hauteur, nous nous retournons vers Chamounix, et là, nous restons assis dans une muette contemplation devant le splendide tableau qui se déroule devant nous. Le soleil colore de teintes roses la bosse du Dromadaire et le dôme du Gouter, les arêtes du glacier des Bossons brillent de reflets nacrés et les sombres sapinières qui grimpent le long du colosse, rehaussent encore le vif éclat de la neige éternelle. Un silence imposant qui n'est troublé qu'à de rares intervalles par les derniers refrains d'un berger, les cloches monotones d'un troupeau regagnant l'étable ou les pierres qui roulent sous les pieds d'une bande de touristes descendant de la Flégère au-dessus de nos têtes, augmente encore cette impression saisissante, et nous ne quittons ~ sentier du Praz que lorsque l'ombre du Brévent qui depuis longtemps couvre Chamounix et le fond de la vallée couvre la base des glaciers. On resterait là des heures entières sans se lasser.

En redescendant l'éboulis, nous apercevons en face de nous la mer de glace encadrée par ses forêts d'aiguilles et nous présentant les arêtes bleues et vertes de ses vagues solidifiées. Nous suivons de l'œil le sentier que nous devons prendre le lendemain pour gravir les pentes du Montanvert et après avoir bien reconnu le terrain de notre prochaine excursion, nous rentrons en hâte à Chamounix où la cloche des diners a depuis longtemps cessé de se faire entendre.

Le soir, aux étoiles, tous les guides et postillons sont répandus sur les voies et sur les places, racontant leurs exploits de la journée ; nous cherchons à la fois parmi eux un guide pour franchir la mer de glace le lendemain et un conducteur de char pour nous conduire à Martigny dans le Valais par le col de la Forclaz, mais il y a coalition générale entre MM. les exploiteurs, qui connaissent fort bien leur métier : pas de guide à moins de 10 francs ni de char à moins de 60. Partout on nous fait la même réponse. Enfin à la sortie du village, nous apercevons un char au repos, près de la porte d'une vieille maison enfumée : Nous entrons au fond d'un couloir humide dans une sombre pièce où se meuvent des ombres, parmi lesquelles un vieux bonhomme à la Rembrandt nous promet son char pour 2 louis et son petit-fils pour 3 francs ; nous assurant que seul il a refusé d'entrer dans la ligue des loueurs de voitures. Nous le félicitons hautement de sa conscience et marché conclu, nous rentrons à l'hôtel, pour nous endormir au bruit du torrent, et rêver de dômes et d'aiguilles de neige encadrés dans des roches fantastiques.

———•○•———

CHAPITRE SECOND

Du Mont-Blanc au Righi

MARDI, 22 SEPTEMBRE. — *La mer de glace.* — Réveillés de
très bonne heure, nous laissons nos bagages à l'hôtel, où le
conducteur de notre char viendra les prendre, et dès six heures
du matin, nous nous acheminons vers le Montanvert en gravissant, sous la conduite de notre petit guide de treize ans, le
sentier en lacet tracé dans la sapinière qui domine l'Arveyron.
Le ciel est d'une limpidité parfaite et nous présage une heureuse
journée qui, cette fois, commence sans brouillard. Il y a environ
neuf cents mètres de hauteur entre Chamounix et le Montanvert ; nous les franchissons à pied, en deux heures, au milieu des
sapins qui se succèdent sans interruption jusqu'au sommet ; et
tout à coup, à un détour brusque de la montagne, aux abords
d'un petit plateau sur lequel on a bâti l'auberge dite du Montanvert, entre les rochers et les sapins, apparaît dans toute sa
splendeur la vaste mer aux vagues immobiles que défendent les
gigantesques aiguilles de sa ceinture rocheuse, dorées à leur
sommet par les premiers rayons du soleil. Ici tout est dentelé,
déchiqueté ; et les lignes scintillantes et ondulées des flots cris-
tallins du glacier se perdent au loin au milieu de profils découpés
comme à l'emporte pièce. La scène devait être plus imposante
encore lorsque les vagues de glace venaient lécher le pied même
de l'auberge ; les anciens guides se rappellent les avoir vues
presque à ce niveau ; mais il en est des glaciers comme de bien
des institutions humaines : les glaciers s'en vont, et dans quelques générations on ne les connaîtra plus que par ouï dire ;
leur décroissance en longueur et en épaisseur est très appré-
ciable d'année en année, presque de mois en mois ; et sans
remonter aux époques géologiques, où le glacier du Rhône
s'étendait jusqu'à Lyon, témoins les traces de moraines qu'il
a laissées sur la montagne de Fourvières, les livrets de voyages
les plus récents, même dans leurs dernières éditions, ne sont plus
en exacte conformité avec les faits. Aujourd'hui, pour aller de
l'auberge au bord du glacier, il faut descendre près de quarante
mètres de hauteur dans les amas de rocs et de vases de la
moraine latérale dont les couches inférieures sont fraîchement
remuées, comme un déblai dans les chantiers de grands travaux

lorsqu'un violent ouragan vient de le bouleverser de fond en comble.

Nous nous engageons dans ce chaos de pierre et de boue avec le pasteur de la diligence, que nous rencontrons à l'auberge du Montanvert se délectant avec une tasse de chocolat, et qui a comme nous, l'intention de traverser la mer de glace, pour revenir à la vallée par le Mayra et l'auberge du Chapeau que nous apercevons, en face de nous, de l'autre côté du glacier, juchée sur une des anfractuosités du roc à pic. Deux guides, car il y en a toujours sur le plateau, descendent avec nous pour nous indiquer le point de départ du passage et nous offrir leurs services au moment de la traversée. D'en haut, la moraine paraissait se profiler comme un simple talus de pierrailles presque unies, mais à mesure qu'on descend vers le glacier, les blocs de rochers entraînés par la marche en avant de la masse et striés par le frottement qu'ils ont subi, deviennent tellement énormes qu'on disparaît derrière eux et qu'on se perd au milieu de leurs dédales. Nous franchissons ainsi le dernier pli de la moraine et nous arrivons au passage où le spectacle le plus inattendu nous saisit d'une sorte d'effroi. De l'auberge du Montanvert, les vagues du glacier semblaient fort adoucies et les crevasses paraissaient à peine ; mais ici les reliefs s'accusent avec d'énormes aspérités et les crevasses s'ouvrent béantes sous nos pieds jusqu'à des profondeurs qu'on ne peut atteindre du regard, avec des parois luisantes dont la teinte vert-pomme, tendre et transparente à la partie supérieure, devient presque noire à mesure qu'elle s'approche du lit du glacier. Les vingt premiers pas du passage, avant d'atteindre une région plus facile, sont tracés sur une lame de soixante centimètres de largeur qui sépare deux crevasses gigantesques : malheureusement une forte brise a soufflé sur le glacier depuis deux jours et les surfaces sont devenues lisses et glissantes : les guides s'avancent cependant d'un pas assuré sur le dos un peu arrondi de la lame de glace et parviennent à une espèce de plate-forme; je m'y aventure timidement à leur suite, mais ma démarche paraissant beaucoup moins ferme que la leur, ma femme, qui vient de sentir la glace fuir sous ses pieds, me crie de ne pas avancer davantage et le pasteur se joint à ses instances. Force m'est de revenir et les guides nous rejoignent. On apporte des clous à glace et des bas de laine et l'on taille avec une hache, sur l'étroit passage, la trace profonde de pas mieux dessinés. Le pasteur chausse les bas de laine par-dessus ses souliers pour essayer leur résistance au glissement; mais il ne se sent guère plus solide qu'auparavant et découragé par une expérience infructueuse, il nous persuade de ne pas tenter plus loin l'aventure, en sorte que nous remontons tristement la moraine en jetant un regard d'envie sur le chalet du Chapeau qui, splendidement éclairé par les rayons du soleil, nous adresse de l'autre côté, du pied de ces aiguilles, un appel désormais impuissant. Nous rencontrons en chemin une troupe de touristes des deux sexes qui va, comme nous,

essayer le passage ; et nous entendons en rentrant à l'auberge
du Montanvert les coups de hache répétés que les guides donnent
dans la glace pour leur faciliter le chemin. Plus intrépides que
nous, ils se sont sans doute décidés à franchir la terrible lame et
à s'exposer pendant trois quarts d'heure à toutes les péripéties
de cette traversée trop pittoresque. Pendant un repos à l'auberge
dont les voyageurs profitent généralement pour examiner les
minéraux de la montagne exposés en vitrine et se munir de
couteaux à papier en corne de chamois ou d'autres légers souvenirs, je dédie à la troupe courageuse ce sonnet qui célèbre son
triomphe :

La mer de glace au Mont-Blanc

SEPTEMBRE 1874

Entre des pics aigus, rocs aux flancs vigoureux
Qui semblent d'un vieux monde une antique carcasse,
S'étend une âpre mer, dont les flots furieux
Par le courroux du Ciel furent figés en masse.

Pour franchir d'un pas sûr les gouffres ténébreux
Qu'on aperçoit béants de crevasse en crevasse,
Il faudrait emprunter le cœur des anciens preux
Dont rien n'épouvantait la triomphante audace ...

Mais à l'homme aujourd'hui livrant tous ses secrets,
La nature docile obéit aux arrêts
Que dicte de ses fils l'humeur industrieuse :

Dans la glace un enfant taille des pas comptés,
Puis il chausse de laine une troupe rieuse
Qui traverse en chantant les abîmes domptés.

Reprenant dans la forêt le sentier de Chamounix, nous le
quittons bientôt pour descendre la moraine jusqu'à la base du
glacier, aux sources de l'Arveyron. Cette descente est très fati-
gante et il n'était pas nécessaire de nous donner pareille peine.
La source de l'Arveyron était, il y a quelques années, fort
curieuse : elle s'échappait du pied du glacier à l'intérieur d'une
magnifique voûte de glace sous laquelle on pouvait pénétrer.
Mais depuis la marche en arrière de toute la masse cristallisée,
la voûte a disparu, et la mer de glace qui se déversait autrefois
comme une cascade majestueuse du haut des rochers à pic,
prenant en ce point le nom de *glacier des Bois*, tellement ces
blocs déchiquetés prenaient l'aspect de gigantesques chantiers
de bois en désordre, s'arrête aujourd'hui piteusement entre ces
rochers, qui ont résisté pendant des siècles aux efforts de la
glace en mouvement, et l'on ne voit plus à leur pied qu'une
immense et triste moraine de sable, de boue et de rocailles, à
travers laquelle serpentent les nombreux ruisselets qui vont se
réunir un peu plus bas pour former l'Arveyron. Nous traversons
sur un pont de bois très primitif ce modeste affluent de l'Arve et
nous parvenons bientôt à la route d'Argentière, près du hameau

des Bois, où nous attend notre char pour nous conduire à Martigny.

De la mer de glace à Martigny. — Ces chars sont de petites carrioles découvertes, à deux bancs, roues basses, essieu court et ressorts énergiques, pour passer dans les chemins les plus étroits, tourner dans les courbes de plus petit rayon, franchir les plus fortes pentes et subir sans s'émouvoir les chocs et les soubresauts les plus violents. Notre voiturier est un vieux guide de soixante-deux ans, qui est monté dix-neuf fois au sommet du Mont-Blanc. Avec lui, rien à craindre et d'excellents renseignements à glaner tout le long du chemin.

Une belle route carrossable est tracée dans le fond de la vallée de Chamounix jusqu'au village d'Argentière, au pied des glaciers du même nom. C'est la promenade des touristes valétudinaires, qui viennent de St-Gervais admirer à distance les silhouettes variées des massifs du Mont-Blanc : chars, calèches et cavalcades la sillonnent dans les deux sens. Nous profitons de la belle assiette de sa chaussée polie, pour déjeûner avant les cahots qui nous attendent et nous atteignons ainsi les maisonnettes du pauvre village d'Argentière, au point où s'embranche à gauche le chemin à pente rapide, récemment transformé en route de chars vers le col des Montets et le vallon de Valorcine, tandis qu'un simple sentier de mulets monte au col de Balme (celui qu'a célébré Topffer), par le fond de la vallée de Chamounix L'ouverture de la route de Valorcine au commencement de cette saison a été un véritable bienfait pour les voyageurs à destination de Martigny ; mais, il s'en faut de beaucoup que ce soit encore une voie facile, et de grandes dépenses seront nécessaires pour lui donner une viabilité satisfaisante. La largeur n'est que de deux à trois mètres avec des garages de distance en distance et les pentes sont tellement fortes pour gravir le versant qui mène au col des Montets, que nous sommes obligés, pour inaugurer la voie, de descendre du char. Mais nous ne nous plaignons pas de marcher lentement, car en nous retournant vers la vallée, un splendide panorama s'étend devant nous, et va bientôt disparaître. En face, le magnifique glacier d'Argentière, très étendu, sinueux et largement dentelé ; on aperçoit en haut une immense arête horizontale toute blanche, terminant une muraille de glace à pic comme celle d'un déversoir. Au bas, la moraine est fort longue, car le glacier s'est beaucoup retiré depuis quelques années et la grotte de glace qu'on admirait jadis à son pied n'a plus aujourd'hui que des dimensions très réduites. Cette tendance des glaciers à diminuer de plus en plus d'envergure est-elle due à une élévation générale et continue de la température à la surface de la croute terrestre, ou bien n'est-ce qu'un phénomène local dû à la rotation lente de l'axe de la terre qui déplace successivement le pôle et produit la précession des équinoxes, nous ne nous chargeons pas de résoudre en route ce problème, mais les réflexions de notre guide qui nous assure à plusieurs reprises avoir vu dans son enfance tous les glaciers de la région s'avancer beaucoup plus loin qu'aujourd'hui vers le fond de la grande vallée nous la font poser plusieurs fois. Voici bientôt le glacier du Tour qui se dégage derrière les pics de l'Argentière semblable à un gigantesque tas d'amidon, car il est à remarquer qu'aucune de ces immenses masses de glace ne présente la même physionomie que sa voisine. Les unes sont opaques, les autres transparentes, celles-ci luisantes et lisses, celles-là cristallines ou déchiquetées. Du côté opposé, les innombrables aiguilles du massif du Mont-Blanc s'effilent de plus en plus, à mesure que nous montons vers le col, et lorsque nous y arrivons après une montée assez pénible (1,445 mètres de hauteur), le colosse nous apparaît armé de toutes ses défenses. Ce spectacle est fort imposant : la neige et la glace, éclairés par un soleil sans nuages, resplendissent et rivalisent de blancheur éclatante. Nous saluons une dernière fois le géant des Alpes, nous remontons dans le char et deux minutes après, tout a disparu : nous avons en face de nous, de l'autre côté du col, le grand pic de l'Oria et le massif du Mont-Buet.

Le col des Montets est fort aride : à peine quelques buissons et quelques traces de verdure ; le sol n'est guère formé que de pierrailles, détachées des rochers qui se dressent à pic sur nos deux flancs : c'est la désolation sauvage à son suprême degré. Il semblerait naturel de croire que la frontière de la France et de la Suisse a été fixée sur ce point qui représente une limite géographique et ethnographique précise : nous entrons en effet dans le bassin du Rhône qui forme le Valais et voici qu'on aperçoit déjà des chalets pittoresques formés de troncs de sapins à peine dégrossis. Mais il n'en est rien : la France a posé son pied sur la Suisse de ce côté, et son territoire s'étend jusqu'à une assez grande distance dans la vallée de Valorcine, où nous rencontrons de jeunes conscrits, qui semblent venir du Valais et qui se rendent à Chamounix à l'appel du drapeau tricolore.

C'est une belle montagne que le Mont-Buet, qui se détache nettement à notre gauche. Un poteau indicateur, fiché au point de départ du sentier qui y mène, nous engage à nous arrêter pour aller visiter la cascade de Bérard, *le plus beau site du monde* ; mais nous résistons à la tentation, comme nous serons obligés de résister à toutes celles du même genre que nous rencontrerons nombreuses sur notre route ; et nous arrivons bientôt au pauvre village de Valorcine, composé de chalets en désordre et à l'aspect misérable, presque tous bâtis à l'aide de troncs de sapins simplement écorcés et assemblés à mi-bois sur une plate-forme de pilotis ; les uns servant de maisons d'habitation, les autres de magasins, ceux-là de moulins, ceux-ci d'aires à battre. Ce que nous rencontrons de plus curieux, ce sont des rafraichissements offerts le long de la route, de kilomètre en kilomètre, sur des tables recouvertes d'une nappe blanche ; des paysannes habillées en citadines vous présentent des paniers de fruits et leurs petites filles, en sarrau blanc, se joignent à leurs instances ; on ne s'attend guère à rencontrer des traces de civilisation aussi avancée dans des gorges aussi sauvages. Nous arrivons ainsi, par un sentier tracé au bord du torrent rapide du Trient, au travers de sombres sapinières, à l'hôtellerie de Barberine, qui marque la frontière de la France et de la Suisse et où l'on transborde nos bagages dans un autre char qui doit nous conduire à Martigny pendant que le nôtre va retourner à son gîte. Il paraît que cette opération est sévèrement interdite par l'association des guides de Chamounix, qui veulent absolument obliger les voyageurs à se servir du même char jusqu'à l'extrémité de la course, afin de forcer chevaux et voitures à découcher et de se faire payer des prix de transport beaucoup plus élevés. Ici tout est matière à exploitation du touriste : notre vieux conducteur est le seul qui ait résisté à l'association, mais quand il ne sera plus là, Chamounix deviendra aussi inabordable que les stations du centre de la Suisse. En face de nous, de l'autre côté du ruisseau frontière, un chalet de très bonne apparence, isolé au milieu des rochers et des sapins, attire notre attention. C'est un bureau de tabac, vrai dépôt de contrebande, installé à la barbe même des douaniers français. Mais ce qui nous intrigue le plus, c'est une arcade en maçonnerie très ordinaire, à moitié en ruine, qui se dresse sur le sentier à cinquante pas devant nous et barre complètement le mince espace libre laissé entre les amas de rochers descendus du haut de la montagne à gauche et la rive abrupte du torrent à droite. Aucun vantail de porte n'existe sous l'arcade, aucune charnière, aucune trace de fermeture ancienne, c'est cependant la porte de la Suisse ; et nous la franchissons en adressant nos compliments à la vieille république sur l'économie avec laquelle elle construit ses monuments frontières.

De Barberine à l'hôtel de Tête-Noire, le sentier est tracé dans la partie la plus pittoresque du trajet. Le voyage est même fort émouvant car il n'est pas sans dangers, témoins les rencontres que nous avons faites en chemin. Situé sur la rive droite du torrent qui descend vers le Rhône avec une pente considérable, le sentier s'élève peu à peu sur le flanc de la montagne et atteint bientôt plusieurs centaines de mètres au-dessus du lit du Trient. La vallée est très étroite, fermée en arrière par un gigantesque mamelon très élevé qu'encadrent des sapinières et que couronnent les sommets dentelés du Buet. En avant, les silhouettes de la montagne se profilent sans obstacle jusqu'au Rhône, mais le fond est si resserré qu'on n'aperçoit nulle part l'eau bouillonnante qu'on entend gronder à ses pieds. Or, le sentier est taillé dans le roc vif et c'est à peine s'il offre au char la largeur de son essieu : un faible garde-fou, formé de troncs de jeunes sapins plantés debout et reliés par une lisse horizontale sépare seul la voie du précipice, et de distance en distance un léger élargissement forme un garage pour les rencontres en sens contraire. Le rocher, presqu'à pic, laisse si peu de place au passage de la voie qu'il a fallu en certains points plus saillants y pratiquer des tunnels. Au sortir du tunnel de Tête-Noire, ainsi nommé parce que le rocher qui surplombe se trouvant au Nord, ne reçoit pas le soleil et se trouve tout noirci par les suintements de l'humidité, nous rencontrons un char d'Anglaises se rendant à Chamounix ; on prend la partie la plus large du garage et l'on s'avance à petits pas ; fort heureusement pour nous, nous avions la droite, c'est-à-dire le côté de la montagne, tandis que les roues du char adverse frôlaient les troncs de sapin du garde-fou. Au moment où nous nous croisions avec le plus de lenteur possible, un choc vint tout arrêter, les essieux des deux chars s'étaient heurtés et s'enchevêtraient l'un sur l'autre. Les Anglaises ne poussèrent pas de cris, cela eut été contraire à leur dignité, mais leurs traits se contractèrent très sensiblement, malgré leur impassibilité naturelle, et nous saisîmes plus d'un regard d'effroi jeté du côté du précipice. Il fallut reculer chacun en sens inverse et le moindre mouvement maladroit de côté eût pu faire renverser le garde-fou par le char des Anglaises ; la situation était fort critique, personne ne descendit cependant : nos deux conducteurs manièrent fort habilement leurs véhicules, on put prendre un peu d'air et nous nous croisâmes enfin sans accident, mais un soupir de soulagement s'échappa de toutes nos poitrines. Nos deux chevaux prirent une allure plus rapide après cette aventure et nous arrivâmes bientôt à l'hôtel de Tête-Noire, petit hameau de quatre ou cinq maisons, jetées à cheval sur la montagne et séparées par une route pavée. Ce pavé produit l'effet le plus inattendu, à pareille hauteur et sur une route si peu carrossable. On passe sous les galeries des chalets dont les étages se rapprochent presque à se toucher ; les chevaux soufflent un instant et prennent ensuite gaiement la jolie route beaucoup plus facile qui s'engage sous les sapinières en longeant le torrent descendu du glacier de Trient, limite extrême à l'est du massif du Mont-Blanc.

Le torrent descend en cascade derrière nous ; le soleil se joue au travers des accidents de la forêt et le paysage devient très animé. Nous rencontrons des cavalcades et des chars, puis des bûcherons qui préparent des trains de bois : on dispose le long de la route d'immenses tas de bûches retenus par des piquets et lorsqu'ils sont suffisamment nombreux, on lâche tout ; le bois roule au torrent, est entraîné de chute en chute et descend ainsi jusqu'au Rhône, où chacun reconnaît son bien à des marques spéciales. Voici de grandes scieries marchant à l'aide de la force hydraulique, des troupeaux de vaches et de chèvres, et toujours des bandes de touristes, à pied, à cheval ou en chars, se succédant presque sans interruption, jusqu'au hameau du Trient, situé au fond d'un véritable entonnoir, au pied du col de Balme, par où passe le sentier le plus direct des piétons pour Chamounix.

Nous montons lentement la route en lacets qui s'élève à 500 mètres de hauteur jusqu'au col de la Forclaz, et de là nous découvrons tout d'un coup le magnifique panorama de la vallée du Rhône, qui s'étend en ligne droite à nos pieds depuis Martigny jusqu'aux environs de Sion. Au fond de la vallée, la route et le chemin de fer ressemblent à deux bandes d'argent, étendues côte à côte pour mesurer parallèlement son parcours ; à gauche les Alpes Bernoises et les sommets nacrés du massif de la Yungfrau ; à droite la vallée sombre du St-Bernard, et surtout le tableau de merveilleuses colorations, accentuées par la nuance variée des montagnes. Pendant que notre attelage se repose et que de nombreux touristes, arrêtés au col, se livrent aux douceurs de la bière et de la limonade, nous ne nous lassons pas de contempler ce spectacle ; et bientôt nous en percevons plus nettement tous les traits à mesure que notre char descend à toute vitesse les mille mètres de hauteur qui séparent la Forclaz de la ville de Martigny. Cette course est vertigineuse ; les lacets de la route sont très courts et indéfiniment répétés, les courbes n'ont guère pour rayon que la largeur de la voie et les chevaux nous entraînent au grand galop, au risque de nous renverser cent fois sur les pelouses ou dans les taillis ; mais le char s'incline à chaque détour, comme les écuyers dans les cirques, gardant imperturbablement son équilibre ; la montagne semble tournoyer, les échappées de vallées se succèdent comme des éclairs et nous arrivons sans encombre au bas de la vallée qui descend du grand Saint-Bernard. C'est là qu'est situé le vieux Martigny, appelé aujourd'hui *Martigny-Bourg*, dominé par son vieux donjon féodal, dont il ne reste guère plus qu'une grosse tour cylindrique assez imposante, juchée sur un mamelon abrupt qui se dresse au-dessus de la cité. Les nouveaux quartiers, nommés par opposition Martigny-Ville, s'étendent vers la gare du chemin de fer. Une seule chose nous frappe, c'est la coiffure bizarre des femmes. Elle se compose d'immenses rubans de soie de toutes couleurs, brochés d'or et d'argent et disposés tout droit autour de la coiffe de chapeaux en feutre. On dirait de ces bustes allégoriques de villes, représentant une femme la tête ceinte d'une couronne murale Il y a de ces coiffures qui sont de vrais monuments ; et si la curiosité du voyageur est satisfaite, il rapporte une pauvre idée du goût plastique des habitants du Valais.

Notre char s'arrête vers cinq heures du soir à l'hôtel de la Gare, tout près de la station ; et fatigués des cahots de la route, nous restons près de deux heures dans la grande salle du premier étage, où l'on nous sert un dîner fort passable, arrosé d'excellente bière et assaisonné d'un magistral appétit. L'hôtel est d'ordre secondaire, mais fort propre. On ne nous écorche pas en sortant, et nous échappons aux auberges à valets en livrée qui ont la spécialité de gonfler leurs notes outre mesure : mais hélas ! que de lieux d'excursion en Suisse où l'on n'en rencontre pas d'autres.

A 7 heures nous prenons le train de Lausanne, le soleil est couché, mais la lune est resplendissante. La station de Martigny, comme toutes celles de la ligne du lac de Genève à Sion est une méchante baraque en bois, sans prétentions monumentales. Au milieu de la foule qui l'encombre, nous distinguons spécialement deux religieux du Mont-St-Bernard, descendus de l'hospice dans la journée et remarquables par leur haute stature et par leur cordon de laine blanche qui se détache nettement sur leur soutane noire. Les wagons sont confortables, mais les compartiments ne sont pas cloisonnés. Nous descendons la vallée du Rhône, tantôt rétrécie en défilés, tantôt s'élargissant en plaines ; nous passons devant l'antique ville de St-Maurice qui garde le nom du chef de la légion thébaine massacrée dans ces parages, puis ayant franchi le Rhône sur un pont en treillis, nous traversons le delta marécageux du fleuve et nous arrivons à Villeneuve, première station du bateau à vapeur du lac de Genève.

Ici, des troupes d'Anglais et d'Anglaises commencent à envahir les wagons ; et tout le long du trajet jusqu'à Lausanne, c'est un mouvement perpétuel d'allées et de venues fort gaies à toutes les stations de la voie. Non pas des touristes en grand voyage, mais des familles installées pour une saison dans les petites villes au bord du lac et qui vont chaque jour faire de courtes excursions aux parages voisins. On est tout d'un coup dépaysé : et l'on ne se croit plus en Suisse mais en Angleterre ; outre le langage, voici bien les mœurs d'Outre-Manche : les jeunes filles, en petits groupes, montent et descendent sans chaperon, saluent les jeunes gentlemen qu'elles rencontrent et n'épargnent point les shakehands : tout ce monde se connait, cause, rit, s'amuse.... et les scènes de flirtage se déroulent avec une désinvolture sans égale. Au milieu de cette animation, et aux frais éclats de rire des misses qui paraissent fort peu attentives aux splendeurs du spectacle, nous admirons les magnificences théâtrales du lac éclairé par la lune. En premier plan se détachent les bosquets et les villas à la silhouette sombre, toutes percées à jour car les fenêtres sont éclairées : par derrière le lac tranquille et argenté étend sa nappe resplendissante, et au loin le profil adouci des montagnes recule indéfiniment l'horizon. Le contraste des reflets jaunes et rouges du premier plan avec les scintillations blanches causées par la lune sur les eaux du lac produit un effet saisissant. C'est, en grand, l'un des beaux tableaux que recherchent les dioramas. Le pittoresque château de Chillon nous présente ainsi ses tours à machicoulis, ses toits pointus et ses courtines baignées par les eaux limpides ; puis voici Clarens, Montreux, Vevey, toutes les stations célèbres profilant leurs silhouettes accidentées sur le lac ; et toujours de gigantesques hôtels, de grands arbres, des bosquets, des lumières et la bruyante animation de la vie facile et joyeuse, qui nous conduit jusqu'à Lausanne, où nous arrivons à dix heures du soir.

Mercredi 23 Septembre. — LAUSANNE. — Nous étions descendus la veille au soir dans un hôtel tenu à l'allemande situé à mi-coteau entre la gare et la ville. Dès sept heures du matin nous montons à la promenade du Casino, le long du ravin du Flon, d'où l'on domine la plus grande partie de la capitale Vaudoise, ses antiques murailles fièrement dressées sur le roc, et le profil tout hérissé de clochetons de la cathédrale et du château. Bâtie au confluent des deux petites rivières du Flon et de la Louve dont les vallons sont profonds et resserrés, la ville de

Lausanne, qui s'étend à la fois sur les trois collines et sur le fond
du ravin, présente un aspect extérieur accidenté très favorable au
pittoresque. Nous traversons le Flon sur un beau viaduc à l'extrémité de la promenade, mais au lieu d'entrer en ville nous
nous dirigeons vers la montagne du Signal en gravissant des
escaliers et des sentiers pavés entre des murs d'enclos ; puis on
traverse plusieurs champs et l'on atteint le colimaçon bordé de
haies d'aubépine qui conduit au sommet du plateau. Un pavillon
entouré de grands arbres, où l'on sert des rafraîchissements et
d'où l'on contemple les environs dans un télescope, se dresse au
milieu de l'esplanade ; mais nous n'avons pas besoin d'instruments pour admirer le magnifique panorama qui se déroule
autour de nous : la ville de Lausanne à nos pieds, avec ses nombreux clochetons et ses toits rouges encadrés de verdure se
détachant sur les eaux du lac, bleues et limpides, du côté de
Chillon, légèrement chargées de vapeurs cotoneuses du côté de
Genève ; à gauche, les premiers contreforts des Alpes Bernoises
avec de nombreux villages venant baigner leur pied dans les
eaux transparentes ; à droite, l'immense plaine du canton de
Vaux, bornée par la silhouette du Jura et au milieu de laquelle
brillent au soleil de longs clochers pointus ; au fond du tableau,
la Savoie et les contreforts du Mont-Blanc dont la base, légèrement enveloppée dans la brume du matin que le soleil n'a pas
encore dissipée, se perd insensiblement dans le lac tranquille.
Çà et là quelques voiles blanches ; et vers les extrémités des
rives opposées, la fumée des bateaux à vapeur qui rompent les
harmonies naturelles et commencent leur service quotidien.

Redescendant vers la cité Vaudoise, nous y pénétrons par la
grande porte du château, vieux monument à tourelles en encorbellement qui date du xv° siècle et qui, après avoir été la résidence des évêques de Lausanne puis des baillis bernois, est
aujourd'hui le siège du Conseil d'Etat. Une belle terrasse plantée
de grands arbres le relie aux maisons cantonales, édifices plus
modernes où s'assemblent les tribunaux et le grand Conseil et
qui nous frappent par la singularité de leurs contrevents, peints,
comme les guérites de la terrasse, en chevrons verts et blancs,
aux couleurs du canton. En Suisse on est partout de première
force sur les emblèmes héraldiques.

Un moment d'arrêt devant le portail gothique de la cathédrale
aujourd'hui protestante, flanqué de deux grosses tours massives
que rendaient jadis plus légères les statues de saints dont les
niches sont vides ; puis nous jetons un coup d'œil dans la cour
triste et sombre du musée d'histoire naturelle aux volets toujours
blancs et verts ; et nous arrivons au haut du pittoresque escalier
couvert, l'une des vieilles curiosités de Lausanne, qui descend
de la haute ville au fond de la vallée, parallèlement à une rampe
macadamisée, le long de laquelle s'échelonnent des maisons
fièrement assises sur le flanc escarpé du coteau. Au point le
plus bas s'étend une place triangulaire, où se tient le marché
aux fruits et aux légumes, autour d'une fontaine à grande vasque

surmontée d'une colonne artistement sculptée, comme nous en rencontrerons dans toutes les villes suisses ; à l'un des angles se dresse une colossale potence d'enseigne en fer forgé représentant un dragon fantastique aux ailes déployées.

Les pentes de l'autre versant sont un peu moins rapides et n'ont pas nécessité d'escaliers ; c'est le quartier commerçant de la ville ; on y rencontre de nombreuses boutiques fort achalandées, puis l'hôtel général des Postes qui ne nous apporte, hélas ! aucune lettre de France ; aussi, privés de ce reconfort, rentrons-nous à notre hôtellerie en formant le projet de réparer nos forces dans un site agreste et tranquille ; et nous prenons à onze heures le train-omnibus de Fribourg, dans le dessein de nous arrêter en pleine campagne à la station d'Oron-le-Châtel où nous retrouvera peu après le train express.

Les wagons de la ligne de Lausanne à Fribourg et à Berne ne ressemblent en rien aux voitures françaises ; ils sont construits d'après le système américain et se composent de longs compartiments à couloir intérieur, de chaque côté duquel sont disposés des files de sièges adossés deux à deux. Les portes sont situées aux deux extrémités sur des plate-formes auxquelles on accède par de petits escaliers ; et les différentes classes sont divisées par des cloisons complètes avec portes au milieu, en sorte qu'on peut parcourir le train tout entier en ouvrant ces portes ; c'est ainsi que se fait en route le contrôle des billets : système fort commode pour la compagnie du chemin de fer, mais insupportable pour les voyageurs qui sont à tout moment brusquement dérangés. En revanche, cela est fort bien conçu pour le plaisir des yeux et nous permet d'admirer dans toute leur largeur les magnifiques aspects que présentent les bords du lac de Genève et leurs horizons de montagnes, en particulier du côté de la dent du Midi qui domine l'entrée du Valais. Nous traversons de petits viaducs et de petits tunnels : nous passons au-dessus de Grandvaux, au milieu de vignobles ; puis nous disons adieu au lac de Genève et cotoyant le pied des Alpes Bernoises, nous traversons un pays frais et riant, aux profils doucement ondulés, que varient de noires forêts de sapins ou de rouges villages disséminés sur d'immenses fonds verts. En moins d'une heure nous atteignons Oron-le-Chatel et nous descendons au pied d'un vieux château à tourelles encore habité qui nous prête l'ombrage de quelques arbres égarés dans les prairies où furent autrefois creusés ses fossés de défense ; là nous nous étendons mollement sur l'herbe fraîche, et nous goûtons une heure de repos bien mérité ; on respire plus librement en présence de ce calme harmonieux de la nature qui dispose les cordes de l'âme à l'unisson de celles du corps ; l'air, d'une pureté absolue, est plus réparateur à ces altitudes ; et quel écho des passions du monde peut y parvenir !

Mais le sifflet de l'express vient tout d'un coup nous ramener à la brutale réalité ; nous remontons en toute hâte en wagon ; puis après avoir rencontré quelques villages coquettement jetés au milieu de la verdure, et bientôt dépassé le train de modeste allure qui nous avait éloigné de Lausanne, nous apercevons l'un des ponts suspendus qui franchit les trois défilés de la Sarine, et l'imposant massif de la ville de *Fribourg*, majestueusement assise sur des falaises de grès, couronnées par de vieilles murailles au milieu desquelles trône la cathédrale.

Lors de mon voyage en Suisse en 1865, Fribourg ne m'avait rien présenté d'extraordinaire, en dehors de sa situation pittoresque et de ses ponts suspendus. Le tilleul contemporain de la bataille de Morat est sa principale curiosité historique, et le bizarre assemblage des fenêtres de ses maisons groupées trois par trois en manière de trilobes, sa seule singularité architecturale Pressés par le temps, nous n'eûmes pas même la fantaisie de faire jouer pour nous les orgues célèbres de la cathédrale, satisfaction que s'octroient, contre écus sonnants, les touristes plus mélomanes, et nous brulâmes la station, pour avoir le temps de visiter Berne avant la nuit.

A trois kilomètres environ de Fribourg, le chemin de fer franchit les gorges de la Sarine sur l'un des plus hardis viaducs en fer que j'eusse encore traversés. Sa hauteur qui approche de 80 mètres, est vertigineuse, et ses délicates piles ajourées lui donnent une légèreté toute particulière. De même que le pont Britannia sur le détroit de Menai, en Angleterre, a, du premier coup, atteint les plus grandes dimensions des poutres tubulaires sans appui, de même le viaduc de Granfey dont nous parcourons lentement les immenses travées, a été le premier et le plus gigantesque des ponts établis sur piles à jour. Le génie voit toujours grand et procède par masses colossales. Un jour viendra sans doute, où quelque autre système particulier de construction sera encore inventé, et atteindra, d'un seul jet, ses plus vastes proportions. (1) C'est la loi du progrès incessant.

Bientôt tous les noms de station deviennent allemands. Voici Schmitten et ses tunnels, Flamat, Therisbaus,... puis Bümplitz d'où l'on aperçoit un beau panorama des Alpes bernoises : et enfin, à quatre heures de l'après midi nous entrons en gare de *Berne*, vaste construction plus largement aménagée que les nôtres, où toutes les inscriptions sont allemandes. Nous avons quelque peine à faire comprendre que nous voulons déposer en consigne nos *gepäcke* (bagages), et nous apprenons que cela s'appelle ici les mettre chez le *portier*, un mot français égaré dans le vocabulaire tudesque et qui s'étale en grosses lettres en tête d'un bureau auquel nous accédons en suivant le flot des voyageurs plus au courant des usages. Nous sortons de la *Bahnhoff*, c'est-à-dire de la gare, au milieu d'officiers aux larges galons, de tournure assez martiale, et nous nous lançons sans hésiter au milieu des larges rues de la capitale de la Suisse.

---

(1) Ce jour est arrivé, et le grand pont de la Forth, près d'Edimbourg livré en 1889, avec ses travées de 600 mètres sans appui, a magistralement inauguré les ponts à piles en encorbellement.

La ville de Berne bâtie, comme celle de Fribourg, sur une sorte de presqu'ile formée par les sinuosités d'une rivière à rives profondes, se compose de deux parties de physionomie bien distincte : la ville ancienne, sur la presqu'ile elle-même, entourée sur trois côtés par l'Aare ; et la ville moderne sur l'enracinement de la presqu'ile, entre la station du chemin de fer et la cathédrale. Cette dernière ne présente aucune originalité propre : largement ouverte, avec des rues tracées à angle droit et de grandes places bordées de maisons à la parisienne, elle rappellerait assez nos cités haussemannisées, si les devantures de magasins y étaient plus brillantes, si toutes les inscriptions n'y étaient allemandes ou latines, comme le *Christo in pauperibus* du grand hôpital, et si les corsages rompus, à velours noir et à chaînes d'argent, des suissesses ne dépaysaient un peu le touriste français. Le monument le plus considérable de ce quartier est le palais fédéral, immense et lourde caserne où siègent le Conseil des États et le Conseil National. Une statue de la ville de Berne, en bronze doré, se dresse sur une colonne au milieu d'un square qui décore la grande cour d'honneur ; et de la terrasse qui s'étend derrière le palais, on jouit d'un panorama très étendu sur le massif des Alpes bernoises. L'église du Saint-Esprit ou de l'Hôpital, bâtie au siècle dernier dans le style contourné de la décadence italienne, achève d'enlever à la partie occidentale de Berne tout caractère franchement personnel. Il n'en est pas de même de la vieille ville qui commence à la place du Munster, sur laquelle s'élève la statue équestre et très mouvementée de Rodolphe d'Erlach, le vainqueur de Laupen. Nous admirons les curieuses sculptures gothiques du portail et des galeries de la cathédrale protestante ; et de la terrasse voisine (il y a toujours des terrasses dans les villes suisses), au pied de la statue de Berthold de Zœringhen, nous restons en contemplation devant la vallée sinueuse de l'Aare, dont les collines sont couronnées au loin par le groupe étincelant de glace des montagnes de la Yungfrau coloré d'une teinte rose par les rayons du soleil à son déclin. Puis nous nous enfonçons dans le vieux Berne, et ici nous nous sentons bien en ville étrangère. Voici la grosse tour carrée, dite de l'Horloge, avec ses cadrans astronomiques, son toit pointu à bords courbes et saillants en forme de toit de pagode, et ses groupes de personnages qui s'animent mécaniquement lorsque l'heure sonne. Massive et imposante, elle s'élève à l'entrée d'une immense et large rue ou *gasse*, comme disent les écriteaux, qui traverse tout Berne de l'ouest à l'est, jusqu'au grand pont de Nydeck, et qui ne ressemble à aucune autre, avec son canal central et ses innombrables fontaines, toutes composées d'une vasque qui sert de lavoir public, au milieu de laquelle se dresse une colonne sculptée supportant ici la Justice, là Samson, plus loin David, l'Ogre, l'Ours, Moïse ou la Cigogne ; et toujours un étendard en fer accompagne le personnage de la statue. Des deux côtés, de lourdes maisons à toitures en forte saillie, reposent sur des arcades massives, qui éclairent des passages couverts élevés de plusieurs marches au-dessus du sol de la rue ; de maigres et sombres boutiques s'alignent sous ces voûtes basses et solidement appuyées par d'épais contreforts : pâtissiers aux gâteaux décorés de l'ours traditionnel (on sait que Bär, prononcez *Ber* en allemand, signifie *ours),* marchands de tabac ou de bibelots en bois sculptés, entrepreneurs de *restauration* (mot qui signifie *restaurant),* apothèkes, marchands d'étoffes locales, etc., étouffent dans les mailles trop étroites du réseau qui les enserre. C'est là la promenade favorite des bernois, leur boulevard des Italiens : mais qu'il vaut mieux respirer l'air vivifiant des montagnes sur les terrasses du Munster ou du Palais Fédéral !... Nous jetons un coup d'œil en passant sur les monuments qui avoisinent la *Kamgasse,* la nouvelle église catholique, l'Arsenal, l'hôtel des Monnaies et l'Hôtel-de-Ville, édifice gothique du XV° siècle, à la façade richement découpée, puis nous remontons vers la gare, on souriant aux immenses statues enseignes de la *Marktgasse,* et en passant sous la *Tour des prisons,* plus élevée mais moins élégante que la *Tour de l'Horloge.*

Les touristes sont nombreux en cette saison à Berne, mais ce sont surtout des allemands : nous avons cependant distingué une troupe de jeunes anglaises, conduites par une miss un peu plus âgés, et qui, montées dans notre train à Fribourg, ont à peu près suivi le même parcours que nous, car nous les avons plusieurs fois rencontrées, manifestant un enthousiasme bruyant qui contraste fort avec la gravité germanique . la bière et le tabac à haute dose ont singulièrement épaissi le caractère de nos voisins de l'est : et les touristes allemands dont nous rencontrons ici les premiers spécimens ne semblent pas munis d'une forte dose d'entrain dans leurs excursions ; les dames portent des lunettes : cela leur ôte toute poésie.

Nous arrivons bientôt aux *Portes* de la ville, près du grand Hôpital. Ces portes se composent d'une vaste grille appuyée sur deux pavillons, rappelant les barrières d'octroi de Paris. Sur les grilles se dressent des ours et des cigognes. L'ours est décidément l'animal symbolique, l'arme parlante des Bernois. On le rencontre partout, en pierre, en fer, en pâte : il y en a même au naturel ; et dans les fossés des fortifications, car la presqu'île est fermée à l'ouest par une ligne de bastions à la Vauban, la cité entretient plusieurs ours nationaux. Nous traversons plusieurs grandes avenues aux arbres majestueux pour aller saluer ces bêtes vénérables ; et nous rentrons en ville à la tombée du jour, pour savourer, en gare. un dîner à l'allemande, confitures avec le rôti, avant de prendre le train du soir pour le lac de Thunn.

Le chemin de fer de Berne à Thunn cotoie, en la remontant, la vallée de l'Aare, dont un clair de lune très pur nous permet de mesurer les larges aspects. Les noms des stations sont tous horriblement allemands : Ostermundigen, Münsingen et compagnie : l'accent teutonique des conducteurs du train qui les annoncent et qui appellent la mise en marche, en accuse nettement la dureté ; nous sommes maintenant dépaysés de la façon la plus

complète : les bàtiments des stations disposés en chalets profilent dans la demi-teinte leurs silhouettes découpées en cartons
d'opéra-comique : les montagnes se dressent blanches de neige
à l'horizon : et lorsque l'omnibus de la gare de *Thunn* nous
débarque au *Frienhof*, nous nous trouvons, à la vue de l'immense
enseigne en fer forgé qui surmonte la porte et des tourelles qui
flanquent la façade, transportés en franc pays gothique. Un
antique et vaste escalier nous mène à une grande chambre lam-
brissée où trône un colossal poële en faïence, et au fond de
laquelle est ménagée une alcôve qui contient deux petits lits aux
couvertures trop étroites pour qu'on puisse les draper. Les Allemands savent boire, ils savent à peu près manger ; mais ils
ignorent absolument l'art de se coucher : leurs draps sont des
serviettes et leurs serviettes des mouchoirs. Il n'est malheureusement pas pratique d'emporter avec soi des draps de voyage, et
force nous est de dormir à l'allemande.

Jeudi 24 Septembre. — INTERLAKEN ET LA YUNGFRAU. — En
ouvrant nos fenêtres, à six heures du matin, nous apercevons
devant nous les élégantes tourelles et les nombreuses aiguilles
de l'église et du château perchés sur un rocher à pic qui domine
la ville, dans la situation la plus pittoresque qu'on puisse imaginer : aussi ne pouvons-nous résister à l'envie de monter sur
la terrasse où se dressent ces deux antiques monuments. On y
accède par un escalier taillé dans le roc qui permet de découvrir,
à mesure qu'on s'élève, tout le développement d'un magnifique
panorama : mais il n'y faut pas chercher autre chose, car les
deux édifices sont aussi laids de près qu'ils sont séduisants de
loin. Il est vrai qu'on est largement payé de sa peine. Du haut
de la plate-forme on jouit d'une vue admirable qui contraste
singulièrement avec l'aspect des murailles mesquines et badi-
geonnées à la chaux du soi-disant castel aujourd'hui transformé
en *préfecture*. A nos pieds, le bourg encore tout humide des
vapeurs du matin, étend ses lignes de toits pointus d'un côté vers
la plaine de l'Aare qui descend au Jura, de l'autre vers le lac
dans les eaux limpides duquel se baignent de coquettes villas et
de frais hameaux magistralement encadrés par les montagnes
qui forment les premiers contreforts des Alpes bernoises : plaines
verdoyantes, eaux bleues, toits rouges et horizons diaphanes, au
milieu desquels se jouent les premiers rayons du soleil traversant les anfractuosités des montagnes, où les traînées de vapeurs
blanches des trains de chemins de fer descendant au lac : mur-
mures réguliers du torrent et bruits plus accentués d'une ville
qui se réveille pour le travail, tout cela forme un ensemble frais,
gai, animé, qui nous fait oublier les impressions tudesques de la
veille. Mais la fumée des bateaux amarrés au bord du lac nous
avertit que notre contemplation doit cesser. Nous passons sous
une vieille porte massive, et nous redescendons par un escalier
couvert, en bois, qui nous conduit à l'extrémité de la rue principale et la plus pittoresque de Thunn. Des deux côtés, une sorte
de colonnade, sous laquelle s'abritent des boutiques de toute

espèce, est supportée par un large trottoir ou terrasse, bordé en
arrière plan par les maisons d'habitation, ce qui donne à la rue
beaucoup d'air et de mouvement. D'élégantes tourelles flanquent
les angles des maisons, car Thunn est la ville des flèches et des
aiguilles Nous déplorons l'absence d'uniformes des élèves de
l'école militaire sans doute en vacances, et nous nous dirigeons
à pied le long d'un canal bordé de grands arbres, de jardins et de
villas, vers la petite ville de *Schezlingen*, située au bord même du
lac, au point où l'Aare le quitte pour descendre vers Berne.
C'est là que se trouve l'embarcadère des bateaux à vapeur,
près d'un élégant château, dont le parc, soigneusement entre-
tenu et décoré d'arbustes aux feuillages les plus divers, est
libéralement ouvert au public à certains jours de la semaine.
La vigne vierge rouge jette ses notes éclatantes dans le concert
de ces feuillages qui baignent leur pied dans les eaux limpides et
bleues ; il nous semble qu'il soit impossible d'être triste, quand
on habite de pareils oasis.

A huit heures la cloche des bateaux fait entendre ses notes
argentines : on s'embarque gaiement ; touristes, paysans des
environs, soldats de la réserve rejoignant leurs foyers, artisans
et maraîchers, qui descendent aux nombreuses stations échelonnées sur les deux rives. A mesure qu'on avance, les montagnes deviennent plus hautes et plus resserrées ; les flèches
légères du château de Thünn se profilent élancées dans le
grand vide de la vallée qui s'éloigne : voici les contreforts de la
Yungfrau et de temps à autre, entre les arêtes des vallées
secondaires, les crêtes neigeuses de célèbres glaciers : l'Eigger,
le Mensch et plus loin le Schwerzhorn et le Wetterhorn. On
s'arrête de temps en temps en escale, près de pittoresques
villages, les uns frais et gais, ceux de la rive droite ; les autres
antiques et sombres, ceux de la rive gauche, comme Spiez aux
tours flanquées de petites tourelles, aux vieilles maisons
délabrées, aux quais titubant de vieillesse. Le temps est très
clair : et les franches colorations du soleil du matin augmentent
l'effet du contraste, accusant le relief des montagnes, et reculant
la perspective des horizons.

Après une heure de traversée, nous doublons le cap Nase et
nous abordons à *Leisigen* un des derniers villages de la rive
gauche, où nous montons dans les wagons fort originaux d'un
chemin de fer nouvellement ouvert à la circulation, qui nous
conduit à Interlachen, faubourg de la ville d'Unterseen, située au
milieu de la plaine d'alluvions, qui sépare les deux lacs de
Thünn et de Brienz. Ces wagons uniquement destinés à l'usage
des touristes, sont construits à deux étages, et nous nous
installons sur une impériale très confortable, ouverte dans tous
les sens pour mieux admirer le paysage et munie de grillages
en mailles de fer, pour éviter les accidents. Ces wagons seraient
parfaits si les escaliers placés à leurs deux extrémités n'étaient
pas aussi étroits, mais il ne faut pas être trop exigeant lorsqu'on

trouve, en de tels parages, une voie ferrée construite pour l'usage presque exclusif des visiteurs de l'Oberland.

En quelques minutes nous arrivons à la gare d'*Interlachen*, où nous lai-sons nos bagages avec consigne de les expédier à l'embarcadère du lac de Brienz ; et montant dans l'une des nombreuses voitures découvertes qui envahissent la cour, nous mettons le cap sur *Lauterbrunnen*, pour l'excursion de la Yungfrau. A peine a-t-on franchi la gare qu'un tableau magnifique se découvre tout à coup, comme dans une féerie. En premier plan, la célèbre chaussée bordée de magnifiques noyers, d'hôtels somptueux, de cafés, de restaurants et de boutiques en bois sculpté : c'est l'heure du marché et l'animation est étourdissante ; en arrière, au milieu d'un monticule qui domine tout le village, l'ancienne abbaye, qui sert aujourd'hui de prison, découpe sa masse imposante sur le fond sombre des sapins ; au fond, les versants boisés ou abrupts de la vallée du Bœdeli forment un cadre à bords successivement adoucis pour le manteau virginal de la (*Yungfrau* signifie *jeune fille*). Ce tableau est vraiment admirable par sa composition et par ses contrastes, et l'on ne s'étonne point, à sa vue, que le faubourg d'Unterseen soit devenu le quartier général de tous les explorateurs de l'Oberland.

D'Interlachen à l'entrée de la vallée de Lauterbrunnen, la route, fort sinueuse, est tracée au milieu de prairies ombragées par de grands noyers qui abritent de rustiques chalets où se fabriquent presque tous les objets en bois sculpté que l'on vend en Suisse. Chacun d'eux renferme une brigade de travailleurs : ce sont des ateliers complets ; et l'on entend, en passant, les marteaux qui frappent sans relâche sur les burins, et les ciseaux toujours en mouvement. Pendant que les hommes s'escriment sur le sapin, les femmes manient le fuseau avec une adresse toute spéciale et les petites filles courent après les voitures pour offrir aux voyageurs les dentelles de fil que viennent de confectionner leurs grandes sœurs et leurs mères. Ces dentelles sont assez grossières, mais leurs dessins sont très variés et d'une originalité bien franche.

Après les prairies, des sapinières ; puis la route s'enfonce dans des gorges étroites, et l'on rencontre çà et là des gens postés avec de gigantesques cornes ou trompes de cuivre, qui entonnent le ranz des vaches et le laissent répercuter par les nombreux échos de la montagne. Ce chant langoureux et monotone, d'un caractère singulièrement pénétrant, laisse une impression indéfinissable que l'écho mourant au loin rend encore plus saisissante. L'âme s'envole avec lui sur les cimes : on écoute, on reste en suspens, et l'on maudit le prosaïque sonneur qui vous arrache à ce sentiment de l'indéfini, en venant vous présenter son chapeau pour réclamer salaire.... Fouette cocher ! Voici les ruines du château féodal d'Unsprennen, puis, comme un point blanc perdu dans les airs, l'hôtel d'*Alpenrose* bâti au sommet de la Schenige-Platte, où l'on peut aller jouir de l'une des plus belles vues générales de la Suisse. A notre gauche, l'ouverture béante de la vallée de Grindenwald, par laquelle nous redescendrons le lendemain, nous permet d'admirer en passant, le massif du Wetterhorn ; et toujours des gorges, des rochers à pic, des sapinières, le torrent qui gronde et les glaciers qui paraissent et disparaissent à chaque tournant de la vallée : eufin, vers onze heures nous atteignons les chalets de Lauterbrunnen, au pied de la cascade dite *Staubbach.*

Staubbach, en français, signifie ruisseau-poussière. La cascade formée, comme celle du cirque de Gavarni, par des eaux qui tombent devant une muraille verticale de 300 mètres de hauteur, ne parvient, en effet, au sol qu'à l'état de division extrême : on dirait d'une fine poussière blanche dans laquelle se jouent par moment les couleurs de l'arc-en-ciel. Elle produit un effet plus imposant que celle de Gavarni, parce qu'on peut la voir presque de profil, et qu'elle n'est pas écrasée par la masse gigantesque des rochers colosses du cirque pyrénéen.

On trouve des chalets très confortables à Lauterbrunnen : nous y déjeunons à la hâte pendant qu'un guide nous selle deux chevaux : et sans perdre de temps nous montons à la *Wengernalp* pour contempler de près, et en plein soleil, les glaciers sans tâche de la Yungfrau. Un sentier droit et escarpé est taillé en zig zag dans les flancs de la montagne en face de la Staubbach. Courbés sur le cou de nos montures, nous gravissons de véritables escaliers ménagés dans le roc, et lorsque nous plongeons nos regards sur la vallée, aux brusques tournants des lacets, il nous semble voir le village que nous venons de quitter, devenir peu à peu liliputien : seule, la cascade conserve ses proportions de géante et le fracas de ses eaux tourbillonnant dans l'espace : elle éteint tout autre bruit ; on n'entend plus qu'elle, qui remplit de sa grande voix le vide immense de la vallée ; la sensation du grandiose vous envahit ; l'esprit se perd dans les régions du rêve ; et si quelque secousse inattendue, quand les chevaux rencontrent un obstacle, ne vous faisait de temps en temps perdre l'équilibre, en ramenant à la réalité, on se croirait conduit au pays des êtres fabuleux.

Nous traversons quelques hameaux composés de pauvres cahutes perchées sur les aspérités de la montagne, puis nous abordons un plateau verdoyant limité par une muraille à pic et formant une sorte de vaste gradin entaillé dans le roc ; oasis parsemé d'innombrables petits chalets formés de troncs de sapin grossièrement équarris, qui paraissent hermétiquement fermés, et qui servent aux bergers pour remiser leurs fromages. De là la vue s'étend fort loin sur les montagnes environnantes, et notre guide nous signale sur les plateaux ou sur les reliefs de l'autre rive de grands hôtels élevés, à diverses hauteurs, sur des points d'où l'on peut découvrir de beaux panoramas. Il nous assure que des touristes vont passer, à ces altitudes, des semaines entières, et que quelques-uns, en particulier des anglais, se transbordent successivement de l'un à l'autre, pour varier leurs plaisirs. En l'écoutant, nous arrivons à une forêt de sapins entrecoupée de ravins bourbeux et riche en arbres dépouillés par la foudre sur lesquels viennent percher les vautours, puis nous atteignons des pelouses rases et désertes : et tout d'un coup, au détour d'un mamelon, nous nous trouvons devant l'*Hôtel de la Yungfrau*, en face d'un ravin vertigineux que surmonte le groupe éblouissant de glace devant lequel viennent s'extasier les visiteurs du monde entier.

Le guide nous affirme que nous jouissons aujourd'hui du plus beau temps de la saison ; que jamais le ciel n'a été si pur, l'air si transparent, ni tous les détails de la *Yungfrau*, du *Mœnch* et de l'*Eigger* si distincts. Et de fait, il est impossible de rencontrer un plus merveilleux ensemble de rocs et de glaciers : harmonieux dans ses formes, calme dans sa majesté sereine, offrant le contraste saisissant de ses masses gaies et brillantes au-dessus du gouffre noir dont l'œil ne peut mesurer la profondeur. Le soleil scintille sur ces innombrables facettes de neige cristallisée, sur ces cônes polis, sur ces crêtes dentelées. Les ombres bleues s'harmonisent doucement avec l'azur du ciel et sur certains points se confondent avec lui. De temps à autre une masse blanche se détache d'un sommet, roule sur les blocs gisant à la base, les entraîne avec elle, et l'avalanche se faisant jour à travers ravins et couloirs, se précipite avec un bruit formidable que les échos répercutent et qui ressemble à la décharge successive de plusieurs batteries d'artillerie. Malheur au touriste qui s'aventurerait sur le flanc de la montagne ! Il serait impitoyablement broyé. Ces chûtes m'inspirèrent un sonnet de circonstance :

La Yungfrau

Yungfrau, quels diamants, sur ta robe de neige,
Illuminent de feux les profondeurs d'air pur,
Etincelles d'argent, de cristal et d'azur,
Qui, pétillant de joie, au soleil font cortège !

Prêtez-moi vos pinceaux, Claude, Guido, Corrège !
Vous seuls pourriez tracer, sans ton brusque ni dur,
Le profil virginal de ce céleste mur :
Magiciens de l'art, c'est votre privilège ....

Mais qu'entends-je ? La voix du tonnerre a grondé :
Elle se précipite, et du flanc dénudé
Roule de roc en roc la sinistre avalanche.....

Faut-il donc qu'un poison soit souvent sous la fleur !
Jeunes gens, prenez garde : Une robe trop blanche
Peut cacher quelquefois un piège à votre honneur.

Nous fussions restés là, fort longtemps, plongés dans une muette contemplation devant ce merveilleux spectacle, si le guide ne nous eût montré, à quelque distance, l'*hôtel de Belleoue*, bâti sur le col de la *Wengernalp*, en nous assurant que de ce point la vue serait plus belle encore. Il disait vrai : De ce col, qu'on appelle aussi la *Petite Scheiddeg*, situé à plus de 2,000 mètres d'altitude, entre les vallées de Lauterbrunnen et de Grindenwald, les panoramas qui se déroulent dans les deux sens, séparés par les gigantesques aiguilles de l'Eiger, sont absolument merveilleux. Comme on se sent petit devant ces immensités !

On trouve sur ce col aride et nu un fort bon hôtel, et nos chevaux devant se reposer une heure avant d'entreprendre la descente sur l'autre versant, nous profitons de tout ce que met à notre disposition le confortable inventé par les touristes anglais. Nous admirons les masses neigeuses de la Yungfrau au travers des plaques de verre de toute teinte disposées pour cet usage sur des poteaux voisins de l'hôtel ; nous assistons à la descente d'une allemande à lunettes qui s'est fait hisser en chaise à porteurs au sommet du Lauterhorn ; nous buvons de la bière et des grogs grimpés là-haut à dos de mulet ; et nous ne reprenons nos montures qu'après avoir épuisé tous les genres de distraction qu'on peut demander à pareille altitude.

Impossible d'imaginer descente plus fatiguante que celle de la Scheiddeg vers *Grindenwald*, tellement abrupte et rocailleuse est la pente du sentier qui traverse d'abord des landes arides, puis des forêts de sapins avant d'atteindre les prairies; aussi s'est-on ingénié pour essayer de vous empêcher de penser à cette fatigue. Sur les hauteurs, sont postés de distance en distance des sonneurs de gigantesques cornes en cuivre qui envoient le ranz des vaches à tous les échos d'alentour ; des petites filles vous attendent à des barrières placées, à d'assez courts intervalles, en travers du chemin, et vous les ouvrent en chantant des airs nationaux ; mêmes chants devant les châlets où le guide fait halte, et où l'on vous présente du lait après vous avoir offert des escabeaux pour descendre de cheval... Tout cela moyennant finance, bien entendu : c'est l'exploitation du touriste à son suprême degré. Fort heureusement la grandeur et la variété du spectacle qui vous environne détournent la pensée de celle de ces efforts humains. Les pics se dressent aigus ; les troupeaux de chèvres descendent gaiement des hauts rochers ; de charmantes fleurs violettes émaillent en tout sens le sol des pelouses ; le torrent roule en cascades dans son lit tourmenté ; la nature vous parle par toutes ses voix, et l'on n'a d'oreilles que pour son magnifique concert.

Au-dessous de la forêt de sapins, le sentier rocailleux devient de plus en plus fatiguant ; les chevaux glissent à tout instant sur le sol poli ou sur les cailloux roulés ; il faut souvent mettre pied à terre et nous nous décidons à faire la dernière partie de la route en traînant derrière nous nos bêtes par la bride. Cependant le village de Grindelwald se distingue plus nettement au pied des glaciers que surmonte l'imposant massif du Wetterhorn. La vue de notre gîte du soir nous aide à braver la fatigue ; nous traversons de pauvres hameaux à l'aspect aussi misérable que du côté de Lauterbrunnen ; nous nous engageons dans des chemins creux, humides, au sol composé de boue et de pierrailles, où les chevaux enfoncent jusqu'au poitrail et dont nous avons mille peines à les retirer ; et nous arrivons enfin à la Lutschine, petite rivière descendant des glaciers, où nous rejoignons la route qui monte d'Interlachen.

Dix minutes après, à six heures sonnant, remontés sur nos chevaux ragaillardis par l'odeur du fourrage, nous faisons une entrée triomphale à *Grindenwald*, dans la cour de l'élégant chalet de l'Ours où s'abrite une hôtellerie très confortable ; chambres minuscules et basses d'étage, mais vaste salle à manger et dîner plantureux qui fait oublier toutes les fatigues du jour. Pourquoi faut-il, hélas ! que les lits soient allemands ! On ne saura donc jamais se coucher en Allemagne !

Vendredi 25 Septembre. — Brienz et Lausanne. — Notre projet avait été de continuer la route de la veille avec les mêmes chevaux ; de traverser le col de la grande Scheiddeg, en nous arrêtant au pied des glaciers de Grindenwald, et de descendre à Meiringen par la vallée de Reichenbach et le glacier de Rosœnlaüi pour rejoindre de là nos bagages à Brienz et prendre la route de Lucerne ; mais la descente de la Wengernalp nous avait tellement fatigués que nous nous décidâmes à ne plus tenter une seconde édition des mêmes incidents, et que, congédiant notre guide et ses chevaux, nous montâmes en voiture pour redescendre à Interlachen.

La route est tracée à larges lacets, et ombragée par de magnifiques noyers. Son caractère le plus original lui est donné par de nombreux ponts en bois, complètement couverts, que l'on traverse sur son parcours, et qui de loin ressemblent à de vastes hangars munis de fenêtres, annonçant quelque usine. De distance en distance, on passe près d'anciens éboulements de montagnes qui ont enseveli les troncs de tous les arbres voisins, semblables maintenant à de gigantesques broussailles. Plusieurs hameaux ont été détruits par ces avalanches de terre et de pierrailles, et il n'en reste plus qu'à peine quelques traces. Aux détours des lacets, on aperçoit de belles échappées sur le fond de la vallée dominée par le Wetterhorn, et de légers nuages garnissant les sommets rapprochés augmente l'étendue de la perspective qui se développe plus majestueuse à mesure que nous avançons.

Nous arrivons ainsi au confluent des deux Lutschines : la noire qui descend de Grindenwald, la blanche qui prend sa source à la Yungfrau. Une petite plaine verdoyante et bocageuse, où nichent de frais chalets, nous amène au port où s'entreposent les bois de l'Etat descendus du haut des montagnes voisines à l'aide de cables de fer qui paraissent de simples fils tendus dans l'espace. Là nous rencontrons des voitures chargées de soldats du canton qui reviennent des exercices de la réserve sans en avoir conservé un air bien martial, et de femmes aux petits bonnets de velours garnis d'immenses dentelles qui sont allées à la rencontre de leurs parents ou amis. Tout se passe ici patriarcalement.

Bientôt des sifflets se font entendre sur deux timbres différents, mais avec les notes suraiguës de la civilisation moderne : c'est le chemin de fer et le bateau à vapeur qui viennent de s'entre saluer au fond du *lac de Brienz*. Nous embarquons à neuf heures, après avoir retrouvé nos bagages fidèlement transmis. Le lac de Brienz est beaucoup plus encaissé que le lac de Thunn et ses abords sont presque sauvages ; mais à mesure qu'on s'avance dans l'intérieur, les aspects deviennent plus riants, surtout du côté de la rive gauche qui nous présente de charmants promontoires chargés de belvédères et de châteaux. L'eau du lac, de couleur vert pomme, fait ressortir encore ce relief plus prononcé : voici de petites îles fort pittoresques, dont l'une porte le nom bizare de *Schnecker* (île des escargots) ; puis nous nous arrêtons, au pied d'un immense rocher, devant l'hôtel du *Giessbach,* où descendent les touristes qui veulent visiter les quatorze cascades échelonnées les unes au-dessus des autres du torrent issu du Schwerzhorn. Nous apercevons, à travers les arbres et les rochers des masses d'eau bouillonnante aux divers étages de la montagne, des sentiers qui serpentent en tous sens au milieu de la verdure sombre ou claire et des ponts rustiques qui s'enchevêtrent à toutes les hauteurs. On nous dit que les cascades sont illuminées à giorno chaque soir ; et nous n'en doutons pas en remarquant une petite usine à gaz construite pour l'usage spéciale de l'opération. Ce gazomètre au pied du Giessbach lui ôte pour nous toute poésie ; et ces apprêts, ces enjolivements, cette foule bigarrée qui se précipite du bateau dans l'hôtel princier où l'attend une hospitalité peu écossaise, respirent tellement l'artificiel et si peu la franche nature que nous ne nous décidons pas à sacrifier une journée pour contempler de près des cascades aussi gâtées par l'excès de civilisation. C'est bon pour les Anglais. Nous brûlons donc l'escale et le bateau ne tarde pas à nous mener au fond du lac devant la petite ville de *Brienz*, aux maisons en bois pittoresquement sculptés, où attendent, sur le quaî, les diligences de Lucerne.

Il est prudent, dans cette saison, de retenir ses places d'avance, si l'on veut monter dans ces grandes machines doublées de velours rouge, car nous les trouvons toutes occupées : mais l'administration réserve des calèches découvertes pour l'excédant des voyageurs et nous en bénissons le ciel puisque nous pourrons admirer les magnificences de la route beaucoup plus à notre aise, en compagnie d'un jeune touriste allemand fort taciturne et d'un étudiant suisse en vacances, aimable, gai, complaisant, qui parle un français archaïque d'une saveur toute particulière. La route monte d'abord, par une série de lacets très habilement tracés, jusqu'au col de *Brunig* qui, situé à plus de mille mètres du-dessus du niveau de la mer, sépare les cantons de Berne et d'Unterwalden. A mesure qu'on s'élève sur le flanc de la montagne découpé à grands frais au-dessus de précipices vertigineux, tantôt en rampes ensoleillées, tantôt en voutes surplombant avec une hardiesse effrayante, le panorama devient plus étendu et plus grandiose. A nos pieds la verte vallée de l'Aare, avec sa rivière en ruban argenté : et suivant que les lacets de la route dirigent nos regards vers les profondeurs de la vallée ou vers la région des lacs, nous admirons successivement le frais village de *Meiringen*, dominé par le *Thierberg* et les contreforts du glacier du Rhône, ou la cascade de l'*Ostlibach* qui se précipite au-dessus du vallon de Hosli, ou le lac de *Brienz* qui s'encadre admirablement dans les horizons d'Interlachen. Bientôt la vallée de Grimsel, avec ses affluents, se découvre presque toute entière ; nous jetons un dernier regard au pic le plus élevé du Wetterhorn et tout d'un coup, un brusque détour nous arrache à notre admiration ; un vif courant d'air frais nous saisit : plus de pics neigeux ni de glaciers : nous avons quitté le bassin de l'Aare et de toute la vitesse de nos chevaux qui n'ont plus de rampes à gravir, nous franchissons le *col de Brunig* au milieu d'immenses sapins et de pointes de rochers aux vigoureuses silhouettes sur lesquelles de petits nuages viennent se poser, en produisant de charmants effets d'ombre et de lumière. Aux sapins succèdent les hêtres apportant une verdure plus douce, et de temps à autre de brillantes échappées sur le lac bleu de Lüngern viennent varier ces décors magiques et compléter la gamme des couleurs.

A deux heures, les diligences s'arrètent à *Lüngern*, pour le dîner, car on suit encore ici le régime qui était celui de nos grands pères à l'époque de la Révolution, et qu'on a fidèlement gardé à notre Ecole polytechnique depuis sa fondation en 1795. *Lüngern* est un pauvre village dont les seules curiosités consistent en boutiques légères où l'on vend des objets en bois et en os sculpté. L'église est une petite chapelle sans caractère, et les hôtels qui bordent la route respirent seuls l'aisance et le confort. Rien de remarquable jusqu'à *Sarnen*, dont on côtoie le lac frais et riant pendant plusieurs kilomètres ; puis on traverse plusieurs villages au pied de vieux châteaux en ruines : les chalets sont recouverts de petites écailles de bois arrondies imitant les ardoises ; les églises à longs clochers pointus, véritables aiguilles, sont précédées de portiques à l'italienne ; les femmes passent nu-tête avec leurs cheveux tressés en longues nattes mêlées d'étoffe blanche.... Au loin, en arrière, les sommets de la Yungfrau, par dessus les nuages : devant nous celui du Righi sur lequel nous monterons demain : des deux côtés, des collines bien cultivées : le soleil fait étinceler les eaux des lacs.... paysage étendu, gai, aux lignes adoucies ; de l'eau, de la verdure, des fontaines à obélisques, des tirs cantonaux, des maisons blanches, de grandes enseignes en fer forgé, des couleurs armoriales bariolées à l'écossaise ; rien d'écrasant ni de trop accusé. C'est ici la Suisse aimable et douce, où l'on voudrait passer de longs jours en face de la nature tranquille, et loin des orages de la vie factice de nos opulentes cités.

Vers cinq heures, après avoir traversé d'immenses ponts de

bois recouverts de toitures, nous arrivons à *Alpnach*, au pied du
Mont-Pilatte, terme du trajet des diligences, et nous montons en
bateau à vapeur, au fond de l'une des anses du lac des Quatre-
Cantons ; puis ayant donné un dernier regard à la Yungfrau dont
le sommet disparaît dans les nuages au soleil couchant, nous
nous dirigeons vers la montagne de *Burgenstock* qui semble
fermer, à peu de distance, l'horizon assombri. Le jour commence
à baisser ; aucune issue ne paraît s'offrir pour sortir de cette
cuvette gigantesque, et le silence du soir augmente encore la
vague impression d'inconnu qui s'empare invinciblement de nos
esprits. On n'entend que les palettes des roues du bateau qui
frappent avec monotonie les eaux sombres et tranquilles; au loin
tout bruit a cessé ; et il semble qu'une force irrésistible nous
emporte et va nous briser contre le flanc de la montagne, lorsque
brusquement nous tournons à gauche : des becs de gaz et des
fanaux rouges apparaissent dans une étroite ouverture fermée
par une digue en pierre que coupe un pont tournant qui s'ouvre
sur notre passage, et la lune se levant radieuse illumine les eaux
dans lesquelles se reflètent pittoresquement les feux de la rive.
On fait escale à quelques villages dont nous ne pouvons que
soupçonner les silhouettes indécises, et vers sept heures, mollement bercés par la brise naissante, nous abordons aux quais de
Lucerne inondés de lumière. Il y a là des hôtels immenses, véritables palais cosmopolites dont les façades se dressent orgueil-
leuses sur les bords du lac ; mais sur les indications de notre
jeune étudiant, nous montons dans un omnibus qui nous dépose
en quelques minutes à l'hôtellerie de l'Ange, au cœur de la vieille
ville. C'est un antique et vénérable hôtel allemand, où l'on nous
sert d'excellent poisson, et dont les chambres très suffisamment
confortables, nous permettent sans trop nous inquiéter de ce qui
peut leur manquer, de réparer les fatigues d'une journée de
secousses presque continuelles.

Samedi 26 Septembre. — Lucerne, Le Righi, Altorf. —
Séparée en deux parties par la Reuss qui sort du lac des Quatre-
Cantons, Lucerne doit à ses immenses ponts une physionomie très
originale, surtout au *Kappelbrücke*, long de plus de 300 mètres,
bâti sur pilotis, recouvert d'une massive toiture, et défendu en
son milieu par une vieille tour très pittoresque, qui servait jadis
de phare aux bateaux entrant dans la rivière. Le vieux quartier
de la rive gauche, où nous sommes descendus, est percé de rues
étroites, encombrées par des fontaines à statuettes, inévitables en
Suisse, et par de gigantesques enseignes en fer forgé : nous en
sortons pour traverser la Reuss sur le *Mühlenbrücke*, ou pont
des Moulins, orné de 30 tableaux beaucoup trop vantés représentant la *danse des morts*, et nous nous dirigeons, le long des
antiques fortifications qui conduisent à la porte de Weggis, vers
le monument élevé en 1821 à la mémoire des Suisses tombés à la
prise des Tuileries par le peuple des sections parisiennes, le
10 août 1792. Ici la réputation n'a pas été surfaite. Il est impossible de rendre l'impression profonde produite par ce lion colos-

sal, l'un des chefs-d'œuvre de l'art moderne. Dans la paroi d'un immense rocher à pic à moitié caché par de grands arbres, on a taillé une grotte en ménageant un bloc à la base, et dans ce bloc, Thorwaldsen a sculpté, en pleine pierre, un lion blessé, fer au flanc, expirant sur les écus accouplés de la France et de la Suisse. La taille du lion est gigantesque car sa longueur est de neuf mètres ; mais dans ce cadre magistral l'énormité des dimensions disparaît devant l'harmonie des proportions de l'ensemble.

Au-dessus de la grotte, sont gravés sur la pierre les noms des soldats et des officiers massacrés, avec cette simple inscription : *Helvetiorum fidei ac virtuti.* Rien de plus imposant ni de plus grandiose. (1)

Le lion de Lucerne

— SONNET —

Tu défendais jadis le palais de nos rois,
Noble lion, vaincu derrière ses murailles :
Tu bravas avec eux le destin des batailles.
Et tu versas ton sang auprès d'eux mille fois.

L'émeute seule osa voter tes funérailles.
Une tourbe en délire, un jour, fondit sur toi.
Et fidèle au devoir, victime de ta foi,
Tu tombas sous le fer plongé dans tes entrailles.

Mais de son dévouement tu recueilles le prix.
Un artiste fameux, de ton courage épris,
Te releva mourant, te fixa sur la pierre,...

Tu revois ta patrie ; on te dresse un autel,
Et taillé dans le flanc d'une montagne altière,
Par un prodige d'art tu deviens immortel.

---

(1) Depuis ce voyage, j'ai visité Belfort et admiré le lion gigantesque sculpté par Bartholdi, en mémoire de la résistance de la forteresse en 1870, contre la muraille à pic qui supporte les batteries de l'Ouest. La comparaison de ces deux œuvres magistrales a été pour moi l'occasion d'un sonnet qui ne paraîtra pas déplacé à cette page.

Deux lions

— SONNET —

J'ai vu, sur deux rochers, deux grands lions de pierre.
Taillés par le génie en pleine vérité,
Pour donner, de leur gîte, à la postérité
Des leçons de vaillance et de noble carrière.

L'un, blessé, fer au flanc, abaissant sa paupière
Sous les coups d'un destin que le peuple irrité
Imposa, le dix août, à sa fidélité ;
Mais frappé droit au poste, et sans bond en arrière.

L'autre, des monts voisins fièrement descendu,
Adossé contre un roc, front haut, jarret tendu,
Semblant jeter ce cri : Teutons, venez me prendre !...

O lion de Lucerne ! O lion de Belfort !
J'enverrai devant vous mes enfants pour apprendre
Comment tombe un soldat, comment il reste fort !

La nature seule a contribué à l'assiette vigoureuse du monument, et elle a répondu admirablement à la pensée de l'artiste. Pas d'ornements, ni de superfétation qui puisse distraire l'attention un seul moment : on est saisi dès l'abord et cette émotion sincère et vive ne vous quitte plus·

Nous rentrons en ville par les quartiers neufs de la rive droite jusqu'aux fastueux hôtels des bords du lac : architecture lourde et sans grâce, importation d'Angleterre ou d'Allemagne ; mais dimensions colossales, immenses vérandas, escaliers extérieurs largement développés, et partout des fleurs, des bronzes, des dorures, tout ce que le luxe moderne a pu imaginer pour le plaisir des yeux et pour contraster avec les sommets décharnés du Mont-Pilatte qui se dressent en face, de l'autre côté du lac... Fuyons ces somptuosités factices et reprenons le bateau à vapeur pour la station de Witznau au pied du Righi.

A mesure que nous nous éloignons, les collines en amphithéâtre qui enveloppent Lucerne se dégagent plus nettes avec leurs blanches villas et leurs massifs de verdure sur lesquels se détache le cordon des vieilles tours carrées des fortifications d'autrefois grimpant sur leur pittoresque relief : double encadrement accusant le contraste de deux civilisations fort éloignées l'une de l'autre : le philosophe et l'artiste y trouvent chacun matière à de piquantes observations, et cela est si vrai que personne sur le bateau ne songe à regarder en avant : on reste les yeux fixés en arrière sur la ville qui s'éloigne jusqu'à ce qu'elle disparaisse masquée par les contreforts du Mont-Pilatte dont la croupe sévère se dresse à l'occident.

Cependant la rive s'abaisse peu à peu à notre gauche ; on approche du Meggenhorn, ou promontoire de l'Est, qui plonge son pied très avant dans le lac ; nous saluons un château gothique chargé de clochetons et de tourelles, récemment construit par quelque lord saturé de son pays ; puis dépassant la petite île d'Alstad nous traversons le centre de la croix que forment les quatre branches du lac, et nous faisons halte à Weggis où l'on descendait autrefois pour commencer, à pied ou à cheval, l'ascension du *Kulm* (sommet du Righi) ; mais depuis l'établissement du chemin de fer qui monte au haut de la montagne, on poursuit jusqu'à *Witznau*, où nous arrivons à neuf heures

Le chemin de fer du Righi, un des premiers qu'on ait construit de ce genre, est le résultat d'un véritable tour de force. Sa longueur est d'environ six kilomètres, et il faut monter à 1,200 mètres de hauteur, ce qui donne une pente moyenne de 20 centimètres par mètre, tandis que sur les chemins de fer ordinaires les pentes ne dépassent pas 20 millimètres, et qu'on admet que sur les routes à voitures il convient de ne pas aller au-delà de 5 centimètres. Pour empêcher le glissement sur une aussi forte pente, on a ménagé entre les deux rails de rive, un rail central à crémaillière sur lequel vient s'engrener une roue dentée fixée sous le chassis de la locomotive, avec un frein permettant de l'enrayer instantanément, en sorte que la machine peut s'arrêter, même en pleine rampe, sans qu'aucun accident soit à craindre. Le train ne se compose que de la locomotive et d'un seul wagon ; et cette locomotive produit un effet très bizarre à la station de Witznau : elle est fixée sur un chassis en, coin de façon qu'elle prenne une position verticale sur la rampe ; mais arrivée sur le palier horizontal de la station, elle se couche toute inclinée, en sorte qu'on a quelque peine à s'imaginer qu'il ne lui soit pas arrivé un accident. Quant au wagon, c'est une grande boîte vitrée pouvant contenir 60 personnes placées sur des bancs transversaux très peu rembourrés.

Nous prenons place dans cette étrange machine avec cinquante-huit autres touristes, et l'on nous assure qu'à chaque départ, toutes les heures, aucune place ne reste vide : chacun est muni de manteaux serrés dans des courroies pour se garantir de l'air plus froid dans les régions supérieures. Le sifflet lance un cri perçant ; la locomotive se redresse en entrant sur la rampe et nous voilà gravissant la montagne au train de six kilomètres à l'heure.

L'impression produite par cette ascension est de nature fort saisissante. Le train se dirige d'abord en déblai contre une paroi verticale de rocher qui masque la vue; mais tournant tout à coup presque à angle droit, il prend une direction parallèle au flanc de la montagne et ne la quitte plus, en sorte que la vue du côté du vide est complètement dégagée sur tout le parcours. Le panorama se développe insensiblement, comme un décor de féerie qui sortirait lentement des dessous d'un théâtre; à mesure qu'on s'élève, le lac s'approfondit, ses eaux bleues prennent une couleur plus intense, ses promontoires se dessinent plus vigoureusement, les sommets des montagnes voisines se découvrent peu à peu les unes derrière les autres : les villages de la rive, Witznau, Weggis, et bientôt la ville de Lucerne qui se démasque comme par enchantement, diminuent à vue d'œil ; le Mont-Pilatte qui dominait le lac de sa masse imposante se nivelle avec les pics de l'horizon ; de petits nuages légers comme des flocons d'ouate, passent, repassent et disparaissent à chaque moment ; le long de la voie, les rochers et les grands arbres se disputent les profils es plus pittoresques : nous sommes émerveillés...

Bien d'autres surprises cependant nous attendent. Voici une station avec ses garages à deux plans différents et ses aiguilles transportées tout d'une pièce à l'aide de treuils latéraux ; après un tunnel taillé dans le roc vif, nous nous engageons sur un viaduc courbe en fer, d'une légèreté inouie, juché sur de véritables échasses métalliques, en sorte qu'on se trouve transporté en voyage aérien, et que le torrent qui roule à 25 mètres sous nos bancs semble nous appeler à lui, tellement le vide est vertigineux ; à peine revenus sur la terre ferme, nous croisons un train descendant engagé dans un garage inférieur à notre voie, puis nous atteignons la station de Kaltbad, où un gigantesque et somptueux hôtel, bâti au milieu des rochers, avec des terrasses et des balustres versaillesques, attire la plupart de nos compagnons. La station est ménagée uniquement pour le desservir ; et ce n'est pas un des moindres sujets d'étonnement que ces palais-hôtelleries perchés à tous les étages de la montagne ; car celui-ci n'est pas le seul : des troupes d'anglais viennent y passer huit jours, puis ils montent à l'hôtel de la station suivante, où ils font une halte analogue, et ils finissent au bout d'un mois, par arriver au Kulm ; et ne croyez pas que ce soit pour parcourir la montagne en tout sens à chacun de ses niveaux : on mène ici la vie des grands hôtels de Londres : on lit les journaux et les revues, on joue, on mange, on fait salon, on vient en grande toilette attendre ses amis au train : puis lorsqu'on est rassasié des mêmes dorures et du même point de vue aperçu de la terrasse, on prend le train pour recommencer le même exercice à deux cents mètres plus haut. Mais aussi, on revient de Suisse avec un bâton ferré qui porte, gravée en hélice, à l'aide du fer chaud, la liste de toutes les stations par lesquelles on a passé.

Montons encore, mais sans nous arrêter dans ces caravansérails. Les arbres deviennent de plus en plus rares : on les compte ; nous en apercevons un, se dressant tout seul sur une aiguille de roche, dans la situation la plus extraordinaire : mais si les arbres diminuent en nombre, il n'en est pas de même des hôtels, et lorsque nous arrivons à la station de Staffelhœhe, notre wagon est presque vide. L'air se rafraîchit très sensiblement : le sol est maintenant aride et nu : nous planons à une hauteur de plus de mille mètres au-dessus du lac qui se découvre dans presque toute son étendue et dont la croix se dessine très nette. Tout d'un coup la voie change son orientation en se rapprochant du sommet qu'elle cherche à contourner pour adoucir la pente. Nous découvrons les immenses horizons du canton de Zurich, Zug et son lac, et toute la plaine au-delà de Lucerne : puis le train s'arrête brusquement à la dernière station, située à une vingtaine de mètres au-dessous du sommet.

Nous montons aussitôt au *belvedère* du Kulm, c'est-à-dire sur un grossier échafaudage en bois qui couronne la pointe, et auquel on accède par un soi-disant escalier qui n'est qu'une façon d'échelle. De là on jouit d'un des plus beaux panoramas de toute la chaîne des Alpes. Depuis les massifs du St-Bernard et de la Yungfrau, jusqu'à ceux des Grisons, tous les hauts glaciers se découvrent. Ce n'est du côté du midi qu'une barrière paraissant infranchissable de pics étincelants ; du côté du nord, les collines adoucies, les plaines et les lacs à perte de vue : villes et villages s'échelonnent au loin comme des points perdus dans l'immensité. A nos pieds, la chapelle de Notre-Dame-des-Neiges et son couvent de capucins : puis les clochers pointus de Zug et de Sempach piquant de traits brillants le bleu profond des vallons et des plaines. Quant au fameux spectre, que nous cherchons avec impatience, il ne juge pas à propos de paraître pour nous : le temps est trop clair et les vapeurs matinales qui favorisent son éclosion se sont entièrement dissipées : mais sa présence n'est pas nécessaire pour que le spectacle soit merveilleux.

Hélas ! pourquoi faut-il que la main de l'homme vienne ici gâter la nature ! Nous sommes assaillis jusque sur l'étroite plate-forme du Belvédère, par des marchands de panoramas et de petits cailloux : et droit devant nous, à quelque pas, se dressent deux hôtels fastueux dont les toitures dépassent le faîte de la montagne, pendant qu'on en bâtit un troisième qui sera encore plus élevé et qui masquera tout un secteur de l'horizon. Malgré leurs lampadaires en bronze au pied des escaliers, malgré leurs portiques et leurs dorures, malgré leurs fenêtres sculptées, leurs fleurs et leurs valets de pied aux riches chamarures, ils sont laids, car ils sont de trop ici. Ne va-t-on pas remplacer le sommet rocailleux du Righi par une aire en asphalte, qui rappellera aux nobles lords Trafalgar-Square et ses palais ! C'est une profanation, et je décoche aux constructeurs ce sonnet de vengeance :

Ascension du Righi

(SEPTEMBRE 1874)

Jadis un cône aride et défiant la nue
Se dressait immobile au milieu des festons
De la Reuss aux flots bleus : et des Quatre-Cantons
Le lac réfléchissait sa masse froide et nue.

Sur ses flancs escarpés, à peine retenue,
La forêt en travail n'enfantait qu'avortons,
Et ses sentiers déserts n'offraient aux piétons,
Pour guérir leur fatigue, abri ni bienvenue.

La vapeur a troublé ce repos pour toujours.
Les railways en tous sens sillonnent les contours
Du mont qui semble au loin respirer plein de vie.

Mais on profane, hélas ! ô Righi, ton réveil :
On bâtit sans pudeur sur ta crète asservie
Deux hôtels somptueux en face du soleil.

A la descente, on est saisi par un véritable vertige : la pente est tellement accusée, qu'au premier tournant on se croit lancé dans le vide : il faut être un habitué des montagnes russes, pour ne pas se replier sur soi-même, en éprouvant un certain frisson à cette sensation que le sol se dérobe. On s'y fait pourtant peu à peu et l'on suit bientôt les péripéties de la décroissance successive de cet immense décor magique, s'enfonçant cette fois dans les dessous du grand théâtre. Nous prenons force voyageurs à l'hôtel de Saltbad : nous retraversons le viaduc aérien et le tunnel : les villages deviennent de plus en plus distincts ; le bleu du lac augmente d'intensité ; les barques commencent à apparaître...
Mais que la prose est toujours voisine de la poésie ! Tout à coup, sur un immense rocher à pic qui domine la voie nous apercevons

en gigantesques lettres dorées l'annonce d'une chocolaterie qui a poussé jusqu'ici le fanatisme de la réclame. O civilisation ! que voilà bien de tes coups : la montagne transformée en mur d'affichage ! Voilons-nous la face : mais qu'y faire ? En Angleterre on rencontre des annonces de moutarde collées sur des troncs d'arbres en pleine forêt : et à Rotterdam un vieux moulin est devenu une gigantesque bouteille d'eau minérale ! Il faut s'y résigner.

A midi et demi, nous reprenons à Witznau le bateau à vapeur de Lucerne pour gagner Altdorf au fond de la branche méridionale du lac. On traverse un étroit défilé entre deux promontoires aigus nommés les *Narsen*, sans doute à cause de leur forme étrange de deux nez placés en face l'un de l'autre, et l'on se trouve alors comme emprisonné dans un nouveau lac dont on n'aperçoit point d'issue, tellement il est enserré entre les montagnes des trois cantons d'Uri, Schwiss et Unterwalden. Sur les deux rives, à l'ombre de beaux arbres, défilent de charmants villages où descendent des troupes de touristes ; et partout des hôtels-pensions qui nous apprennent que cette partie du lac est habitée par une classe de voyageurs plus sédentaire. Nous arrivons ainsi au joli port de *Brünnen*, où la première chose qui frappe nos regards est un grand mur d'auberge sur lequel sont peints à fresque trois suisses à taille de géants et en costume XVIᵉ siècle qui prêtent le serment légendaire. Pour qu'on ne s'y méprenne pas, le nom de chacun d'eux est inscrit au-dessous de son portrait. Dans les deux cantons de Schwiss et d'Uri on ne peut faire deux pas sans rencontrer ces trois suisses ; ce qui indique l'expression d'un vif sentiment national.

Il est impossible de rêver une position plus heureuse que celle de la petite ville de Brünnen. Le lac d'un bleu intense baigne son pied, tandis que sa tête repose doucement sur une longue plaine verdoyante dont l'inclinaison est heureusement variée par quelques replis s'étendant jusqu'au pic de Mythen qui abrite, comme un géant protecteur, les murs de *Schwiss*, brillant, à sa base, comme de l'or au soleil. De tous les côtés, sur tous les mamelons, se dressent de magnifiques hôtels, dont les pavillons et les kiosques recouverts de vigne vierge rouge jettent des éclats de rubis, au milieu de cet or, de ces saphirs et de ces émeraudes. Ici, au moins, ils sont bien à leur place et ne détonnent pas comme au Righi. Ce luxe de l'art se marie bien avec celui de la nature et personne ne peut s'en plaindre.

Au départ de Brünnen le lac se détourne à angle droit. On franchit un nouveau défilé formé par la pointe avancée du *Sonnenberg* (mont du soleil) au pied duquel se dresse une immense aiguille de rocher surgissant des eaux comme un obélisque, et consacrée au poëte Schiller par une pompeuse inscription en lettres d'or ; puis on entre dans la dernière branche du lac, la plus encaissée entre les montagnes et toute peuplée des souvenirs de la lutte célèbre contre Gessler. A droite,

on nous montre la prairie de Rütli, achetée par le gouvernement
fédéral, et où les amateurs de légendes vont visiter les sources
dites sacrées qui jaillirent de terre au moment où les trois héros
de la liberté helvétique prononcèrent le serment de délivrer leur
patrie ; à droite, voici au pied de l'Achsenberg, une petite plate-
forme nommée *Tellensplatte*, qui s'avance dans les eaux, et sur
laquelle Guillaume Tell s'élança hors de la barque de Gessler,
lorsque celui-ci la conduisait prisonnier au château de Kussnacht,
et qu'une tempête força le tyran à se confier à son habileté. Ce
fut de là que Guillaume Tell partit pour aller attendre, dans le
chemin creux, le passage du Gouverneur. Une modeste chapelle
y a été bâtie ou plutôt un portique orné de peintures grossières,
fresques à moitié effacées qui abrite deux autels de pierre, sur
lesquels on célèbre tous les ans, le premier vendredi après
l'Ascension, une messe en mémoire du héros.

De ce côté, une belle route longe la rive du lac, tantôt
suspendue en corniche sur les anfractuosités de la montagne,
tantôt creusée dans le roc vif en tunnel avec des arcades
naturelles qui y jettent la lumière à flot, et des parapets à jour
qui produisent, vus du lac, un curieux effet architectural Cependant les montagnes se resserrent de plus en plus ; au fond du lac
on aperçoit le clocher de Fluelen et les sombres arêtes de la
vallée de la Reuss qui mène à Altdorf et au Saint-Gothard : les
rives deviennent caillouteuses ; le delta de la Reuss se dessine ;
les maisons grandissent à l'horizon : puis un mouvement général
se produit sur le bateau : chacun abandonne ses lorgnettes pour
reconnaître ses bagages, et vers trois heures nous touchons le
sol du canton d'Uri en débarquant à Fluelen, petit village d'un
millier d'habitants, où attendent les diligences du St-Gothard :
mais nous laissons nos compagnons s'y précipiter, car nous
désirons faire la traversée pendant le jour ; et ayant arrêté nos
places pour le lendemain matin, nous partons à pied pour
Altdorf, chef-lieu du canton d'Uri, situé à 3 kilomètres en amont.
On éprouve, du reste, le besoin de s'isoler de temps en temps,
hors du tumulte et de la foule, pour mieux apprécier le calme
grandiose des tableaux de la montagne. Nous nous arrètons,
chemin faisant, sur un tapis de fraisiers sauvages, dans un petit
bois qui borde la route, et après y avoir goûté un repos parfait,
nous faisons notre entrée triomphale dans Altdorf, à cinq heures.

CHAPITRE TROISIÈME

D'Altorf à Milan

Altdorf, dont le nom, que nous écrivons plus simplement *Altorf*, signifie en allemand *vieux village*, est le chef-lieu du canton d'Uri. Cela ne veut pas dire qu'on puisse le comparer à Genève, à Lausanne, à Bâle, à Zurich ou à Lucerne. C'est une petite ville d'à peine trois mille habitants, bâtie sur les premières collines qui forment le pied du Grünberg (montagne verte) et qui dominent les prairies du delta de la Reuss. L'église est située au bas de la Grand'Rue qui constitue à peu près à elle seule toute la cité. Pour profiter du jour, nous y entrons immédiatement : elle n'offre aucun caractère architectural à remarquer, mais nous y admirons de belles stalles armoriées, une chaire en marbre multicolore et une madone du sculpteur Imhof, d'une grande pureté de lignes. Le cimetière entoure l'église de ses tombes, comme dans nos campagnes bretonnes.

La première chose qui attire nos regards, en reprenant la Grand'Rue, est le dos d'un colossal Guillaume Tell dont la statue a été élevée, en 1861, sur l'emplacement de l'ancien puits de Tell. On peut discuter la convenance de son orientation et se demander pourquoi on ne lui a pas fait regarder l'église, le lac et l'entrée de la ville, au lieu de le tourner vers le St-Gothard : mais ce qu'il est impossible de ne pas constater à première vue, c'est le défaut d'harmonie et de proportion de cette statue avec toutes les constructions qui l'environnent. Elle les écrase absolument : et comme on ne peut la voir que de fort près, son aspect brut et rugueux s'accuse encore davantage. Guillaume Tell est représenté au moment où il vient de percer avec sa flèche la pomme que Gessler avait fait poser sur la tête de son fils : c'est donc la représentation du triomphe de l'adresse et l'on n'a réussi qu'à placer sur un lourd piédestal un grossier hercule de village ; la tête seule, fort expressive, échappe à cette critique. Dressée sur le haut de l'une des collines environnantes, cette statue produirait sans doute un effet tout différent : vus de loin, ses puissants reliefs s'adouciraient, et sa taille gigantesque ne serait pas hors de proportion avec les rochers voisins ; mais ici, placée au milieu de maisons basses et trapues, c'est une immense erreur artistique.

A quelques pas de la statue, nous entrons à l'hôtel du Lion-Noir, dont la salle à manger, où l'on nous offre un dîner très réparateur, est décorée de tableaux aux couleurs criardes, représentant les hauts faits des compagnons du grand Guillaume.

Cependant la nuit approchait, car dans cette saison les jours sont très courts. Que faire de la soirée, dans un bourg qui n'offre au touriste d'autre distraction que la vue de ses montagnes tout à l'heure enveloppées dans le grand voile nocturne ?... Ma femme, un peu fatiguée, se décide à garder la chambre pour prendre quelque repos ; et les gens de l'hôtel n'ayant pu me donner que de vagues indications sur les heures des messes du lendemain dimanche, je prends le parti de procéder à une étude de mœurs locales en me livrant moi-même au dehors à une sérieuse enquête sur les ressources de la ville à ce point de vue.

Cette recherche fut fort accidentée. A l'église paroissiale, qui est catholique, on m'informe qu'on commence par une grand' messe à sept heures et demie du matin, et l'on me conseille d'aller prendre de plus amples renseignements au couvent des Capucins qui domine la ville sur un rocher escarpé. J'y monte au brun de nuit, par des ruelles taillées en escalier dans le roc, et rencontre, chemin faisant, de pieux habitants allumant des lampes devant les Chrits et les Madones dressés au bord des sentiers transversaux. Puis arrivé sur la terrasse du vieux couvent, le plus ancien, dit-on, de toute la Suisse, je jouis d'un magnifique spectacle crépusculaire sur la ville d'Altorf et sur la plaine de la Reuss. Quand je me retourne, l'aspect des constructions du couvent me paraît d'autant plus morne et triste ; on dirait d'une prison, avec ses hauts murs, ses fenêtres à meurtrières et sa porte grillée à gigantesques verrous. Et cependant, au milieu de la petite place triangulaire formée par la terrasse, un arbre vénérable qui doit dater de la fondation du monastère étend poétiquement ses rameaux jusque sur la toiture ; c'est bien l'asile de la paix et non celui du crime. Je sonne sans succès une première, puis une seconde fois. Enfin, à un troisième appel, j'entends un pas lourd et un bruit de clefs ; la porte tourne sur ses lourdes ferrures ; et je me trouve en face d'un vieux moine à barbe blanche à qui je m'adresse d'abord en allemand, puisque je me crois encore dans la Suisse allemande ; — Sprechen sie französich, mein Vater ? Il me regarde avec de grands yeux étonnés, me montrant par geste qu'il ne sait pas ce que je veux dire. Je me hasarde alors à lui demander en français à quelle heure on célèbre le lendemain la première messe à son couvent. Aucune réponse. Je recommence en latin : même silence d'abord, puis une lueur d'espoir ; et comme le pauvre moine fort embarrassé cherche à me dire dans un langage qui me semble italien qu'il ne comprend pas mes paroles, je lui répète ma question à l'italienne. A force de patience je réussis enfin à lui faire saisir ma requête. Il me répond alors : — *A seis,* — et brusquement il me ferme la porte au nez. Je l'avais sans doute exaspéré par mon baragouin.

Six heures, c'était un peu tôt à pareille distance et je résolus de poursuivre mon enquête encore plus loin, si possible. Me voilà descendant, à la nuit close, les escaliers qui, de l'autre côté du couvent, mènent, après de longs détours entre des murs élevés, au quartier de l'église paroissiale ; malgré le pittoresque de ma route je n'étais qu'à demi rassuré car elle n'était qu'une succession de véritables coupe-gorges. Les Suisses sont heureusement de braves gens qui ne songent pas à tordre le cou, le soir, à leurs visiteurs. Après avoir plusieurs fois trébuché, j'arrivai sans encombre à l'église, où rencontrant un prêtre attardé je lui demandai, en langage italico-latin, si l'on pouvait assister à d'autres messes en ville dans quelque chapelle particulière. Je parvins à me faire comprendre par lui, plus facilement que par le moine de là haut ; mais sans pouvoir me donner d'indications précises, il me renvoya au chapelain des Capucines dont il me montra de loin la demeure.

Je reprends donc ma route pour la maison indiquée, où je trouve porte ouverte et un escalier fort sombre, sans indications sur aucun palier ; je monte jusqu'au second étage, éclairé par mes allumettes ; et là, sur le palier, je rencontre une vieille femme portant une soupière à qui je demande où réside *il signor abbate capellano*. L'italien me sauve encore cette fois, car la vieille qui était précisément la servante du seigneur chapelain, m'ouvre aussitôt une porte du palier et j'entre dans une modeste chambre où ledit seigneur, vieux prêtre à face de chanoine, achevait tranquillement son dîner. Il me reçoit fort bien, et m'explique dans un français à peu près compréhensible que les dames capucines ont deux chapelains alternant chaque dimanche pour le service de la basse et de la grand'messe ; qu'il est désolé d'être de grand'messe pour le lendemain, mais que son confrère célèbrera la basse messe à six heures et demie. Je le remercie de grand cœur sur le même ton et j'ai grand peine à l'empêcher de venir me reconduire jusqu'au bas de l'escalier. Je ne l'arrête qu'au premier étage. Pauvre maison, pauvre gîte, pauvre ameublement et pauvre dîner ; mais un excellent homme, charmé d'avoir serré la main à un français qui le lui rend cordialement.

Après toutes ces pérégrinatians, je ne rentrai qu'assez tard à l'hôtel où nous nous décidâmes sans hésiter pour les Capucines, puis nous nous endormîmes sous la protection du bras tutélaire de Guillaume Tell tendu à notre hauteur devant nos fenêtres.

Dimanche 27 Septembre. — Traversée du Saint-Gothard. — Le couvent des Capucines est situé à l'extrème limite d'Altorf en remontant la vallée de la Reuss ; nous traversons donc la ville dans toute sa longueur à six heures du matin ; et nous remarquons, chemin faisant, un grand nombre de maisons à armoiries et grilles en fer forgé, puis une fontaine monumentale à obélisque surmontée d'un petit Guillaume Tell revêtu de son armure. La rue est large, mais les maisons, la plupart à deux étages, sont plates de façade, à grands toits saillants, et ne présentent aucune particularité architecturale. Nous arrivons à la modeste chapelle du faubourg en même temps qu'une foule assez nombreuse de montagnards que ne distingue aucun costume spécial. L'office se célèbre absolument à la française ; et seul, un détail nous frappe dans l'assistance, c'est que, malgré les bancs qui meublent l'église du haut en bas, aucun des fidèles ne songe à s'asseoir ; force nous est donc de rester à genoux pendant tout le temps de la messe ; car chacun posant son chapeau sur le banc à accoudoir placé devant lui, il serait impossible de s'asseoir sans écraser quelque couvre-chef.

Rentrés à l'hôtel, il faut songer aussitôt au départ; et pendant que ma femme achève de préparer nos petits sacs de voyage, je reprends la route de Fluelen afin de m'assurer que tous nos bagages seront bien embarqués sur la diligence du St-Gothard et pour y choisir convenablement nos places. Les voyageurs sont assez nombreux et y arrivent au moment où l'on charge deux de ces voitures monumentales dont notre pays sillonné de chemins de fer commence à perdre le souvenir. Grâce à l'irrésistible séduction d'une *buona mano* qui dispose favorablement pour moi le conducteur, je m'empare d'un vaste coupé très confortable, capitonné de velours rouge, d'où la vue s'étend sans obstacles sur trois côtés de l'horizon et d'où j'écarte impitoyablement les importuns, car il peut largement contenir trois places. Les chevaux partent bientôt grand train, en faisant voler la poussière, et j'arrive à huit heures précises à Altorf, où ma femme s'installe avec moi dans ce nid disposé à souhait qui va nous porter pendant près de vingt heures ; il est bon d'être confortablement équipé pour un aussi long voyage surtout lorsque l'on doit prévoir une nuit presque toute entière.

D'Altorf au St-Gothard, la route se divise en plusieurs sections d'aspects très distincts. La première qui s'étend jusqu'au village d'Amsteg, situé dans une ravissante position au pied du majestueux Bristenstock et au confluent de la Reuss avec un torrent de nom beaucoup trop germanique, n'offre qu'une vallée très riante sans profils vigoureusement tranchés : des arbres, des prairies, de jolis hameaux à clochers pointus, de vieux castels en ruines, tout cela, vert, coquet, lustré, gracieux, bien encadré entre des montagnes régulières et tranquilles : la route est peu accidentée et les chevaux nous emportent de toute la vitesse de leurs solides jarrets.

On franchit la Reuss à *Amsteg;* et depuis ce moment jusqu'à Wasen, ce ne sont plus que ponts, cascades, rampes abruptes, rochers et sapinières, qui rappellent à s'y méprendre le trajet de Cauterets au Pont-d'Espagne dans nos Pyrénées. L'un de ces ponts, jeté sur la gorge de *Zgraggen* et sur la cascade du torrent d'*Inschi,* produit un effet saisissant ; et l'escarpement appelé le *Saut-du-Moine* laisse deviner des profondeurs vertigineuses d'où l'on entend bouillonner l'eau qui jaillit sur les rocs dénudés.

De *Wasen*, où nous déjeûnons dans la voiture pendant que l'on change les chevaux et où nous remarquons sur la Grande-Place une magnifique fontaine à fers ouvragés, jusqu'au village de Gœschenen où sont établis les ateliers de percement du futur tunnel du St-Gothard, s'étend la troisième section de la route, riche encore en rochers pittoresques et en cascades, mais très pauvre en arbres et en verdure ; c'est une autre édition du chaos de Gavarni. Nous rencontrons dans ces parages des soldats au costume étrange, sac au dos et tout équipés, qui rappellent nos voltigeurs du premier empire, ou les sapeurs-pompiers de nos chefs-lieux de cinquième classe. Ce sont des réservistes qui reviennent des manœuvres d'automne et qui rejoignent leurs foyers : solides gaillards et sans doute excellents tireurs, mais quels pauvres et antiques uniformes !

A *Gœschenen*, la vallée de la Reuss se bifurque en deux branches à peu près égales ; et nous apercevons à droite le pied de magnifiques glaciers qui descendent d'un groupe de sommités réunies sous le nom pompeux de *Winterberg ;* à gauche, la quatrième section de la route du St-Gothard qu'on pourrait appeler, d'ici à Andermalt, le chef-d'œuvre du fantastique et du sauvage. Au-dessus de l'entrée du futur tunnel, nous gravissons, près des énormes tuyaux de prise-d'eau qui servent à la fabrication de l'air comprimé pour la ventilation de la galerie, les lacets de la gorge de *Krachenthall* ou vallée bruyante, ainsi nommée parce que la Reuss s'y précipite avec fracas et qu'au printemps les avalanches y roulent en imitant le tonnerre. Aussi passons-nous sous une galerie longue d'une centaine de mètres, destinée à les éviter et décorée de la tête de bœuf, signe distinctif du canton d'Uri : puis voici une gorge à parois absolument verticales dont les replis sont tellement rapprochés qu'elle semble une barrière infranchissable et qu'on n'imagine pas par où il sera possible de s'y engager : c'est un véritable couloir à courbes resserrées dans l'intérieur duquel on se sent comme emprisonné sans espérance d'en sortir. Nous en sortons, cependant, mais après bien d'autres tableaux émouvants, après le *Pont-du Diable*, aux culées accrochées sur le roc vif, après le *Trou-d'Uri*, tunnel creusé dans la colossale paroi du *Teufelberg* (montagne du Diable) ; tout est au diable dans cette région de grandioses horreurs. Tout à coup, l'air arrive à grands flots, les hautes murailles s'abaissent comme par enchantement, et nous arrivons à *Andermalt*, à l'entrée d'un immense plateau couvert de pâturages formant un vaste cirque dans lequel s'échelonnent plusieurs hameaux de pasteurs.

C'est ici, sur cette cinquième section de route, si différente de celles qui la précèdent et où l'on respire avec d'autant plus de liberté qu'on était tout à l'heure haletant, qu'a lieu le croisement des deux voies magistrales qui se partagent la haute région des Alpes : celle du lac des Quatre-Cantons au Tessin, et celle du Valais aux Grisons. Dans toute l'étendue du verdoyant plateau d'Andermalt, la route est commune à ces deux voies, mais dès la sortie du village même, l'embranchement des Grisons monte

en lacets rapides vers la montagne voisine derrière laquelle se
trouvent les sources du Rhin, et vers l'autre extrémité du plateau,
un peu après le pittoresque village d'*Hospenthal*, où nous arrivons,
bride abattue, après un arrêt d'une heure au milieu des boutiques
de photographies et d'objets sculptés d'Andermalt, commence la
descente de la route du Valais vers le pied du glacier du Rhône
et le col de la Furca.

Impossible d'imaginer une plus heureuse situation que celle
de ce village d'Hospenthal, au pied de la Huhuerech, au confluent
des deux premières sources de la Reuss et à l'entrée même de la
vallée proprement dite du St-Gothard. Sur un mamelon qui
domine le village, s'élève une vieille tour en ruine, bâtie jadis,
dit-on, par les Lombards, et dont l'état s'harmonise parfaitement
avec les amas de rochers nus et décharnés qui entourent le
hameau. Bien isolé, jeté là entre des pics sauvages, près de la
désolation la plus complète d'un côté, et d'une verdoyante plaine
de l'autre, Hospenthal donne au voyageur cette jouissance toute
spéciale qui résulte de la vue simultanée des contrastes les plus
opposés, et l'on se rappelle ici certains nids féodaux situés au
pied des sierras de Castille.

A la sortie du village, commence une série de lacets qui
mènent au sommet du col et qui se développent au milieu de rocs
arides et d'éboulis. A mesure que nous montons, les pics voisins
du St-Gothard se couvrent de légers nuages poussés avec rapidité par une brise d'Italie, et qui se fondent en passant du côté
de la Suisse. Ils s'épaississent bientôt de plus en plus ; et nous
traversons, vers le sommet de la route, une couche de brouillard
qui nous dérobe la vue de tous les côtés ; mais notre désespoir
n'est pas de longue durée, car nous ne tardons pas à atteindre les
surfaces supérieures plus légères, et lorsque nous arrivons dans
le grand cirque orné de deux petits lacs qui forme le col du St-
Gothard, le brouillard est presque entièrement dissipé : le soleil
qui se joue entre ses derniers flocons nous procure de merveilleux
effets de colorations irisées sur les pics et sur les masses de
neiges, et nous n'avons perdu momentanément quelques maigres
points de vue que pour jouir ici d'un spectacle plus riche et plus
varié. Il est trois heures de l'après-midi : on s'arrête pour changer
de chevaux en face de l'hôtel de la Prosa et de l'hospice qui offre
gratuitement ses quinze lits aux voyageurs pauvres.

Situé entre les sources de la Reuss et du Tessin, et dominant
celles du Rhin et du Rhône, le col du St-Gothard, point le plus
élevé des routes carrossables des Alpes, puisqu'il atteint 2,114
mètres de hauteur tandis que celui du Simplon n'en dépasse guère
deux mille, est cependant inférieur de quelques mètres au col du
Tourmalet, sur la route thermale des Pyrénées, entre Baréges et
Bagnères de Bigorre. L'entretien de ce dernier faisait jadis partie
de mon service d'ingénieur lorsque j'habitais Tarbes ; aussi, me
rappelant les difficultés extrêmes que nous avions à maintenir la
route en état dans ces parages, à la suite des tempêtes et des

avalanches, dois-je féliciter les ingénieurs suisses du succès de leurs travaux sur celle du St-Gothard. La nôtre était coupée en plusieurs points tous les hivers et les murs de soutènement les plus solides ne parvenaient pas à arrêter les désastres partiels. Ici, j'ai été émerveillé de la manière dont on est arrivé à maintenir les lacets vertigineux qui descendent du col à Airolo, sur le versant de la Suisse italienne, en suivant le torrent impétueux du Tessin.

Je ne connais rien de plus fantastique et de plus étourdissant que cette dégringolade. C'est à donner la chair de poule ; et franchement, je suis bien aise de l'avoir faite, mais je ne voudrais pas la recommencer. On a mille mètres de hauteur à descendre presque à pic ; et lorsque du haut de l'esplanade de départ, on aperçoit la ligne sinueuse des lacets cinquante fois repliés sur eux-mêmes, s'entrecroisant, se masquant les uns les autres par de véritables surplombs, tournant avec des courbes de rayon microscopique, tantôt suspendus sur des gouffres, tantôt menacés par de gigantesques rochers, on est effrayé de l'audace de pareille entreprise et l'on se demande si l'on osera jamais se laisser entraîner sur un tel réseau de pentes enchevêtrées. Et qu'est-ce donc, lorsque tout d'un coup, on se sent emporté au grand galop dans ces brusques tournants où la voiture a tout juste la place de braquer ; lorsqu'on se trouve projeté par la force centrifuge tantôt d'un côté, tantôt de l'autre, sans avoir eu le temps de se rendre compte de ces mouvements précipités ; lorsqu'on aperçoit la voiture qui vous précède s'enfonçant sous vos pieds au lacet inférieur, pendant que celle qui vous suit semble prête à se renverser sur votre tête au lacet qu'on vient de quitter ; lorsqu'on rase les rochers se dressant à pic sur le flanc du torrent qui roule en cascades écumantes à vos côtés avec un bruit épouvantable ; lorsque le sol paraît se dérober, qu'on le sent fuir vers le vide, et qu'on peut se croire décrivant des courbes fantastiques dans les régions éthérées, au-dessus des villages de la vallée du Tessin ou du val Bedretto qui semblent des points jetés dans un horizon presque sans limites ; lorsque..... mais que ceux qui veulent comprendre de telles impressions tentent l'expérience. La descente du Righi en chemin de fer n'est rien à côté de celle-ci.

Ce n'est qu'après quelques centaines de mètres de cette chûte vertigineuse, que nous pouvons fixer notre attention sur le splendide panorama qui s'étend devant nous. En premier plan, le *val Trémola* ou vallée tremblante, que nous descendons au milieu des cascades abruptes du Tessin. A droite, les parties supérieures du *val Bedretto*, avec leurs magnifiques sapinières dont les pieds s'allongent en noires pointes dans de verts pâturages ; à gauche l'immense vallée du Tessin ou *val Levantina*, coupée au-dessous d'Airolo par deux étroits défilés. C'est un des plus beaux ensembles qu'il nous ait été donné d'admirer pendant tout le voyage. Mais nous approchons déjà du terme de notre foudroyante descente, et voici que près du dernier lacet nous apercevons cette orgueilleuse inscription sur un gros rocher qui disparaît en partie au milieu des broussailles : « *Souwarow Victor.* » Ce sont les Russes qui l'ont gravée en souvenir de leur victoire de 1799. Puis nous retrouvons une seconde fois les immenses tuyaux de descente des eaux destinées à la compression de l'air qui doit mettre en mouvement de ce côté les machines de percement du tunnel ; nous traversons la partie supérieure de la petite plaine d'Airolo, bouleversée par les terrassements dont la couleur jaune tranche d'un ton beaucoup trop cru sur la verdure, et nous arrivons vers cinq heures dans le gros bourg d'*Airolo*, fort animé par les groupes endimanchés des ouvriers du tunnel qui jouent, rient ou se disputent, au milieu des places publiques. Ici, l'on parle franchement italien, et quoique nous soyons encore politiquement en Suisse dont le canton du Tessin descend jusque sur les rives du lac Majeur, nous pouvons saluer l'Italie. La population ne ressemble plus à celle de l'autre côté de la montagne : calme et modérée par delà, impétueuse et bruyante par deçà. Ce canton du Tessin, qui, pendant plusieurs mois de l'année ne pouvait avoir, avant le percement du Mont-Cenis, que de très rares communications avec son centre fédéral est un véritable contre sens géographique, comme jadis la Savoie en sens inverse, lorsqu'elle appartenait au royaume de Sardaigne.

On s'arrête à *Airolo* vingt minutes à peine pour dîner, et quel dîner ! On nous attable au premier étage d'un méchant albergo, avec deux anglais sortis affamés de l'intérieur de la diligence et qui ne cessent de tempêter contre l'exiguité du menu. De la viande froide et du fromage à odeur repoussante, c'est maigre lorsque l'on vient d'être secoué pendant neuf heures de montagne et qu'on a respiré l'air vif à plus de deux milles mètres au-dessus du niveau de la mer. Mais il faut faire contre mauvaise fortune bon cœur, et bientôt, aux appels réitérés des postillons, nous reprenons place dans notre confortable gîte et nous repartons avec force coups de fouet et gaies sonneries de grelots.

On traverse d'abord le défilé de *Stalvedro*, que dominent, à droite, les ruines d'une vieille tour en marbre attribuée aux Lombards ; ce ne sont que tunnels et rochers en aiguilles du plus saisissant aspect, et ce défilé n'a qu'un tort, c'est d'être trop court. Les dentelures rocheuses, entre lesquelles passent les derniers rayons du soleil qui va bientôt se cacher derrière les pics de la haute montagne, se profilent si fièrement qu'on regrette de ne pas se voir accompagné plus longtemps par ces sentinelles vigilantes et hardies.

A la suite de cette première coupure dans la barrière naturelle qui garde le val d'Airolo, s'étend une plaine très peuplée, encadrée par de riantes collines, sur lesquelles les villages et leurs blancs campaniles s'étagent à toutes les hauteurs. On ne rencontre que des noms italiens fort harmonieux, et l'on traverse successivement Piotta, Fiesso, Rodi, Dazio-Grande, aux jardins ombragés et aux verts bocages, dominés par la belle cascade de

Calcaccia qui rebondit sur elle-même en frappant sur un roc au milieu de sa chute. Le contraste est complet entre cette région agréablement civilisée et les sites sauvages que l'on vient de parcourir. C'est l'oasis après le désert et le repos de l'esprit et des yeux après les émotions de toutes sortes des heures précédentes. Mais l'oasis ne tarde pas à s'éclipser brusquement ; tout d'un coup le cirque se referme, et nous arrivons, à la nuit tombante, avec le lever de la lune, au second défilé qui barre la vallée du Tessin, près de *Polmengo*.

On prétend que cette gorge est une des plus belles de la Suisse ; nous le croyons volontiers. Murailles à pic, lacets tournant brusquement dans le roc et se repliant sur eux-mêmes, cascades au milieu de blocs énormes amoncelés *les uns sur les autres*, ponts jetés hardiment sur des précipices sans fond, rien n'y manque ; et lorsqu'on descend sous la blafarde clarté de la lune au milieu de ces sublimes horreurs, n'entendant que le bruit assourdissant des chutes sans cesse répétées du torrent, ne rencontrant âme qui vive et n'apprenant l'existence de l'homme dans ces parages que par les lampes allumées devant les madones aux endroits les plus dangereux, on se sent pris d'une vague terreur ; on est écrasé par ces masses cyclopéennes qui se dressent au-dessus de votre tête ; on n'a plus conscience de la réalité et l'on se croirait transporté dans quelque Valpurgis démoniaque, si les petites lampes des madones n'étaient pas là pour conjurer toute néfaste influence.

Au sortir du défilé de Polmengo, la vallée étroite et rocailleuse conserve longtemps ce caractère, et ne devient plus ouverte et plus riante qu'aux environs du pont de Biasca sur l'affluent du Brenno. Et ce sont toujours des ponts, des cascades, des villages pittoresques, des ruines de vieux castels qui défilent devant nos rapides coursiers et qui nous amènent vers dix heures du soir à *Bellinzona*, l'un des trois chefs-lieux du canton du Tessin. Mais ce n'est pas encore là le terme de notre voyage ; et pendant qu'on change nos véhicules dans une halle gigantesque pour leur substituer des voitures plus légères auxquelles on attelle des mules à clochettes, nous faisons quelques pas sur une promenade publique au bord de la rivière au-dessus de laquelle se dessine le profil crénelé d'une antique forteresse, bâtie sur le haut d'un mamelon escarpé, comme nos châteaux forts de Lourdes ou de Foix ; puis reprenant notre course effrénée, nous traversons la large vallée qui s'étend de Bellinzona au lac Majeur et nous gravissons, sur la rive gauche, les flancs du Monte-Cenere en suivant les lacets d'une route bordée de mûriers et de marronniers vénérables, d'où l'on domine, à mesure que l'on s'élève, tout le cours du Tessin. Nos huit mules décrivent d'une manière fort originale les courbes rapides, et c'est plaisir de les voir manœuvrer avec tant de précision en agitant leurs grelots. Le faîte est bientôt franchi et la diligence nous dépose, à deux heures du matin, devant la porte de l'hôtel Washington, à *Lugano*, le plus important des trois chefs-lieux du canton.

Lundi 28 Septembre. — LE LAC MAJEUR. — *Lugano* est une
petite ville de six mille habitants disposée en amphithéâtre sur
la rive du lac accidenté qui porte son nom, entre les deux
massifs imposants du Monte-Bre et du San-Savaldore ; elle n'a
de remarquable que sa position qui la décore mieux que tous les
plus beaux monuments du monde. Des rues étroites, de hautes et
vieilles maisons à l'italienne sans grand caractère : mais de tous
les côtés de ravissantes collines avec de blanches villas qui se
cachent dans la verdure. L'hôtel Washington, où nous sommes
descendus est situé près du quai et présente la physionomie d'un
vieux palais déclassé : large vestibule, cour carrée intérieure
avec arcades en pierre de taille, étages élevés et vastes pièces ;
ce n'est point un caravansérail ordinaire, mais nous n'avons pas
le loisir de le visiter en détail, ni de parcourir les vieux quartiers
de la cité à la recherche du portail de cathédrale dessiné par
Bramante, car à peine avons nous pris cinq heures de sommeil,
qu'on vient nous réveiller pour prendre l'omnibus du lac Majeur.

A huit heures, nous montons sur l'impériale du coche afin de
mieux jouir de la vue des sites variés qui nous attendent, et nous
escaladons les flancs du *San Salvadore.* Le panorama du lac et
de la ville se développe merveilleux au premier soleil, à mesure
que nous nous élevons vers le col ; et du petit village de *Sorengo,*
en face du *Monte-Bre,* nous dominons ce cirque enchanté, au
fond duquel les eaux d'un bleu intense sont parsemées de petites
voiles blanches d'un éclat éblouissant. On descend de l'autre côté
du col vers le gros bourg d'*Agno,* situé à l'extrémité d'une profonde anfractuosité du lac, puis on traverse une riante plaine
peuplée de cases coquettes encadrées de treilles et de mûriers, et
l'on atteint bientôt *Ponte di Tresa,* village frontière de la Suisse
et de l'Italie, situé au point où la Tresa sort du lac de Lugano
pour aller se jeter dans le lac Majeur.

Le petit bourg de Ponte a beaucoup de caractère ; nous nous
arrêtons pour changer de chevaux sous une vieille arcade, sorte
de porte de ville surmontée de baraques délabrées ; des deux
côtés des bicoques grimpent le long de ruelles taillées presque à
pic dans le rocher. On aperçoit à travers leurs fenêtres des maïs
jaunes et rouges suspendus pour la provision d'hiver. D'une
maison à l'autre sont tendues des cordes sur lesquelles se balan-
cent, à presque tous les étages, les oripeaux multicolores des
habitants ; ici, de grandes galeries en bois d'où les femmes nous
regardent avec curiosité ; là d'immenses toits en surplomb dont
l'ombre abrite les jeux d'une foule d'enfants demi-nus ; plus loin,
au bord de la rivière, un groupe de bohémiens raccommodant
des chaudrons de cuivre ; puis voici la croix de Savoie en face de
la croix de Genève ; et pour compléter le pittoresque, un gros curé
en culottes courtes et habit Louis XV, qui disparaît sous l'arcade
en nous souhaitant bon voyage. Il y aurait ici matière à plus
d'un tableau de genre qui attirerait la foule à nos expositions ;
mais on ne nous laisse pas le temps d'en prendre des croquis ;
les chevaux partent au galop et après quelques centaines de

métres, au haut d'une colline couverte de vignes et de mûriers, nous nous arrêtons brusquement devant un corps de garde de peu séduisante apparence. Il faut descendre de voiture, amener tous nos bagages sur la route en pleine poussière et subir la visite minutieuse de la douane.

Cette fastidieuse opération conduite par d'impitoyables agents, qui s'exclament devant le moindre cigare et qui s'obstinent à fouiller jusqu'au fond de nos sacs, quoique nous les saturions de *Niente*, dure au moins une demi-heure. Deux malheureuses anglaises poussent des cris épouvantables en voyant des bras et des mains d'une propreté douteuse déranger l'ordre méthodique de leurs malles ; mais il paraît que leurs gestes de désespoir n'ont rien de séduisant pour les employés du fisc italien, car ils continuent leur besogne imperturbablement. On s'en tire enfin sans trop d'encombre ; le coche se remet en route et l'on ne tarde pas à arriver sur un faîte de colline d'où l'on aperçoit le lac Majeur étendant jusqu'à l'horizon ses eaux bleues et limpides, encadrées par un cordon de petites villes, dorées au soleil, qui s'y baignent coquettement adossées, celles de droite, aux vigoureux contreforts des Alpes noyés au loin dans le bleu, celles de gauche à de fraîches collines dont le profil s'abaisse insensiblement vers l'horizon méridional. *Luino* est à nos pieds ; nous atteignons bientôt ses faubourgs et nous descendons ses pittoresques rues à fortes pentes qui s'échelonnent jusqu'à l'embouchure de la Tresa.

Ici, tout est peint à fresque, sauf la statue de Garibaldi, qui fait tache blanche au sud de la ville sur une promenade bordant le rivage. Un petit port composé de jetées en maçonnerie facilite la navigation des bateaux à vapeur, et le long des maisons du quai, de grandes arcades, largement découpées, permettent de se promener tranquillement à l'ombre. Nous y trouvons un restaurant fort bien achalandé, où les classiques œufs *al burro* qui composent le déjeûner de tout italien jaloux de conserver ses mets nationaux, nous sont prestement servis. Puis nous allons attendre sur le quai l'arrivée du bateau à vapeur de Locarno, et séduits par la belle apparence des grappes de raisins rouges que nous offre une marchande foraine, nous nous laissons aller à la tentation d'y goûter. Jamais grains plus succulents ne furent pressés par nos lèvres ; et l'ambroisie de l'ancien Olympe ne nous paraît pas digne d'entrer en comparaison avec ce jus délicieux. Depuis ce temps, aucun raisin, même des plus savoureux, n'a pu nous faire oublier les grappes veloutées de Luino.

A midi et demie, le bateau à vapeur de Locarno fait son apparition et nous montons à bord au milieu d'une foule compacte composée de touristes cosmopolites et de naturels à gaîté très expansive, ravis sans doute de voir tant de visiteurs se presser sur les rives de leur lac enchanté. Le soleil nous envoie ses rayons les plus vifs et les plus colorés : au loin le lac paraît resserré devant nous entre deux promontoires qui s'avancent l'un

vers l'autre comme deux sentinelles se présentant les armes.
La petite ville d'*Intra*, située au pied de l'un d'eux et magnifiquement éclairée, nous découvre peu à peu ses files de maisons
jaunes, blanches et roses et les nombreux villages qui s'échelonnent au-dessus d'elle, fraichement encadrés dans les verts
bosquets de la montagne. Puis les quais apparaissent animés par
une population avide de mouvement, dont les vêtements bariolés
brillent au soleil. La cloche sonne : nous voici au débarcadère.
L'agitation devient extraordinaire ; il faudrait dépeindre tout à la
fois les portefaix se précipitant sur les voyageurs, les femmes
portant des malles sur des hottes d'osier, les marchandes offrant
des figues et des raisins, les laquais d'hôtel réclamant des
clients....; et les reconnaissances, et les embrassades, et les
paniers de fruits et de légumes pêle mêle avec les sacs de voyage
et les porte-manteaux luxueux....; une vraie fourmilière humaine,
aux types les plus divers et les plus opposés, depuis les gracieuses jeunes filles aux mouchoirs multicolores et les abbés, au
profil anguleux, portant le noir costume à la Louis XV, jusqu'aux
vieilles à figure ridée, accroupies sous les arcades et aux majestueux gendarmes parodiant nos écuyers des cirques olympiques.
Pour compléter le spectacle, des barques surmontées de grands
cercles pour recevoir des tentes entourent le bateau à vapeur et
leurs marins offrent leurs services aux touristes désireux de pêche
ou de promenade..... Et tous ces gens ont l'air gai, la physionomie ouverte, l'œil brillant ; il y a là une intensité de vie exubérante en harmonie avec une nature fraîche et riante qui fait rêver
de quelque paradis terrestre.

Nous abordons ainsi successivement des deux côtés du lac,
à plusieurs petites villes du même ordre, qui toutes présentent la
même animation et les mêmes maisons blanches ou jaune d'or
se détachant sur des massifs de citronniers, de magnolias et
d'orangers : puis nous entrons dans la large baie qui abrite les
célèbres îles Borromées. Voici *Pallanza* avec ses silhouettes
pittoresques, sa statue d'évêque se dressant imposante sur le
quai, et le campanile de St-Laurent qui domine la ville en se
détachant sur l'enlevée vaporeuse de la vallée du Simplon. Pour
arriver au fonds de la baie, à Bavento, nous cotoyons l'*Isola
madre*, l'île mère, la plus grande et la moins artificielle des îles
Borromées, véritable bouquet de verdure, corbeille d'arbres et
d'arbustes émergeant au milieu des eaux calmes et limpides :
c'est la nature prise sur le fait d'un petit chef-d'œuvre, et qui le
reconnait simplement et sans effort. De *Bavento*, village admirablement encadré dans des massifs de grands arbres, la vue du lac
est splendide : les iles, en premier plan, se détachant sur un fond
bleu outre-mer : puis Pallanza au milieu de ses villas dorées au
soleil et Laverno, plus sombre, s'abritant sous la masse protec-
trice de son promontoire ; à nos côtés, une foule de castels fantaisistes, parmi lesquels nous remarquons un palais gothique
avec arcades et terrasses, complètement rouge du haut en bas :
mais cette fantaisie n'est rien auprès de ce qui nous attend

bientôt. Notre bateau à vapeur reprend sa course, et après nous avoir fait longer l'*Isola San Giovanni*, simple banc de sable qui ne se fait remarquer que par la teinte chaude et âpre de ses rives, puis l'*Ile des Pêcheurs*, amas de misérables cabanes s'appuyant, comme elles le peuvent, les unes sur les autres, il nous conduit devant l'*Isola bella*, le comble de la démence architecturale. L'extrémité de l'île, du côté de la montagne, est occupée par quelques habitations de pêcheurs et par une auberge : puis un immense mur droit sur lequel on a peint des colonnades sépare le domaine de la pauvreté de celui de l'opulence et ménage à celui-ci une sorte de toile de fonds, comme dans les décors d'opéra. Alors se succèdent des séries de terrasses étagées en pyramides, bordées d'orangers symétriquement découpés en espaliers et en berceaux, au milieu desquelles on aperçoit des grottes artificielles, des rocailles et des statues à profusion, le tout couronné par une licorne colossale juchée au haut de la dernière terrasse. De mauvais plaisants ont comparé cette décoration théâtrale à ces pièces montées en sucre et en nougat que l'on voit aux devantures des confiseurs en renom. Il est certain que le comte Vitalien Borromée qui se donna le luxe, vers 1670, de se bâtir un palais de plaisance sur une île aride et déserte, d'entailler les rochers en assises régulières, d'y faire transporter de la terre à grands frais, et de les peupler ensuite de tout un monde mythologique, fit preuve, en cette circonstance, de l'absence de goût le plus complet. Après deux cents ans, ce n'est plus que du clinquant de théâtre; de loin les détails disparaissent un peu et l'ensemble n'est plus aussi criard; mais gardez-vous d'approcher, si vous voulez conserver vos illusions sur cette merveille italienne du xvii° siècle, à qui je décoche, en partant, ce sonnet qui soulage ma bile artistique :

Le lac Majeur

— SONNET —

Bleu dans l'air, bleu sur l'onde et bleu sur les montagnes ;
Au pied des coteaux verts, longs rubans argentés
De villas, de palais et de blanches cités
Qui mirent dans les eaux leur front et leurs campagnes ;

Fruits doux et savoureux de nouvelles Cocagnes
Dont le cœur s'est nourri du parfum des étés ;
Pêches à chair de pourpre, et raisins veloutés
Comme n'en vit jamais le soleil des Espagnes ;

Enfin brise embaumée, aux souffles attiédis
Qui rendent la vigueur aux membres affaiblis....
Tel est le lac Majeur, fier de sa renommée.

Mais quelle tache, o ciel ! dans un tableau si pur !
On dirait des jardins de l'Ile Borromée,
Un gâteau de Savoie égaré dans l'azur.

Cependant les collines qui encadrent les deux rives du lac s'abaissent peu à peu ; toujours cotoyant des jardins et des villas cachées dans la verdure et les fleurs, nous saluons le vieux château crénelé d'Angera, nous restons stupéfaits devant la colossale statue en cuivre de St-Charles Borromée qui, se dressant de 22 mètres de hauteur sur un piédestal de 15, domine tout le pays de Meina (on prétend qu'on peut dresser une table de neuf couverts dans l'intérieur de la tète) ; et nous arrivons vers quatre heures de l'après-midi au débarcadère d'*Arona*, tête de ligne du chemin de fer de Milan.

Le matériel des lignes italiennes est sensiblement plus confortable que celui des lignes françaises, parce qu'il a été construit plus tard en tenant compte de l'expérience acquise chez les voisins : l'aménagement intérieur des voitures présente un système mixte entre les minces couloirs transversaux de nos wagons et les immenses compartiments à l'américaine des lignes de la Suisse allemande. On est bien assis : on a de l'air et du jour ; et d'immenses filets permettent de caser facilement avec soi une foule de paquets de toute dimension. On n'a pas droit, comme chez nous, à 30 kilogrammes de bagages en franchise ; tout colis mis au fourgon paie la taxe de transport kilométrique ; mais on permet au voyageur d'emporter avec lui tout ce qu'il peut soulever à la main, et la seule crainte qu'on ait en wagon est de voir les filets se rompre sous la charge dont on les accable : aussi a-t-on prévu le cas, et les a-t-on construits larges et solides. Nous leur confions donc tous nos sacs : et montant dans le train au milieu d'une foule compacte descendue de plusieurs bateaux à vapeur, nous abandonnons bientôt la vallée du Tessin, pour traverser les collines qui descendent vers le Pô.

Le pays est frais et gai : des maisons blanches et des toits rouges piqués dans la verdure, des vignes et des peupliers d'Italie : nous passons devant de petites villes bien groupées que dominent des dômes, remplaçant les flèches aigües de nos cathédrales. Près de *Somma*, nous remarquons un baptistère isolé : *Busto* nous présente ses nombreuses églises dont les frontons sont couronnés de statues ; *Legnano* nous rappelle un des combats de la campagne de 1859 ; puis le jour baisse, le ciel se colore de nuances rougeâtres sur lesquelles se détachent les masses violettes des montagnes de l'horizon ; et nous entrons à la nuit close, dans la grande halle de la gare de Milan, à la sortie de laquelle nous sommes ahuris par les cris des facchini et des garçons d'hôtel qui s'arrachent nos bagages et nos personnes. Pour leur échapper, nous nous jetons dans un des omnibus de l'interminable file qui s'aligne le long de la marquise de la gare, et peu après nous nous trouvons confortablement installés à l'hôtel de la Bella Venezia, au centre de la ville, entre la cathédrale et le théâtre de la Scala, sorte de vieux palais de bonne apparence, où l'on nous construit de toutes pièces, et un clin d'œil, dans une jolie chambre du rez-de-chaussée, ce qu'on appelle ici un matrimonial letto, rappelant par ses énormes dimensions les lits royaux du palais de Versailles : nous sommes loin de ceux de Thunn et du pays allemand.

Après dîner, nos premiers pas sont pour le parvis de la cathédrale dont les mille clochetons de marbre blanc brillent au clair de lune, et dont la masse imposante se dresse en silhouettes de dentelles argentées : apparition vraiment fantastique et que je ferais mieux d'appeler céleste. Rien ne peut donner l'idée d'un semblable émerveillement. J'ai souvent remarqué combien le clair de lune accuse les perfections de certains monuments, en estompant leurs traits trop durs et en effaçant tout ce qui pourrait, dans le détail, blesser les yeux. La cour du Louvre, au soleil, n'approche pas de ce qu'elle est à minuit. Ici, avec le marbre blanc qui scintille doucement aux sommets, l'effet est prodigieux : la lourde façade disparaît ; les formes sveltes et gracieuses se mettent seules en valeur, et toutes ces flèches s'élancent en fusées vers le ciel.

Ce magnifique spectacle devrait suffire à notre soirée ; mais comme nous nous retournons pour traverser la place et regagner notre hôtel, des flots d'une lumière éblouissante s'échappant d'un informe massif blanchâtre viennent frapper notre attention. Tous ces alentours du Dôme entre le parvis et la Scala, ont complètement changé d'aspect depuis mon voyage de 1865. Alors, il n'y avait là que des baraques et des ruelles. Tout a été rasé sans laisser de traces, et l'on a construit sur cet emplacement, après avoir considérablement agrandi la *Piazza del Duomo,* devenue très monumentale, un bloc énorme de maisons percé en croix par une colossale galerie vitrée qui porte le nom de Victor Emmanuel. C'est l'entrée triomphale de cette galerie sur la place du Dôme qui nous jette cet appel lumineux. Aucun passage de Paris ne peut donner une idée de cette fantaisie architecturale qui atteint des proportions cyclopéennes. Plusieurs vastes étages intérieurs, ornés avec un dévergondage de couleurs, de marbres et de dorures qui rappelle un peu trop le luxe d'un parvenu, sont occupés par de riches magasins, des cafés, des restaurants et des salles de concert. A la croisée, un immense dôme vitré supporté par des cariatides gigantesques qui étendent les bras dans les tympans sous de légères rosaces répand des flots de lumières multicolores dans toutes les directions. Ses dimensions sont si vastes, que les cafés du rez-de-chaussée servent leurs clients sur des tables qui s'avancent fort loin des devantures, sans que la circulation en soit gênée. Et cependant une foule considérable se promène le soir dans ces galeries : c'est le rendez-vous général, le boulevard des Italiens de l'endroit. On cause, on gesticule, on se presse devant les vitrines éblouissantes des marchands de photographies, pendant que la musique des concerts et des théâtres voisins se mêle et s'entrecroise de tous les côtés. C'est une animation étourdissante. Nous verrons bien demain, au jour, si l'on n'est pas dupe ici d'une illusion et, si comme dit le proverbe, tout ce qui luit est bien de l'or.

En sortant de là par la porte opposée à la place du Dôme et presqu'aveuglés par la lumière intense de ces invraisemblables galeries, nous traversons une petite place voisine de la Scala au milieu de laquelle on a élevé un magnifique monument à Léonard de Vinci. La grande statue en marbre blanc de l'auteur de la Joconde et de la Cène, placée sur un large piédestal dont les quatre angles sont occupés par des statues de ses élèves, est bien dessinée et se profile nettement : mais pourquoi les élèves sont-ils si petits et le maître si grand ? A-t-on voulu symboliser par la différence de la taille la différence du génie artistique ?... C'est un mystère qui nous rend passablement rêveurs en reprenant le chemin de la place San Fedele toute voisine, au son de l'orchestre du théâtre Manzoni qui nous accompagne jusque dans notre chambre et nous aide à nous endormir dans l'espoir d'autres merveilles pour le lendemain.

CHAPITRE QUATRIÈME

De Milan à Venise

MARDI, 29 SEPTEMBRE. — *Milan.* — Après dix jours de
pérégrinations continuelles, on éprouve impérieusement le besoin
de recevoir des nouvelles de la famille absente : aussi notre
première visite matinale est-elle pour la poste aux lettres, voisine
de la place du Dôme. Hélas ! Nous nous adressons en vain à
tous ses guichets : aucune lettre ne nous est encore arrivée de
France. C'est cependant à Milan que mon beau-frère devait nous
rejoindre, et notre programme ne comporte ici qu'une journée...
Dans notre désespoir, nous jetons à peine un coup d'œil au
Palais-Royal et au Palais de l'archevêché, dont la masse
irrégulière est peu séduisante, et nous montons dans un fiacre
(on dit ici un *brougan*, sans doute en souvenir de *Lord Brougham*)
pour visiter les principaux monuments de l'ancienne capitale de
la Lombardie.

L'aspect général intérieur de la ville de Milan n'offre pas dans
son ensemble d'originalité bien spéciale : la cathédrale seule avec
sa forêt de clochetons en marbre blanc jette une note franche et
gaie dans ce concert de palais froids et monotones, de rues longues et presque toutes trop étroites, au milieu desquelles il n'y en
a guère que trois, le Corso de la Porte Orientale, le Corso de la
Porte Neuve, et la rue de Bréra, qui se distinguent par plus de
largeur, plus d'animation et des constructions plus variées. On a

beaucoup bâti depuis quelques années, surtout dans les régions de l'Ouest, du côté du jardin public, de la place Cavour et de la gare. Il y a là tout un nouveau quartier qui vise à la richesse et à l'élégance ; mais rien n'est plus lourd ni plus prétentieux : on dirait que l'architecture anglaise, avec ses lignes massives et compliquées est venue se greffer sur l'ancienne légèreté italienne. C'est un luxe de parvenu. On se plaint quelquefois du défaut de caractère et de relief de nos constructions parisiennes depuis quarante ans. Le reproche est peut-être fondé. Au moins conservent-elles un cachet d'élégante simplicité, de distinction, de goût sobre et délicat, qui s'accentue encore quand on les compare avec les dévergondages de l'étranger. Ici, dans la patrie des belles choses, berceau de l'art sous toutes ses formes, il faudrait commencer par raser presque tout ce qui est, je ne dis pas moderne, mais contemporain.

Les quartiers de l'Ouest et du Sud, du côté de la porte Romaine et de la porte du Tessin, ont mieux gardé leur physionomie simple et tranquille. Après avoir cotoyé les immenses murailles du grand hôpital, nous nous dirigeons vers la basilique de *San Lorenzo*, et nous descendons de fiacre Corso di Porta Ticinese, près de seize immenses colonnes corinthiennes en marbre, presque calcinées par un ancien incendie, derniers débris du gigantesque péristyle des thermes d'Hercule construits par l'empereur Maximien. Elles se dressent, jaunes et noires, au milieu de la rue, retenues par de longues barres de fer aux maisons voisines, et semblent rester là en équilibre presque instable pour attester combien sont fragiles les plus vastes desseins des hommes. Elles ont près de dix mètres de hauteur : le monument devait être colossal : il n'en reste plus que ces témoins encore géants.

Près de la colonnade, on franchit une arcade fort peu monumentale et l'on se trouve dans une cour qui précède la basilique de San Lorenzo.

C'est le caractère de presque toutes les églises de Milan, sauf le Dôme, San Fedele et San Carlo, de ne présenter aucune façade, de n'offrir aucun aspect extérieur bien déterminé, et d'être noyées dans les constructions voisines, en sorte qu'il serait presque impossible de soupçonner leur existence si, de loin, l'on apercevait pas une coupole émergeant au-dessus des maisons. Les Italiens ont généralement peu d'amour-propre pour l'enveloppe de leurs édifices religieux ; ils sacrifient tout à la richesse exagérée de l'intérieur qu'ils revêtent de marbres précieux, de mosaïques flamboyantes ou de magnifiques peintures : au dehors, ils ne livrent à l'admiration du public que des massifs de briques qui dessinent à gros traits les lignes principales de l'édifice. Puis, quand il reste de l'argent, après que l'intérieur a été luxueusement décoré, on songe quelquefois à revêtir de marbre les briquetages extérieurs ; mais ce n'est là que l'exception, le privilège de quelques cathédrales ; et Sainte-

Marie-des-Fleurs à Florence dont le dôme, le chevet, les façades latérales et le campanile sont depuis longtemps couverts de marbres variés, attendait encore, lors de notre voyage, une façade principale qu'on s'était contenté de peindre à la détrempe sur une muraille de plâtre et qui n'a été exécutée que dans ces derniers temps. Ce contraste que nous observions pour la première fois nous frappa vivement à San Lorenzo ; à voir les masures qui environnent la basilique dont les murailles émergent pauvres et sans grâce au-dessus des toitures, on ne soupçonne guère la grandeur imposante de l'ordonnance et de la décoration intérieures. Le plan de San Lorenzo est du type des églises rondes, ou plutôt de celles qui sont symétriques dans leurs dimensions latérales. Il se compose d'un carré dont les quatre côtés sont coupés par des arcs de cercle en sorte qu'ils présentent huit angles saillants, et que la forme générale de l'Eglise est en définitive octogonale avec quatre faces courbes et quatre faces à lignes droites ; les premières sont disposées à jour et divisées en deux étages de colonnes doriques qui servent de galeries tournantes et donnent beaucoup de relief à la perspective : les autres au contraire sont massives et décorées de grands pilastres qui supportent une vaste coupole. Cette disposition produit un ensemble imposant, de physionomie franchement originale, bien qu'imité des anciennes basiliques byzantines, et dont l'effet serait encore plus saisissant, si l'ornementation et les peintures répondaient à la grandeur de la conception des architectes choisis par Saint Charles Borromée à la fin du xvi° siècle. Pendant que nous achevions en France de corrompre l'art gothique au milieu des efflorescences de la période flamboyante, les Italiens cherchaient leurs inspirations dans les lignes plus calmes des monuments du bas Empire et se préparaient à susciter chez nous la révolution artistique qui s'appela la renaissance.

Il est possible, du reste, que ce plan de basilique, assez rare en cette région de l'Italie, n'ait été qu'une reminiscence de l'Eglise primitive qui devait avoir quelque rapport avec celle de Saint Vital à Ravenne : car une porte latérale nous introduit dans une petite église contiguë à la grande et qu'on assure avoir été bâtie par Gallia Placidia, fille de Théodose : or nous admirerons bientôt le superbe mausolée de cette impératrice à Ravenne où se trouvent aujourd'hui réunis les restes les plus précieux de l'architecture byzantine. Il y a là plus que de simples coïncidences. Nous remarquons dans cette chapelle un très antique et très curieux sarcophage qu'on nous présente comme le tombeau de St-Aquilin, et deux mosaïques au fond de deux petites absides, qui sont, dit-on, les plus anciennes de la Lombardie : mais, en fait de mosaïques, nous ne verrons jamais rien qui soit comparable en intérêt à celles que nous réserve Ravenne.

De San Lorenzo, nous nous dirigeons vers la basilique fondée à la fin du iv° siècle par Saint Ambroise et qui porte aujourd'hui son nom, *San Ambrogio*. Elle est précédée d'un vaste atrium ou cloître, à belles arcades romanes en briques sur colonnes et pilastres en pierres. Cet atrium a été restauré avec beaucoup de goût dans ces derniers temps ; on a conservé d'anciennes fresques sur les murailles du pourtour ; et de nombreux débris antiques déposés contre ses parois le transforment en une sorte de musée. A ce monument, du reste, se rattachent de précieux souvenirs historiques : car c'est là que Saint Augustin abjura ses erreurs et que Saint Ambroise arrêta l'empereur Théodose. La façade restaurée en brique et pierre comme le reste de l'atrium se compose de deux étages de trois grandes arcades à plein cintré ouvertes en portiques et fort sobres de décorations. L'arcade centrale du premier étage est plus élevée que ses deux voisines, en sorte que dès l'abord l'œil saisit sans hésitation la disposition intérieure de l'édifice et de ses trois nefs, dont les baies ogivales s'aperçoivent en arrière. Ce mélange de plein cintré et d'ogive est assez malheureux ; il dénote deux constructions successives sans unité de conception ; l'ensemble ne manque cependant pas de grandeur. On entre dans l'Eglise par une porte dont les vantaux en bois de cyprès, disent les guides, sont chargés de très anciennes sculptures. L'intérieur est fort riche ; les colonnes sont revêtues de stuc imitant le marbre blanc ; une curieuse chaire en marbre réel, assez longue pour que l'orateur puisse y marcher, est supportée par huit arceaux du xiie siècle et se compose de fragments plus anciens parmi lesquels nous remarquons un bas relief très accentué représentant des agapes des premiers siècles chrétiens. Le devant du maître autel est en or ciselé : une immense mosaïque qui date du ixe siècle couvre toute l'abside du chœur, représentant le Père Eternel et des saints nimbés d'or : enfin une colonne de granit rougeâtre, située dans la nef du milieu, porte sur son sommet un serpent de bronze qui vient de Constantinople, et qui passe pour le serpent élevé par Moïse dans le désert. Quand on sort de ce temple, les souvenirs de l'antiquité vous poursuivent avec une persistance qui prouve l'intensité de l'impression produite par l'archaïsme de son architecture et de ses trésors.

Quelle différence d'ornementation dans l'Eglise de *San Vittore* que nous visitons ensuite ! Nous assistons ici au triomphe du stuc et du clinquant. Quatre anges bouffis placés en macarons sur la façade nous disposent peu en faveur du goût des architectes : mais on ne peut en juger qu'après avoir vu le maître autel, assemblage bizarre de simili-marbres de toutes couleurs entassés les uns dans les autres. Bâtie à la fin du xvie siècle par Saint Charles Borromée sur l'emplacement de la première basilique milanaise, cette église peinte et stuquée du haut en bas nous représente une véritable orgie d'ornements criards et faux. Nous ne faisons grâce qu'à la coupole décorée de caissons sur le fond desquels sont peints des anges jouant de toutes sortes d'instruments de musique, et aux quatre évangé- listes de Crespi et Moncalvo qui remplissent les tympans de

leurs magnifiques draperies ; puis nous nous échappons en toute
hâte pour aller contempler la *cène de Léonard de Vinci*, dans le
réfectoire de l'ancien couvent de *Santa Maria Delle Grazie.*

Ce couvent est aujourd'hui une caserne ; un sergent nous
introduit dans le sanctuaire, où de nombreux artistes, devant des
chevalets de toutes les tailles, comme dans un musée, cherchent
à reproduire les principaux traits du chef-d'œuvre de Léonard.
Restaurée aussi bien que possible, cette fresque au dessin si
puissant, qui couvre tout l'un des côtés du vieux réfectoire,
transformé en écurie pendant les guerres de la Révolution,
produit encore une impression profonde. Le peintre a représenté le Sauveur et les apôtres en grandeur naturelle, ce qui lui
a permis de se donner libre carrière dans les expressions si
diverses des physionomies de ses personnages. La noblesse des
attitudes et la pureté des lignes se font d'autant mieux sentir
qu'on n'a plus la richesse du coloris pour flatter l'œil ou le
tromper : et lorsqu'on se reporte à la scène tumultueuse et multicolore du *Crucifiement* par Montorfano, placée en face sur l'autre
muraille, on apprécie encore davantage l'œuvre sobre et magistrale dans sa simplicité du grand peintre milanais.

Nous saluons d'un regard la curieuse coupole de Santa Maria
dessinée, dit-on, par Bramante, et dont le double étage polygonal
s'élève sur un immense massif dépourvu de toute grâce, quoique
l'église en porte le nom : puis nous nous dirigeons vers la *place
d'Armes*, gigantesque esplanade occupée en son milieu par l'ancienne forteresse des Sforza transformée en caserne, et couronnée par le bel arc de triomphe du Simplon appelé depuis la
chute de Napoléon *Arco della pace.*

Cet arc de triomphe qui constitue l'une des plus belles entrées
de ville qui se puissent imaginer, après l'arc de l'Etoile, a subi
bien des vicissitudes depuis sa fondation. Commencé en 1807
pour célébrer le règne triomphal de Napoléon 1ᵉʳ, il n'avait
encore reçu ni ses inscriptions ni ses bas-reliefs quand l'empire
disparut. L'Autriche remplaça la statue de la victoire par celle
de la paix qui se dresse encore sur le char à six chevaux du
couronnement : mais les bas-reliefs et les inscriptions placées en
l'honneur de François 1ᵉʳ de Habsbourg n'ont pas été à l'abri des
révolutions de la destinée : après la campagne de 1859 on les a
tous changés à la plus grande gloire de Napoléon III et de Victor
Emmanuel. Le monument a quelques rapports avec l'arc du
Carrousel à Paris ; mais il paraît beaucoup plus grand : et bien
encadré par les deux pavillons des barrières, éloigné de toute
construction mesquine ou sans art, il se présente calme et fier
dans son majestueux isolement et son imposant habit de marbre.

Du pied de l'arc de triomphe, la place d'Armes avec son
horizon de dômes et de clochers au milieu desquels se dresse la
masse étincelante de blancheur et toute dentelée de la cathédrale produit l'effet le plus grandiose et le plus saisissant.

Les régiments qui manœuvrent autour de la forteresse des Sforza ne se distinguent qu'en lignes légères, et les maisons des premiers boulevards reculées à 600 mètres de distance se perdent dans un vague lointain. Nous cotoyons au retour l'immense amphithéâtre de l'arène, construit sous Napoléon Iᵉʳ pour 30,000 spectateurs, et qui sert maintenant de parc d'artillerie ; puis nous nous dirigeons vers le *palais de Brera*, où se trouvent réunis le Gymnase, l'Ecole des Beaux-Arts, la galerie des Tableaux, l'Observatoire, etc. ; aussi l'appelle-t-on encore le Palais des Sciences et des Arts. Ce qui nous y attire, c'est surtout la galerie des tableaux.

On entre dans une vaste cour carrée décorée d'une manière fort élégante par deux rangs superposés de portiques à doubles colonnes : puis on monte au premier étage par un escalier sans grand caractère, et l'on traverse d'abord des salles assez étroites dont les murailles sont couvertes de panneaux peints à fresque et détachés des murs des Eglises de la Lombardie. Les plus remarquables sont celles de *Bernardino Luini*, d'un ton clair et léger, qui nous présente plusieurs saintes familles très gracieusement groupées, et surtout une sainte Catherine portée au ciel par trois anges admirablement drapés, dont le dessin et la couleur sont d'une suavité extraordinaire. On parcourt ensuite huit grandes salles dans lesquelles presque tous les maîtres italiens se sont donnés rendez-vous : il est vrai que ce n'est pas précisément avec leurs principaux chefs-d'œuvre ; car de toutes ces toiles signées des noms les plus illustres, le Titien, Veronèse, le Parmesan, Guerchin, les Carraches, le Dominiquin, Tintoret, Bellini, Bordone, Giordano, etc., il ne nous est resté qu'un fort petit nombre dans le souvenir. Ce sont : en premier lieu *le mariage de la Vierge*, de Raphaël ; un des tableaux les plus complets de l'élève de Perugin : d'une harmonie de composition et d'une pureté de dessin inexprimables : on ne peut guère lui reprocher que la ressemblance beaucoup trop parfaite de toutes les figures de femmes, et l'anachronisme du costume des jeunes rivaux de St-Joseph qui sont habillés à la Florentine ; et j'ajouterai qu'on est surpris de trouver un tableau d'aussi petite dimension : on s'attend en général à des personnages de grandeur naturelle, et je ne sache pas qu'en dehors des fresques des loges du Vatican, Raphaël ait ainsi réduit ses proportions; mais quelle grâce, quelle variété dans la symétrie et quelle unité parfaite! Si Rambrandt et le Tintoret sont les maîtres de la couleur, Raphaël est le maître incontesté du dessin.

Tout près de là se trouvent l'*Abraham chassant Agar* par le Guerchin : personnages à mi-corps, d'une expression admirable mais de tons un peu criards, surtout dans les draperies ; — et ce ravissant petit tableau de la *danse des amours* qui suffirait pour illustrer un autre peintre que l'Albane. Puis nous remarquons une *Prédication de St-Marc à Venise* par Gentile Bellini, aux personnages innombrables ; une *madone* de Sasso-Ferrato, avec le Bambino endormi, dont j'ai retrouvé une assez bonne copie dans la Basilique de St-Anne-d'Auray ; une splendide *tête de moine* par Velasquez ; une *pitié* très expressive de Bellini ; et le tableau inachevé de Léonard de Vinci représentant *la Vierge et l'enfant Jésus qui caresse un agneau :* on y saisit sur le vif le procédé assez froid du grand peintre dont on conserve aussi un beau dessin au crayon rouge et noir, qui paraît être une étude de tête pour le tableau de la Cène.

Mais je n'ai pas l'intention de reproduire ici un inventaire, même très sommaire, de la collection de Bréra ni de disserter sur les mérites respectifs des diverses écoles italiennes : c'est l'affaire des guides ou des traités sur l'histoire de l'art : je me borne, comme je le ferai pour les autres musées d'Italie, à signaler les toiles qui ont le plus vivement sollicité notre attention et dont nous avons gardé le plus vivant souvenir : chacun sent à sa manière : je ne note que nos principales impressions personnelles.

Avant de quitter la galerie de Bréra nous manifestâmes des mouvements de fort mauvaise humeur contre les commissaires des Beaux-Arts Milanais. C'était l'époque de l'exposition annuelle de peinture ; et ne possédant pas de salles suffisantes pour loger tous les chefs-d'œuvre des peintres modernes, on avait jugé à propos de les exposer dans une partie de celles du musée, de manière à masquer ou tout au moins à empêcher de pouvoir admirer dans leur plein jour les toiles des maîtres anciens. Et pourtant quel constraste entre les deux époques ! Il est de mise depuis quelques années, de beaucoup médire à Paris de nos salons de peinture : point d'œuvres saillantes : la grande école historique délaissée, presque abandonnée : le genre envahissant tout et quel genre !... Que serait-ce donc si le salon de Milan se trouvait transporté à Paris !... Absence complète de composition sérieuse : tons criards et faux : abus flagrant du violacé et des couleurs d'anyline : verts tapageurs et jaunes éclatants : défaut d'harmonie et d'étude de la nature... signes incontestables de la décadence se débattant contre l'impitoyable destinée. Et tout cela devant des Tintoret, des Guide, et des Cima de Conegliano ! *Proh pudor !*... Il n'y avait d'intéressant, dans cette exposition, que les aquarelles, dont quelques-unes, de dimensions énormes, représentaient de véritables tours de force du pinceau. Est-ce bien là de l'art véritable ? Décidément, les Italiens ont oublié les leçons de leurs anciens maîtres. Qu'ils taillent le marbre ; leurs sculpteurs sont aujourd'hui à bonne école ; mais qu'ils abandonnent la brosse plutôt que d'étaler devant les chefs-d'œuvre de leurs pères les témoins vivants de leur insigne médiocrité.

De dépit, nous allons déjeuner sous le péristyle du théâtre de la Scala, où la cuisine italienne, même aidée par un généreux *Asti spumante,* consent à réparer nos fatigues, mais ne parvient pas à nous consoler de notre déconvenue artistique.

Le théâtre de *La Scala* passait, il y a quelques années, pour le plus vaste du monde. Sa façade n'a rien d'extraordinaire : elle

est même passablement lourde ; et l'avant corps de massives
arcades surmontées d'une terrasse qui donne un fort relief au
rez-de-chaussée, ne contribue pas à la rendre plus légère. Le
premier étage d'un goût assez sobre est orné de colones composites
accouplées et supporte un attique et un fronton dont le bas-relief
représente la Nuit cherchant à retarder le départ de Phébus.
Nous verrons ce soir si l'intérieur du théâtre répond à cette
sévère ordonnance car les affiches annoncent un opéra du
maëstro Gomès. Pour le moment, il nous semble que la façade de
La Scala devait produire un grand effet lorsqu'elle était environnée de constructions modestes : ce constraste est toujours
saisissant Mais depuis que Victor-Emmanuel a hausmanisé la
cité milanaise, on a flanqué le théâtre de gigantesques maisons
d'architecture tapageuse qui lui font perdre une grande partie de
sa valeur en l'écrasant de leur richesse. L'entourage d'un
monument est l'un des facteurs principaux de sa perspective et
de sa mise au point.

Chaleur torride, l'après-midi. Nous nous décidons pour une
promenade au *Jardin public*, en traversant le *Corso Francesco*.
Ce Corso est l'un des plus animés de Milan : c'est le quartier des
grands magasins et des riches étalages ; mais le mot riche est
ici relatif, car on ne rencontre dans aucune ville d'Italie des
devantures qui puissent rivaliser avec celle de nos boulevards
parisiens. Pavé en galets debout, comme la plupart de ses
confrères, il est, comme eux aussi, sillonné par de larges bandes
de granit sur lesquelles roulent les voitures et qui donnent à
toutes les rues de Milan un aspect caractéristique. Vers le milieu
de son parcours, on rencontre une place latérale, nommée
l'*atrium de S. Carlo*, parce que les maisons qui la bordent sont
soutenues, comme à Paris le théâtre français, par une colonnade
formant la ceinture du parvis de l'Eglise ronde dédiée à Saint
Charles Borromée : mais ces riches colonnes corinthiennes, d'une
belle ordonnance sont écrasées par trois étages à persiennes
vertes d'un effet décoratif absolument malheureux. Au fond,
se détache l'immense et lourde coupole de l'Eglise, sous laquelle nous n'admirons que deux beaux groupes en marbre
blanc : une pitié d'attitude très expressive et une bonne statue
du grand archevêque.

Cependant le Corso ne tarde pas à s'élargir pour prendre le
nom de *Corso della Porta Orientale* et devenir le rendez-vous
des riches équipages milanais. C'est ici, dit-on le parallèle des
Champs-Elysées de Paris : le soir sans doute, car à trois heures,
il est presque désert. Nous nous reposons bientôt sous les
ombrages des grandes avenues du Jardin public, en face de
l'élégant petit palais appelé *La Villa Reale* : une partie du
jardin est transformée en parc à rivière et à cascades rocailleuses
dans le genre de ceux de Londres : la végétation y est belle,
mais toutes les villes importantes de France et de l'étranger
possèdent maintenant de ces jardins dont l'ornémentation devient
banale à force de se répéter. Sous ce climat, celui-ci est surtout

précieux par sa fraîcheur, et après l'avoir largement savourée, nous rentrons en ville par la nouvelle *Place Cavour*, au milieu de laquelle se dresse un bizarre monument élevé en l'honneur de l'ancien ministre de Sardaigne : un monsieur en redingotte de bronze debout sur un immense cylindre de granit et regardant une femme nue en bronze, représentant l'histoire, qui se traîne sur le socle de ce cylindre pour y inscrire son nom. Je ne connais rien de plus déplacé que cette alliance de la mythologie avec le costume moderne. Il faut laisser les muses et les déesses aux sujets de pure allégorie, au *Gloria victis* de Mercié, par exemple; elles sont là bien à leur place : mais elles n'y sont que là. J'aime la statue d'Alexandre Dumas, avec les héros de ses romans et de ses drames ; celle de Schneider avec un forgeron au travail, celle de Léonard de Vinci avec ses élèves, celles de nos généraux de 1870 avec des soldats de tout uniforme ; mais je trouverai toujours grotesque un contemporain juché sur un piédestal et contemplant à ses pieds des nymphes et des génies en costume de la simple nature. Il y a là défaut de goût, et par conséquent défaut d'harmonie.

Après avoir traversé les galeries Victor-Emmanuel, si brillantes hier soir, maintenant désertes, et nous présentant tristement leur carcasse colossale, comme un décor de théâtre que n'anime plus les feux éclatants de la rampe, nous nous retrouvâmes vers quatre heures sur la place de la Cathédrale.

Il est facile de critiquer la présence des portes et des fenêtres romaines au milieu d'une façade gothique, et surtout la superposition de baies ogivales à des frontons triangulaires ou cintrés : cette ornementation disparate choque dès le premier abord. Mais l'impression défavorable qu'on en a ressentie ne tarde pas à disparaître devant l'imposante majesté et l'incomparable élégance de l'ensemble. Les cinq nefs intérieures sont si bien dessinées à l'extérieur par les délicats contreforts que terminent des aiguilles surmontées de blanches statues, les broderies gothiques du couronnement sont si déliées et se découpent si finement sur le ciel bleu, les bas-reliefs du socle sont si puissants, le marbre étincelle tellement de toutes parts, que la critique se trouve tout à coup désarmée, et qu'on admire franchement, ébloui et vaincu.

L'aspect de l'intérieur n'est pas moins saisissant. Nous entrons par la grande porte qui s'ouvre entre deux énormes colonnes monolithes en granit de Lavéno, et nous sommes immédiatement frappés par l'élévation extraordinaire de la voûte ogivale, que la demi obscurité répandue dans le temple par la lumière tamisée au travers de vitraux de couleurs tend à augmenter encore. Les vigoureux piliers octogones qui la supportent sont allégés par d'élégantes colonnettes engagées dans leurs angles : et si l'architecte ne les eût point couronnés par de bizarres et trop longs chapiteaux surchargés de niches, de dais et de statuettes, ils pourraient passer pour parfaits en leur genre. On a eu tort aussi de badigeonner sur la voûte des rosaces et des découpures gothiques : le spectateur reconnaît tout de suite qu'elles ne sont pas réelles car l'humidité en a effacé plusieurs fragments ; et fussent-elles intactes, elles seraient critiquables au point de vue de l'art, comme ne figurant qu'un *trompe-l'œil*, et alourdissant les ogives dont elles détruisent l'élancement et l'harmonie. Ces découpures de voûtes sont réelles à l'abbaye de Westminster et dans plusieurs monuments gothiques de la décadence flamboyante : mais j'ai toujours trouvé qu'elles produisent l'effet d'une richesse exagérée, qu'elles abaissent la voûte et qu'elles donnent à craindre que sa solidité ne soit pas suffisante : c'est de l'art contre nature. Si j'étais membre de la fabrique de la cathédrale de Milan, je n'hésiterai pas à lui proposer d'effacer tout ce badigeon.

Nous avançons dans le temple en suivant la méridienne tracée sur le pavé en 1786 par les astronomes de Bréra, et nous arrivons bientôt au transsept, largement percé, où deux immenses chaires annulaires en bronze doré, couvertes de bas-reliefs, disposées autour des deux grands piliers qui portent la coupole du côté du chœur, et reposant sur de gigantesques cariatides en bronze qui représentent les quatre évangélistes et quatre docteurs, forment une entrée fort originale au sanctuaire. Au dessus, sur une poutre jetée en travers de l'arc triomphal, se dresse un colossal crucifix entre les deux statues de la Vierge et de St-Jean. Ces deux chaires symétriquement disposées servent sans doute aux prédications dialoguées qu'aime la vivacité italienne : mais nous n'en avons jamais rencontré d'aussi monumentales.

Après avoir admiré l'éclat des verrières de l'abside, composées d'une multitude de petites scènes de la Bible d'après les maîtres anciens et modernes, nous demandons de descendre dans la crypte ou petite chapelle souterraine qui renferme le *tombeau de Saint Charles Borromée*, sous le chœur. Impossible d'imaginer une pareille richesse d'orfèvrerie ornementale. La crypte est ornée de bas-reliefs en argent, et comme la lumière assez faible qui arrive par le soupirail de la voûte recouvert d'une forte grille, n'en fait pas ressortir suffisamment la splendeur, le moine qui nous accompagne allume des cierges pour qu'ils miroitent à nos yeux ; puis il ouvre deux portes d'argent au-dessus du petit autel de la crypte, et nous apercevons une partie de la châsse du saint archevêque, toute scintillante de ciselures d'argent, de moulures en vermeil et de panneaux en cristal de roche. Les milanais ont noblement honoré la dépouille de leur illustre patron.

Cependant le jour baisse : il est temps de songer à l'ascension de la flèche et de s'adresser à un petit bureau situé dans la branche droite du transsept près du mausolée des Médicis, frères du pape Pie IV. Ce bureau intérieur, où l'on délivre des billets pour la promenade du dôme nous a paru tout à fait inconvenant. Pourquoi ne l'a-t-on pas placé dans l'escalier lui-même qui est fort large à sa partie inférieure, ou dans la sacristie, puisqu'on laisse ensuite les touristes monter sans guide ?... Ce qui est encore plus malséant, ce sont les innombrables prohibitions en style ultra réaliste, apposées à tous les coins de l'escalier. Comment les prudes anglaises osent-elles continuer leur ascension ?... Grâce pour leurs yeux délicats, messieurs de la fabrique !

Nous montons. Dès qu'on arrive sur les combles, le spectacle devient tout-à-coup féérique. Partout du marbre et rien que du marbre : la toiture elle-même est tout entière construite en marbre blanc et sa pente est assez faible pour qu'on puisse s'y promener sans danger dans toutes les directions. Des balustrades ajourées protègent la marche ; des escaliers découverts s'étagent en tous sens, et l'on se trouve transporté dans un monde fantastique au milieu de clochetons, d'aiguilles et de statues superposés, dont les facettes blanches brillent au soleil. L'éblouissement vous gagne de nouveau, et de ces hauteurs où l'on plane au-dessus des misérables intérêts terrestres, le vertige est prêt à vous saisir. Et qu'est-ce encore lorsque l'on gravit le mince escalier tout en dentelles qui contourne la flèche légère dont le dôme est surmonté ! De la délicate galerie qui forme une espèce de couronne enfilée au milieu de la flèche on jouit du plus magique panorama, surtout aux lueurs du soleil couchant qui dore de ses derniers rayons tout ce monde de statues et de découpures. La ville de Milan est à nos pieds entourant sa merveilleuse cathédrale d'une ceinture de dômes et de clochers : et entourée elle-même par les immenses plaines de la Lombardie dont les routes en étoile se perdent à l'horizon, et que sillonnent des rubans argentés de canaux et de rivières. Au fond la silhouette vaporeuse de la chaîne des Alpes se découpe en tons violacés sur un ciel brillant d'or et de pourpre. Aucune peinture ne pourrait dignement reproduire un pareil tableau. Nous redescendons l'escalier de dentelle, émerveillés de ce spectacle et saluons au passage les saints de pierre debout sur leurs aiguilles, qui, à mesure que nous approchons de la terrasse remontent vers le ciel. Lorsque nous arrivons sur les combles, le crépuscule commence à voiler l'horizon : les clochetons se dressent plus mystérieux et plus hardis dans les demi-ténèbres ; puis l'obscurité nous enveloppe tout-à-coup dans l'escalier intérieur qui conduit au parvis ; et tout en faisant résonner sous nos pas les sombres degrés de marbre, il nous semble voir encore tournoyer autour de nous des aiguilles et des statues. Pourquoi faut-il retrouver en bas le petit bureau de contre-marques installé près du mausolée des Médicis ? .. Après la poésie la prose : mais cette impression déplaisante et mesquine ne subsiste pas, car l'immense nef nous offre une seconde fois ses voûtes majestueuses et ses profondes perspectives, et j'ébauche, en rentrant à l'hôtel, un sonnet de reconnaissance :

La Cathédrale de Milan

— SONNET —

Vers le soir, lorsqu'on a quitté les profondeurs
De la crypte d'argent, où Saint Charles repose,
Aspirant à rêver loin de l'humaine prose
On gravit la tour sombre à d'immenses hauteurs.

Soudain l'obscurité fait place à des splendeurs.
Blanches, se détachant sur le bleu, l'or, le rose,
Mille aiguilles en chœur chantent l'apothéose
Des Saints que la cité nomma ses protecteurs.

Le marbre se découpe en festons, en dentelles ;
La dalle resplendit ; aux crêtes des tourelles
Les profils ciselés scintillent vers les cieux :

Et partout des fleurons, des anges, des statues : …
Là terre disparaît : il semble qu'à nos yeux
Les pures visions d'en haut soient apparues.

Après dîner, nous nous rendons au théâtre royal de *La Scala* pour entendre le chef-d'œuvre du maëstro Gomès. L'organisation des théâtres italiens ne ressemble pas à celle des nôtres. Il n'y a qu'un seul et unique prix à l'entrée. Moyennant un billet qui ne coûte que 2 fr. 50, on a le droit de circuler du haut en bas de la salle et même de s'asseoir au parterre dont un grand espace est vide parce qu'on s'y tient volontiers debout. Presque toutes les loges sont louées à l'année, et pour les fauteuils ou autres places de choix, on prend des billets supplémentaires à l'intérieur du théâtre. La salle est immense ; mais il est impossible d'imaginer décoration plus monotone. Il n'y a ni galeries, ni amphithéâtre, dont la saillie ou la rentrée vienne donner un peu de relief aux lignes architecturales. L'avant-scène seule est ornée d'un bel ordre corinthien. Tout le reste de la salle n'est qu'un gigantesque cylindre elliptique à surface lisse, percé de dix rangs de trous carrés représentant des loges uniformément décorées de petits rideaux rouges. On dirait d'une ruche d'abeilles. La variété n'existe que dans l'intérieur de ces loges parce que chacun les meuble à sa guise. Les unes sont tendues en vert, les autres en bouton d'or, la plupart en rouge comme le grand cylindre : celles ci possèdent des glaces, celles là sont plus sombres ; mais toutes sont jetées dans le même moule intérieur. Il est évident qu'on est ici pour jouir du spectacle de la scène et non pas de celui de la salle. Elle peut, dit-on, contenir 3,000 personnes. Il faudrait pour cela que ses 200 loges fussent occupées chacune par au moins 12 spectateurs. Derrière chacune d'elles est disposé un petit salon où l'on peut se retirer pour causer ou pour se rafraîchir. Une très heureuse disposition est celle d'un cadran lumineux placé au-dessus du cintre et qui permet de connaître l'heure à tout instant : il ne possède cependant ni aiguilles, ni chiffres fixes ; l'heure est indiquée par un chiffre romain mobile, et les minutes le sont par des chiffres arabes qui changent toutes les cinq minutes....

Mais voici l'orchestre à son poste. Fort peu de spectateurs dans la salle ; à peine quelques loges garnies : deux jeunes gommeux aux fauteuils et trois cents personnes au parterre. Nous nous imaginions les italiens plus mélomanes. Il est vrai que l'opéra du maëstro Gomès n'offre rien d'original. Le libretto de ce *Salvator Rosa* n'est guère qu'une troisième édition de ceux de *La Muette* et de *Mazaniello :* quant à la musique, elle ne sort pas deslieux communs dont nos oreilles sont depuis longtemps saturées, ni des éternelles fioritures italiennes : les chanteurs se tiennent dans une honnête médiocrité. Peu d'enthousiasme : de rares bravos, même pendant le ballet *Estella*, du maëstro Garcia, dont on nous sert trois actes après le *Salvator*. Nous rentrons à minuit, sous une pluie battante, en nous disant pour nous consoler : Au moins, nous avons vu *la Salle !*

Mercredi, 30 Septembre. — *Plaisance, Parme et Modène.* — Le chemin de fer de Milan à Plaisance se déroule très uniforme, au milieu des plaines de la Lombardie, entre des rivières, des canaux et des rangées interminables de muriers. Seuls les souvenirs historiques viennent solliciter l'attention. Quand on passe devant Marignan ou devant Lodi, comment ne pas se rappeler les hauts faits de François Ier et de Napoléon ? Il n'y a eu guère de siècles où cette terre de Lombardie n'ait été arrosée de sang français ; et c'est en pensant à toutes ces batailles livrées pour si peu de résultat définitif, qu'à neuf heures du matin nous nous arrêtons à *Plaisance*.

Au sortir de la gare, nous montons dans un fiacre à destination du télégraphe, pour envoyer une dépêche à la recherche de notre futur compagnon de voyage avec demande de réponse au bureau restant de Modène. Je donne un louis pour payer ma dépêche, et l'employé me répond poliment qu'il ne peut me rendre de monnaie qu'en papier et sans pouvoir me tenir compte du change. J'apprends ainsi que l'on fait en Italie une prime de 20 pour cent sur le papier dont le cours est cependant obligatoire, et que les gens qui ont jusqu'ici reçu notre or sans sourciller, ont gratuitement bénéficié de la différence. Qui sait si l'employé du télégraphe ne va pas en faire autant !... Je ne l'en remercie pas moins de m'avoir averti que 100 fr. en or valent 120 fr. en papier. Les voyages en Italie deviennent économiques lorsqu'on porte de l'or avec soi.

Plaisance qui, depuis le xvi° jusqu'en 1860, fit partie du duché de Parme est une grande ville, jadis opulente, aujourd'hui presque déserte. L'aspect général en est navrant. On ne rencontre qu'anciens palais ou grands hôtels en décrépitude, églises à l'extérieur délabré. On parcourt de longues rues où l'herbe pousse, dont la plupart des maisons ont leurs fenêtres fermées, et qui ressemblent à d'immenses galeries funèbres. Il y eut cependant jadis un grand luxe de décoration, avant la décadence. Par les portes cochères béantes on aperçoit de riches perspectives peintes au fond des murailles de presque toutes les cours, et représentant, ici des parcs, là des colonnades ou des portiques. De temps à autre un rare passant nous regarde tout ébahi, ayant presque l'air de nous reprocher de troubler sa quiétude.

La ville ne possède plus que trois monuments remarquables : l'église de Saint-Sixte, le Palais municipal et le Dôme.

Saint-Sixte est célèbre par la ravissante madone que Raphaël avait peinte pour ce sanctuaire. Ce chef-d'œuvre fut vendu, au xviii° siècle, au roi de Pologne, et il fait aujourd'hui le principal ornement du musée de Dresde, où je l'ai admiré en 1866. On n'en a même pas conservé ici une simple copie. Nous ne retenons de l'église dépouillée que le grand cloître qui en précède l'entrée comme un magnifique atrium, ses tribunes de chœur, ses buffets d'orgue dorés, ses deux coupoles, et le beau monument funéraire de Marguerite d'Autriche, femme d'Octave Farnèse. Tout cela est fastueux, mais sans originalité suffisante pour laisser des traces durables dans nos souvenirs.

Il n'en est pas de même du *Palais municipal* qui date du xiii° siècle, et dont la façade à grand caractère, forme l'un des côtés d'une vaste place carrée, *piazza dei Cavalli*, ainsi nommée parcequ'elle est décorée des colossales et médiocres statues équestres de deux Farnèse. La base du palais, percée de cinq grandes baies ogivales formant portique, est recouverte de marbres blanc et noir, tandis que l'étage supérieur, dont les six arcades gothiques à colonnettes et rosaces ne sont pas directement superposées aux précédentes, est construit en briques, ainsi que sa corniche surmontée de curieux créneaux dentelés. Au-dessus de l'ogive centrale du portique, et sous le grand étage, est ménagée une petite baie devant laquelle s'étend un immense balcon de marbre, d'où l'on adresse les proclamations au peuple, et d'où fut précipité par des conjurés le premier tyran Farnèse. Tout cet ensemble assez disparate de lignes et de couleurs produit un effet passablement étrange, mais puissant, et qui contraste fort avec le calme des constructions environnantes.

La cathédrale ou, suivant l'expression italienne le *Dôme*, (car nous avons dénaturé le sens de ce mot qui signifie simplement la *maison* du Seigneur, *Domus*, en l'appliquant seulement à la *coupole*, sous prétexte que la plupart des cathédrales italiennes en sont ornées), est un édifice de style lombard. La façade, bien franche d'allure, est spécialement remarquable. Ses trois doubles portiques, dont les colonnes inférieures reposent sur le dos de lions et de monstres accroupis ou en marche, sa rosace élégante et simple, ses galeries à fines colonnettes, accusent une grande unité de conception, à laquelle on ne peut refuser ni l'harmonie, ni le relief ; une seule critique, la maigreur des formes : sans ce défaut qui est imputable non pas à l'architecte de l'église, mais au style lui-même, l'ensemble plairait davantage. Le campanile en briques (1) qu'on aperçoit un peu en arrière ne se signale que par la cage de fer suspendue à ses flancs pour ordre de Louis Le More, pour servir à l'exposition de certains criminels : il est cependant orné de légères arcatures qui rappellent celles de la façade. L'intérieur de l'Eglise est richement décoré : entre autres peintures de maîtres, nous admirons sur la coupole les prophètes et les sibylles du Guerchin, d'une grande vigueur de coloris ; dans l'abside, des fresques des deux Carrache, et dans le chœur une belle Assomption de Procaccini.

Mais le temps nous presse ; et saluant sur la place du Dôme une colonne de granit surmontée d'une vierge de bronze, nous reprenons le chemin de la gare en brûlant le pavé. Bientôt nous franchissons la ceinture des anciens remparts de brique, transformés en plates promenades ; et nous montons à dix heures et demie, dans le second train parti de Milan, en emportant un déjeûner qui nous sert à combattre la monotonie de la route le long de l'ancienne voie Emilienne, au milieu des rizières. Les petites villes échelonnées sur le parcours, Fiorenzuola, Borgo-San-Donnino, Castel-Guelfo, ne nous offrent que leurs coupoles indéfiniment répétées sur le même modèle. Le seul spectacle inattendu qui attire notre attention est celui de l'immense lit désséché du Taro, véritable fleuve de galets, sur lequel l'ex-impératrice Marie-Louise, devenue duchesse de Parme, fit construire en 1816 un magnifique pont de vingt arches décoré de quatres statues colossales représentant les quatres torrents du duché. Un pont en fer l'accompagne aujourd'hui et nous conduit dans la gare de Parme, où nous arrivons à midi et demie.

Parme n'est plus duché depuis 1860, ce qui trouble mes anciennes leçons de géographie du collège. C'était alors un état souverain. Après la guerre de 1859, les Parmesans imitèrent leurs voisins de Toscane et remercièrent leurs ducs pour se réunir au royaume de Sardaigne devenu maintenant le royaume d'Italie. Ils savent aujourd'hui ce que cela leur coûte, et ils le sauront encore mieux dans quelques années. En attendant, il nous faut admirer ce qu'ils possèdent encore des merveilleux tableaux du Corrège.

De la gare située, comme celle de Plaisance, sur les glacis des anciennes fortifications, la ville de Parme présente un aspect extérieur analogue à celui de sa sœur et voisine : larges fossés sans eau ; bastions et courtines en briques à moitié démantelés, par dessus lesquels on aperçoit des dômes et des campaniles : mais à l'intérieur, la solitude et le délabrement sont moins complets : et si l'ancien luxe des Farnèse ne s'y étale plus avec ostentation, l'ancienne capitale a conservé, du séjour de ses

---

(1) *Campanile*, dérivé de *Campana* qui signifie *cloche*, correspond exactement au mot français *clocher*. Mais il faut conserver ici l'appellation italienne, car au contraire des clochers français qui sont en général superposés aux églises et font corps avec elles, les clochers italiens, longues tours à sections quadrangulaires, leurs sont juxtaposés et souvent même isolés.

derniers souverains, un certain caractère de grandeur et d'élégance. On y trouve un peu d'animation : ce n'est pas une cité absolument morte.

La ville est divisée en deux parties par le torrent de la Parma, affluent du Pô, complètement à sec en été : mais la rive gauche ne contient que le quartier qui environne le jardin ducal, tout-à-fait séparé du palais, situé sur la rive droite, ainsi que tous les monuments artistiques. Deux grandes voies coupent la ville à angle droit, en quatre sections presque égales : l'une, parallèle à la rivière et qui aboutit à la gare, se nomme *Strada maestra di san Barnaba* : l'autre, située sur l'emplacement de l'antique voie Emilienne, s'étend de la porte Santa Croce à la porte San Michele et prend sur la plus grande partie de son parcours le nom de ce dernier saint.

Nous entrons en ville par la porte Saint-Barnabé qui n'existe plus que de nom, et nous remarquons tout d'abord la curieuse façade, récemment plaquée en marbre, de l'église de la Trinité ; on dirait d'un meuble en marqueterie, mais c'est plutôt une chapelle qu'une église ; et la façade seule nous arrête un instant, car nous avons hâte d'atteindre l'*Académia delle belle arti*, c'est-à-dire le musée de peinture, pour admirer les chefs-d'œuvre du Corrège. Ce musée est installé dans les dépendances de l'ancien palais Farnèse où nous parvenons par d'assez pauvres ruelles à masures de briques qui nous égarent un instant. Il arrive parfois qu'en cherchant les chemins les plus courts, on trouve les plus longs. Nous traversons une immense cour entourée de constructions en briques, aux étages élevés ; nous gravissons un grand escalier qui fut jadis monumental et dont l'état actuel est voisin du délabrement, et nous entrons aussitôt dans une galerie trop étroite qui forme avec deux ou trois cabinets contigus l'un des plus intéressants musées d'Italie.

Qui veut connaître le Corrège doit absolument faire le voyage de Parme : ce n'est pas à l'aide de quelques tableaux disséminés çà et là qu'on peut se rendre un compte exact du charme tout particulier de ce grand et gracieux coloriste. *La Nymphe* du musée du Louvre, *La Nuit* des galeries de Dresde, *la Madone* des Offices de Florence, trois œuvres inimitables, où la science de la vie et de la lumière atteint ses dernières limites, m'avaient déjà fait apprécier les principales ressources de ce talent merveilleux qui sut trouver dans le clair-obscur un relief et des reflets inconnus à Rembrandt lui-même : mais il faut le voir à Parme au milieu de ses principales œuvres, tableaux ou fresques, et de celles de ses élèves, au Musée, au Dôme et dans les principaux monuments de la cité, pour avoir une idée complète de la manière souple et harmonieuse de cet ennemi de la sécheresse qui fut le peintre de la grâce, sans tomber dans l'affectation et dans la mignardise.

Le musée possède six compositions du Corrège, parmi lesquelles son chef-d'œuvre, le tableau souvent appelé *le Jour* tellement il est lumineux, en opposition avec *la Nuit* (adoration des bergers) qui fait, avec la madone de Saint Sixte, le plus bel ornement du musée de Dresde. Placé seul dans un petit salon octogone tendu de soie, pour concentrer sur lui toute l'attention, *le Jour* représente une madone avec l'enfant Jésus caressant les cheveux de sainte Madeleine, entre saint Jérôme qui présente un livre et un ange qui le regarde en souriant. On peut critiquer l'idée inspiratrice de la composition, et se demander comment ou pourquoi saint Jérôme et sainte Madeleine sont ainsi réunis en compagnie d'un ange et du lion symbolique du grand docteur, devant la Vierge et l'enfant Jésus : mais presque tous les tableaux de sainteté de cette époque présentent des alliances analogues qu'on pourrait facilement expliquer en supposant que les personnes qui commandaient aux artistes de peindre des madones leur recommandaient d'introduire leurs patrons dans la scène. Quoiqu'il en soit, la réunion des personnages étant admise, il est difficile d'imaginer un groupe plus gracieux, un tableau plus éclatant de lumière. Le lion seul, beaucoup trop héraldique pour paraître naturel, dépare un peu ce chef-d'œuvre d'élégance et de fin coloris, qu'Annibal Carrache préférait même à la Sainte Cécile de Raphaël.

Les mêmes qualités distinguent la *Madona della Scodella*, la vierge à la tasse, ou repos pendant la fuite en Egypte, que nous admirons dans un salon voisin où se trouvent réunis les autres ouvrages du maître : *une déposition de croix, le martyre de sainte Placide* et *de sainte Flavie,* un *portement de croix* et la *Madona della Scala.* Vasari nommait divine la vierge à la tasse : nous souscrivons entièrement à l'opinion du grand critique.

Parmi les autres tableaux du musée, nous remarquons surtout une madone d'*Augustin Carrache*, allaitant l'enfant Jésus en présence d'un groupe de saints en contemplation ; — les funérailles de la vierge par *Louis Carrache*, immense machine qui provient de la cathédrale de Plaisance ; — une magnifique madone de *Francia,* assise sur un trône entre deux saints et deux saintes symétriquement rangés ; — une madone avec saint Jérôme, du *Parmesan*, élève du Corrège qui changea sa grâce en affectation ; — un ravissant portrait de petite fille par *Velasquez ;* — un saint Jérôme de *Murillo*, et dien d'autres qu'il serait trop long d'énumérer.

Il y a aussi des objets d'art, autres que des peintures, dans cette galerie. Nous nous arrêtons en particulier devant une descente de croix de Michel Ange, sculptée sur ivoire, et devant deux statues colossales en basalte d'Hercule et de Bacchus trouvées à Rome dans les fouilles du palais des Césars aux jardins Farnèse. On dirait du bronze : mais tout cela pâlit auprès des tableaux du Corrège : ils règnent en maîtres ici. Eux seuls, et c'est assez.

Après le musée, la principale curiosité du palais ducal est le colossal *théâtre Farnèse* aujourd'hui en ruines. Sa décoration,

exécutée en bois, se composait d'un grand amphithéâtre surmonté
de deux rangs de portiques à arcades classiques On se sent pris
d'une vague tristesse devant cette immensité vide et désolée,
imprégnée d'une odeur de moisissure caractéristique qui saisit
malgré lui le visiteur. Voilà bien la vanité des grandeurs
humaines. D'immenses toiles d'araignées pendent le long des
lambris : des chauves-souris se soulèvent au bruit de nos pas.
Qu'il est loin le temps où les grands seigneurs et les nobles
dames venaient, à l'appel des Farnèse, écouter les œuvres de
Métastase !... Le cliquetis des clefs du gardien nous ramène à la
réalité, et nous nous hâtons de sortir de ce vaste sépulcre pour
respirer le grand air et chercher des spectacles plus gais.

Près du palais ducal, dont la façade assez insignifiante n'attire guère l'attention, on visite l'ancien couvent de San Paolo, et
spécialement le parloir de l'abbesse, appelé la *Chambre du
Corrège,* par ce que ce maître a couvert toutes les murailles de
fresques merveilleuses. Il est vrai qu'on ne se croirait guère en
maison abbatiale. Tous les sujets sont mythologiques. Sur le
manteau de la cheminée, le triomphe de Diane ; dans les vous-
sures de la voûte en berceau, Minerve, les Grâces, Adonis, peints
en grisaille et clair obscur tellement bien ménagé qu'on a l'illusion complète de statuettes détachées de la muraille ; enfin en
troisième rang, dans des compartiments elliptiques disposés au
milieu de treillis verdoyants, des groupes de petits génies nus
portant des attributs de chasse. En 1519, à l'époque où furent
exécutées ces charmantes peintures, le monastère de San Paolo
n'était pas encore cloîtré ; mais ce n'est même pas une excuse :
il fallait que le néo-paganisme eût conquis un étrange droit
de cité en terre chrétienne, pour qu'un artiste ait pu avoir
l'idée de décorer de cette façon le parloir d'une abbesse, et pour
que celle-ci ait accepté de pareils emblèmes. Passe encore pour
Diane et pour Minerve avec leurs exquises draperies ; mais que
viennent faire ici les Grâces déshabillées et le bel Adonis en
état de nature ?... Ne se croirait-on pas dans le boudoir d'une
petite maîtresse au temps des Césars ?... L'Italie est décidément
le pays des paradoxes et des inconséquences.

Dans le même quartier s'élève l'église de la *Madona della
Staccata* qui passa longtemps pour la plus belle de Parme. L'extérieur, de style italien du xvi⁰ siècle, est harmonieux; et l'ossa-
ture de briques est revêtue de marbres qui donnent à la construction un caractère de solide richesse : la coupole est bien plantée
au centre de la croix latine, et les motifs très sobres de la décoration sont un témoignage du goût épuré de l'architecte. Désireux
de voir si l'ornementation intérieure correspond à cette belle
ordonnance, nous frappons à toutes les portes du temple qui
restent impitoyablement fermées, et nous nous rappelons un peu
tard qu'un avis général du guide Joanne prévient charitablement
les touristes que les églises d'Italie sont généralement closes de
midi à trois heures; or, il n'est que deux heures et demie : ce qui
explique notre insuccès ; mais il est toujours avec le ciel et avec

les sacristains des accommodements. D'une maison voisine, un porte-clefs vient s'offrir à nous, et nous conduit, à travers une vaste galerie peuplée de tombeaux armoriés de chevaliers de St-Georges, à une petite porte qui donne entrée dans le chœur, derrière le maître autel. L'église est presque toute entière peinte à fresque ; nous admirons surtout les deux belles pages d'Anselmi : *l'adoration des mages* au-dessus de la porte d'entrée, et le *couronnement de la Vierge* au fond du chœur ; et les splendides grisailles du Parmesan : *Adam et Eve* et *Moïse brisant les tables de la loi*, près des tympans de la coupole. Celle-ci a été peinte par un troisième élève du Corrège, Bernard Gatti, qui a représenté le Christ et la Vierge dans une gloire fort brillante, mais qui n'a pas réussi à produire une impression pareille à celle des fresques de ses deux émules.

La *Piazza grande* se trouve à peu près à l'intersection des deux grandes rues de Saint-Barnabé et de Saint-Michel : elle est décorée d'un beau groupe de deux lutteurs en bronze placé sur un lourd piédestal, et nous conduit au parvis du *Dôme*, borné au sud par un magnifique monument dont nous rencontrons ici le premier spécimen. C'est un *Baptistère* de la fin du xii° siècle, construit en marbre de Vérone sur un plan octogonal et orné extérieurement de plusieurs étages d'arcades. Le marbre a jauni et pris une teinte archaïque qui rend ce curieux édifice, placé à quelque distance de la cathédrale, absolument vénérable. Les portes en bois sculpté s'ouvrent sous des arceaux romans de grand caractère et sont composées de caissons merveilleusement fouillés. Le gardien fait grincer ses clefs dans les antiques serrures et nous entrons. On éprouve une étrange impression à l'intérieur de cet immense cylindre vide du haut en bas, et je ne connais rien en France qui soit comparable à ces mystérieux sanctuaires où l'on devenait digne, en recevant le sacrement du baptême, d'entrer dans la maison du Seigneur. Les murailles sont couvertes d'anciennes fresques du xiii° siècle, assez délabrées, sur lesquelles se détachent des statues en relief. Au milieu du dallage se dresse une énorme cuve monolithe en marbre rouge destinée au baptême par immersion et dans laquelle plusieurs personnes pourraient tenir à l'aise. Tout cela est grand, sévère et imposant. La demi obscurité qui règne en cette enceinte ajoute encore à l'impression ressentie, et l'on conçoit quel effet salutaire devait produire jadis, sur l'esprit de cathéchumènes adultes, une solennelle cérémonie dans un si majestueux édifice.

En face du baptistère s'élève la *cathédrale* dont la façade de style lombard, avec un porche dont les colonnes sont portées par des lions, est revêtu de marbre tandis que tout le reste de l'église a conservé son extérieur de briques ; il est vrai qu'on a fort bien tiré parti de cette matière assez ingrate et la corniche qui précède les combles est un modèle d'élégance et de goût. À l'intérieur nous n'avons retenu, au point de vue architectural, que le souvenir de la chapelle souterraine, décorée de vingt-huit colonnes de marbre, dans laquelle on descend sous le chœur ;

mais en revanche nous avons admiré une merveille artistique dans l'*Assomption*, peinte par le Corrège sous la vaste coupole. Cette fresque étincelante de lumière et de mouvement est malheureusement en fort mauvais état, mais en l'examinant avec attention, on en saisit assez l'ensemble et les détails pour comprendre quelle révolution elle dut produire dans le grand art décoratif; c'est un véritable tourbillon de vie exubérante à la place des calmes apothéoses qui avaient précédé. L'art des raccourcis y est porté à ses plus extrèmes limites ; les formes ont perdu les anciens contours nets et tranchés, et l'œil les devine plutôt qu'il ne les perçoit distinctement dans les flots de lumière qui les environnent. Une autre coupole a été peinte par le Corrège dans l'église de St-Jean l'Evangéliste, située presque immédiatement derrière la cathédrale et dont la façade, accompagnée d'un élégant campanile est surmontée par un aigle gigantesque en bronze. Corrège y a représenté la gloire de St-Jean ; mais la fumée et l'humidité ont tellement détérioré son œuvre qu'il est fort difficile d'en saisir tous les détails : nous voyons du moins que la multitude d'anges qui forme, au Dôme, la suite de la vierge, est ici remplacée par la foule des docteurs de l'Eglise, et nous distingnons assez les ensembles pour constater que la lumière a été distribuée avec un art sûr de lui-même. Ces détériorations sont déplorables, et il est absolument fâcheux que cette grande page du maître n'ait pu être restaurée, ou entretenue avant d'atteindre l'état actuel, car le désastre paraît maintenant irréparable. Mais si nous ne pouvons l'admirer comme nous l'eussions désiré, une autre partie de l'Eglise nous offre, au-dessus de l'une des portes du transsept, une excellente toile due à son pinceau, un *St-Jean l'Evangéliste*, patron de l'Eglise et du couvent voisin, et dans diverses chapelles, de bonnes copies du *Jour* et de la *Nuit*.

En deux mots, Parme ne vit plus que par Le Corrège : c'est un astre suffisant pour éclairer plusieurs villes. Désormais nous le connaissons bien, et nous sommes certains de pouvoir, dans les autres musées d'Italie, démêler, entre mille, le plus faible des rayons qu'il y projettera.

Une heure de chemin de fer sépare Parme de *Modène*. On continue de cotoyer l'ancienne voie Emilienne qui parcourt, en diagonale, toute l'Italie supérieure, parallèlement au pied des Aprennins, pour se diriger en ligne droite sur Ancône : on traverse un grand nombre d'affluents du Pô, complétement à sec en cette saison, l'Enza, le Crostolo, la Secchia ; on passe devant des villes jadis fortes, laissant apparaître, au-dessus de leurs vieux remparts de briques à peu près démantelés, de lourdes coupoles et de légers campaniles : en particulier Reggio, patrie de l'Arioste, et chef-lieu d'un duché de l'empire : mais la plaine est plus gaie qu'entre Plaisance et Parme : des deux côtés de la voie nous n'apercevons que forêts de vignes grimpées sur des ormeaux, ou jetées en guirlande entre des peupliers ; au loin, à gauche, la crête des Apennins couronne le paysage de ses silhouettes bleuâtres.

Modène. — A cinq heures nous arrivons devant la capitale du duché que la maison d'Este a gouverné pendant près de six cents ans, jusqu'à l'annexion de 1860 au royaume de Sardaigne. Pour dédommager Modène de son grand duc et de sa cour, Victor-Emmanuel lui a donné l'Ecole militaire de ses cadets : et nous rencontrons aux abords de la station plusieurs de ces jeunes élèves du Saint-Cyr italien, au costume grisâtre, au pantalon collant, à la moustache noire, à l'air satisfait, qui deviennent de plus en plus nombreux à mesure qu'on avance dans la ville : bientôt l'on ne coudoie plus qu'officiers ou élèves : on n'entend que des cliquetis de sabres et l'on dirait d'une ville prise d'assaut. Les fortifications sont cependant intactes et soigneusement entretenues. Nous entrons par la porte du Nord et suivons une longue et très large rue appelée le *Corso del Naviglio*, dans laquelle, pour cacher les lacunes qui existent dans les files de maisons, on a peint à fresque sur de vastes murailles des hôtels avec des portiques à plusieurs étages : il y en a de jaunes d'or, d'un effet étourdissant. Voilà un moyen original de bâtir une ville magnifique, mais, on l'avouera, tant soit peu théâtrale ! Espérons qu'à l'intérieur on sacrifie moins, pour la conduite et pour les mœurs, à l'apparence et au mensonge. Du moins nous sommes avertis : c'est le *cave mendacem* affiché sur les murs.

Cette grande rue est barrée au sud par le palais des ducs qu'il faut contourner pour pénétrer dans la vieille ville, et dont la colossale façade sur la vaste place intérieure donne une haute idée de la puissance des seigneurs de la maison d'Este au xviie siècle. Malheureusement le grandiose n'existe ici que dans les lignes, car toute cette façade gigantesque est exécutée en briques et la frise en est peinte. Elle est ornée de statues d'Hercule qui rappellent sans doute le souvenir des trois ducs de ce nom.

De vieilles rues, à arcades continues comme en France celles de La Rochelle, et d'un aspect fort original, nous conduisent du palais à la place du Dôme. Toute la partie sud de la ville est bâtie d'après ce système que nous offriront plusieurs autres cités italiennes, et qui abrite le piéton contre les ardeurs du soleil ou contre la violence de la pluie : il présente des ressources très variées et très pittoresques à la perspective lorsque les rues sont irrégulières, et que chaque maison possède un appareil d'arcades différent de celui de ses voisines : seul le plan inférieur du trottoir est le même.

Le *Dôme* est la principale curiosité de Modène. La façade, de style lombard, est particulièrement remarquable avec son porche dont les colonnes reposent sur des lions de marbre rouge, et ses galeries découpées qui lui donnent un puissant relief. A gauche, un campanile revêtu de marbre domine la petite place Della Torre, et flanque un second porche latéral lombard de physionomie tout à fait archaïque. Cet ensemble a grand caractère et prépare bien à la visite de l'intérieur, où nous sommes frappés par l'élévation inusitée du chœur situé au-dessus d'une vaste crypte dont la voûte est soutenue par une cinquantaine do colonnettes. De magnifiques autels latéraux sont chargés de marbres et d'albâtres. Le jour commence à baisser ; les lampes des sanctuaires font scintiller ces riches décorations ; le chœur avec ses deux grands escaliers latéraux qui encadrent l'entrée de la crypte semble se redresser davantage : tout l'ensemble de cette antique église nous laisse une impression que la vue de plus beaux monuments n'a pas encore effacée.

Continuant à descendre le *Corso della Via Emilia* jusqu'à la porte de Bologne, nous saluons au passage les blanches statues du *Tasse* et du bibliographe *Muratori* placées devant la célèbre bibliothèque d'Este. Près de la porte de la Bologne, se trouve l'hôpital, aux étages d'une hauteur démesurée : à son abri, nous montons sur les remparts, et de là nous jouissons d'un admirable coucher de soleil sur la plaine de la Secchia et sur la chaîne des Apennins qui se détache en silhouette violacée sur la poudre d'or de l'horizon. Cependant les becs de gaz s'allument : nous remontons la Via Emilia au milieu des sabres et des épaulettes qui regagnent leurs quartiers ; et de retour sur la place du Dôme, après avoir en vain réclamé au télégraphe une réponse à notre dépêche du matin, nous avisons en face de la madone dont on allume la lampe sous le palais municipal, une magnifique lanterne d'albergo, avec l'enseigne *A l'Ecu de France*. Nous décidons aussitôt d'y porter nos pénates pour essayer d'un hôtel de second ordre avec mœurs locales; et bientôt la soupe au parmesan nous est servie fort appétissante, suivie de cotelettes frites dans la pâte et arrosées d'un vin du cru tellement âpre au palais qu'il faut être modenois pour lui trouver quelque saveur. Puis l'hôte de l'Ecu de France nous offre sa plus belle chambre, munie d'un *matrimonial letto*, c'est décidément leur nom, de la plus respectable envergure.

JEUDI, 1ᵉʳ OCTOBRE. — *De Modène à Venise.* — On nous réveille à 5 heures du matin pour l'omnibus du chemin de fer ; et nous ne sommes pas peu surpris de constater que ce que nous avions pris, la veille au soir, pour le vestibule de notre chambre, n'est autre chose que la chambre même de l'hôtesse, qui dort d'un profond sommeil, environnée du chœur ronflant de ses servantes : cela est d'une simplicité primitive, ou mieux d'un machiavélisme tout-à-fait de circonstance : l'hôte est bien certain qu'on ne s'échappera pas sans payer : pour sortir il faut lui passer sur le corps.

En route pour *Vérone*. A mesure que le soleil se lève, nous renouvelons connaissance avec les vignes mariées aux ormeaux ou disposées en guirlande, que nous avons déjà contemplées la veille. Toute cette région de la vallée du Pô est cultivée de la même et unique manière. Nous arrivons, à sept heures, devant ce large fleuve qui, dans cette saison, roule beaucoup plus de galets que d'eau, et qu'on traversait encore, il y a quelques semaines, en simple bac. Notre tra[illegible] est l'un des premiers qui

le franchissent sur un immense pont métallique tout récemment
inauguré et défendu par d'importantes têtes de pont. Les fortifications de Borgoforte, sur la rive gauche, forment l'une d'elles.
Nous sommes, du reste, dans un pays de guerre par excellence :
pendant de longs kilomètres, ce ne sont qu'épaulements, courtines
et demi-lunes : voici les gigantesques lignes de *Mantoue ;* et
nous n'entrons dans les marais du Mincio qui entourent cette
place forte, qu'au milieu d'ouvrages en terre et en maçonnerie
accumulés les uns sur les autres.

Malgré notre désir de visiter les célèbres peintures de Jules
Romain au palais du Té, la statue de Virgile, et le palais ducal
tout rempli des souvenirs des Gonzague, nous nous résignons à
faire un sacrifice au temps qui nous presse ; et nous nous contentons d'admirer, de la gare, la curieuse situation de cette clef du
quadrilatère, ses chaussées couvertes de moulins pittoresques,
ses dômes, ses clochers, ses portes monumentales et ses murailles
aux profils accidentés.

Au delà de Mantoue, le pays devient moins monotone ; les
collines apparaissent, riches en souvenirs historiques : nous
passons près du vieux château crénelé de *Villafranca*, qui nous
rappelle le couronnement de la dernière campagne d'Italie, et
près de *Cuztozza* où les Autrichiens prirent en 1866 leur revanche.
Un aimable italien nous explique tous les détails remarquables
de la route : il essaie de parler français ; nous essayons de parler
italien, et il nous indique les monuments les plus essentiels à
visiter dans la patrie de Catulle : nous nous dirigeons en effet
vers la cité dont Martial a dit dans une de ses épigrammes :

> Tantum magna suo debet Verona Catullo
> Quantum parva suo Mantua Virgilio.

Vérone. — Nous arrivons à 9 heures du matin à la station de
Vérone. Notre compagnon de route s'empare d'une partie de nos
bagages pour nous aider à les mettre à la consigne, puis il nous
guide, à travers la Porte-Neuve, beau morceau d'architecture
militaire, et le large corso ou *Stradone delle Porte Nuova*, en
partie planté d'arbres, jusqu'à la place des Arènes. Ce corso est
terminé par une antique muraille crénelée percée de trois portes
qui représente sans doute un débri d'une ancienne enceinte moins
étendue de Vérone, comme le Temple Bar, de Londres, à l'extré-
rieur du *Strand*. (1) Ici le portique du *Stradone* (ce rapproche-
ment de nom nous frappe singulièrement), sépare la ville nouvelle de la ville romaine et de celle du moyen-âge On entre
aussitôt sur la *Piazza Bra*, ou place des Arènes, qui, malgré
son irrégularité, offre, par sa vaste étendue et par le caractère
des monuments qui l'entourent, l'aspect le plus saisissant. Au

---

(1) La porte de Temple Bar existait encore à Londres en 1866 lors de mon
premier voyage dans cette ville, mais depuis elle a disparu dans les agrandissements
du Strand pour la construction du Palais-de-Justice, et il n'en reste plus que le nom.

fond le noir colosse des *Arènes* ; à droite, les deux palais à portiques et colonnes corinthiennes de la *Gran Guardia*, casernes monumentales construites par les Autrichiens et renfermant aujourd'hui, l'une le *Municipio*, l'autre la *Cour d'Assises*; à gauche, le *Théâtre philharmonique*, sous le péristyle duquel sont rangés les fragments antiques du musée lapidaire... C'est là que notre italien nous quitte, en protestant de sa bonne fortune d'avoir pu rendre quelque service à des Français : nous lui adressons de chaleureux remerciements, en constatant avec plaisir que la reconnaissance n'est pas encore complètement exilée de ce coin de l'Italie.

Comme la plupart des monuments de son espèce, l'amphithéâtre romain de Vérone est de forme elliptique; c'est l'un des plus grands que l'on connaisse, après le Colisée, car il mesure 125 mètres de grand axe sur 125 de petit axe. Les arcades extérieures sont dans un état de ruine lamentable, et le troisième rang n'existe plus que sur une très faible longueur, mais les 45 rangs de gradins de marbre de l'intérieur sont encore intacts avec leurs vomitoires et conservent même les tribunes des portes du grand axe. On assure que 50 mille personnes purent y prendre place lors des fêtes données à l'empereur François Ier. Il faut en rabattre un peu, car l'ellipse moyenne des gradins n'ayant que 300 mètres de développement, ce qui est déjà fort respectable, peut contenir au plus 600 personnes passablement serrées : or 45 fois 600 donnent un produit de 27 mille. Conclusion : les mathématiciens sont impitoyables et les chroniqueurs doublent volontiers les chiffres. Quoiqu'il en soit, on peut se contenter d'une trentaine de mille, car pareille capacité est fort rare, et les Romains ont seuls construit, dans l'antiquité, des théâtres de cette envergure. Pourquoi faut-il que les combats de gladiateurs et les supplices des martyrs chrétiens exposés aux bêtes aient ensanglanté de si magnifiques monuments ! La morale de l'histoire veut qu'ils aient mérité leur ruine et les échoppes de savetiers ou autres petits artisans et marchands de menus objets qui encombrent leurs arcades jadis occupées par le luxe des vainqueurs du monde. Ces contrastes sont instructifs et j'en fis, au retour, le motif d'un sonnet à la Juvénal.

Les Arènes de Vérone

— SONNET —

De Pline, de Catulle et de Roméo fière,
Vérone a des trésors qu'elle vante encor mieux :
Les tombeaux de ses ducs, le Pont du Château Vieux,
Ses portiques assis sur des lions de pierre,

Et cet amphithéâtre à la figure altière,
Colosse aux longs gradins de marbres fastueux,
Aux arceaux ruinés, mais toujours orgueilleux
Daignant offrir au pauvre une ombre hospitalière.

C'est là que les Césars, conviant les Romains
A s'enivrer du sang de plaisirs inhumains,
Alternaient les combats avec les bacchanales...

On n'entend plus ici s'exhaler de soupirs.
L'échoppe a remplacé le lit des saturnales ;
Dix siècles de silence ont vengé les martyrs.

A peu de distance derrière les Arènes, on rencontre l'intéressante église de *San Fermo Maggiore*, dont la façade est revêtue de marbres blancs et noirs, tandis que tout le reste de l'édifice, bâti en briques, attend encore sa décoration extérieure. Nulle part peut-être ces hautes murailles de briques, si fréquentes dans les églises italiennes, ne nous ont offert une telle multitude de petits trous carrés qui s'y étagent symétriquement, sans doute pour réserver le cramponnage des revêtements de marbre futurs : on dirait de gigantesques colombiers... La façade, de style de transition, avec des pleins cintres et des ogives, est harmonieuse, mais un peu sèche de lignes : son originalité spéciale et assez inattendue consiste dans la présence de deux porches suspendus qui flanquent les deux côtés de la grande porte et qui abritent des tombeaux ou sarcophages qu'on croirait accrochés à une grande hauteur contre la muraille. De l'intérieur, nous n'avons retenu qu'une crypte du xi° siècle, un curieux plafond en bois de noyer, découpé en caissons couverts de sculptures à personnages, et de riches tombeaux qui ne sont pas suspendus comme ceux de l'extérieur.

Dans une vieille rue que nous traversons pour gagner l'église Santa Anastasia, notre cocher nous arrête tout à coup pour nous montrer l'ancienne *maison des Capulets*. C'est un logis d'apparence modeste et dont on ne soupçonnerait guère l'illustration si une plaque de marbre n'indiquait au voyageur que là naquit Juliette. L'opéra nous représente un palais magnifique et la réalité ne nous offre que la simple demeure d'un petit bourgeois du xv° siècle ; aussi nous garderons nous bien d'aller visiter, près de l'Adige, le prétendu tombeau de Juliette, piège grossier tendu à la naïveté des touristes par un spéculateur intelligent, mais peu scrupuleux au sujet de la vérité historique.

Nous trouvons l'église de *Santa Anastasia*, dont la façade n'a pas été terminée, toute tendue de draperies rouges à l'intérieur pour de grandes cérémonies religieuses, ce qui nous empêche de juger de sa décoration architecturale : mais j'y venais surtout pour étudier deux curieux bénitiers portés par des personnages assis, dont les dessins sont restés profondément gravés dans ma mémoire d'enfant, parmi les vieux souvenirs du *Magasin pittoresque*. Rien ne me fait autant de plaisir que de retrouver, dans mes voyages, les originaux de ces archaïques gravures sur bois qui ont présidé à ma première éducation artistique. Celles d'aujourd'hui sont sans doute plus parfaites, mais je ne sais si elles m'eussent aussi nettement frappé. Les voilà bien en place ces deux bénitiers. L'un est une cuve de marbre rouge enguirlandée de fleurs et de fruits, supporté par un jenne africain courbé en deux et qui tend le cou, l'air suppliant, comme un esclave au supplice et qui trouve la cuve trop lourde pour sa maigre échine. Cette figure, fort expressive, rentre dans la série des grotesques : l'autre au contraire, est philosophique. La cuve, fort élégante et beaucoup pius légère, est portée par un pauvre diable à la vieille moustache et aux vêtements déchirés, assis, mais non pas courbé en deux, qui s'appuie la tête sur la main droite et qui semble dire mélancoliquement : je me suis assez baissé à terre et j'ai fini par m'asseoir. Les fidèles passent leurs mains au-dessus de sa tête pour prendre l'eau bénite et se signent dévotement sans remarquer l'inscription de la frise de la cuve : tronc pour les pauvres : leur bourse ne s'ouvre pas et seules les gouttes d'eau tombent de leurs doigts aux pieds du malheureux. Le peuple prétend que depuis 1541, date de sa mise en place, le pauvre n'a dit qu'une seule fois le mot *Carita* et que sa bouche ne s'est pas rouverte depuis. Ce qu'il y a de sûr c'est qu'il n'a pas jugé à propos de nous dire *Grazie*.

Il ne faut pas quitter les environs de l'église Santa Anastasia, sans une visite au monument funéraire gothique du comte de *Castelbarco*, disposé de la façon la plus singulière, au-dessus de la porte-cochère d'une cour d'hôtel : décidément on aime beaucoup à Vérone les tombeaux suspendus : mais celui-ci l'est encore bien plus que ceux de San Fermo Maggiore; il est absolument en équilibre sur sa porte.

Continuant nos pérégrinations dans le vieux quartier de Vérone qui forme une pointe avancée entre deux méandres de l'Adige, nous arrivons bientôt à l'extrémité de cette pointe, sur la place de la cathédrale, d nt le porche lombard, du xiiᵉ siécle, avec ses colonnes posées sur le dos de griffons symboliques, nous rappelle ceux de Plaisance, de Parme et de Modène : mais toute la façade est notablement plus ornée que les précédentes. Statues et bas reliefs lui donnent un grand caractère de richesse, et les souvenirs historiques ne leur sont pas étrangers, car nous remarquons parmi les figures celles des compagnons de Charlemagne, Olivier et Roland ; sur l'épée de ce dernier est inscrit un nom qui se rapproche beaucoup de celui de Durandal. Il ne faut retenir, à l'intérieur, que les colonnettes groupées huit par huit qui forment les portiques du chœur et la belle *Assomption* du Titien, qui fit le voyage de Paris sous le premier Empire et dont nous devons admirer une bien meilleure reproduction au Musée de Venise.

Revenant sur nos pas nous pénétrons au centre même de la cité : Voici la *Piazza delle Erbe*, sans doute ainsi appelée parce qu'on y tient le marché des légumes, que nous traversons péniblement au milieu d'une foule fort bruyante. Cette désignation est bien humble pour une place qui fut jadis le forum de la République et qui présente encore un certain caractère de puissance et de noblesse, avec sa bourse du xivᵉ siècle, sa grande

tour de beffroi, la colonne, aujourd'hui privée de son lion de
bronze, élevée en 1524 par les Vénitiens en signe de leur
domination, et les peintures à fresque qui décorent les façades
de plusieurs de ses maisons. Au fond de la place, le palais
Maffei, d'une architecture élégante et noble, se dresse en
dominateur et couronne admirablement tout l'ensemble.

A quelques pas se trouve la *piazza dei Segnori*, où l'on vient
d'élever une blanche statue en l'honneur de Dante. Elle tient son
nom d'un charmant petit palais qu'habitèrent autrefois les
Scaliger et qui est devenu le siége du Conseil. Un portique
composé de huit arcades reposant sur huit colonnes ioniques
forme au rez-de-chaussée une loggia remarquable par son
élégance, et à laquelle nous ne faisons qu'un reproche, celui de
ne pas posséder d'arcade centrale : le balustre est découpé de
manière à former deux entrées. Pas plus qu'à Plaisance on ne
s'est préoccupé de faire concorder sur ces arcades les ouvertures
du premier étage ; mais il y a ici plus de symétrie ; de légères
colonnettes divisent les fenêtres en deux compartiments, et
la rétablissent en prolongeant les lignes des colonnes inférieures.
De riches pilastres ornés de fines arabesques établissent les
principales divisions de l'édifice, et supportent au-dessus de
la corniche les statues des hommes illustres de Vérone : Pline
le jeune, Cornelius Népos, Catulle et les modernes. Ce petit
monument est la grâce en personne.

Cependant la principale curiosité de l'époque du moyen-âge
à Vérone n'est point le palais des Scaliger ; mais leurs tombeaux,
qu'ils firent élever sur une place même de la ville et tout près de
leur demeure, devant la petite chapelle de Santa Maria d'An-
tigna.

Il est difficile d'imaginer une pareille débauche d'architecture
soi-disant funéraire : et ces riches monuments dont chacun
forme un entassement un peu confus de colonnettes, de dais, de
niches et de statuettes, sont eux-mêmes entassés les uns sur les
autres dans un espace beaucoup trop restreint, que reserre
encore une grille de fer magnifiquement ouvragée, posée sur un
socle en marbre. Ce sont de véritables apothéoses ; et les statues
équestres qui couronnent ces somptueux édifices seraient mieux
remplacées, ce nous semble, par les figures des célèbres podes-
tats montés sur des hippogryphes s'élançant vers le ciel. Dans
toute l'ornementation, sur les grilles de fer, comme sur les découpures de marbre on a prodigué l'emblème de l'échelle *(Scala)*
qui formait le motif des armoiries parlantes de la famille : on le
retrouve dans les moindres détails, prêt à affirmer jusqu'au dernier jour, à défaut d'inscriptions, le nom des anciens seigneurs
de céans. Ce n'est malheureusement pas à l'amour des peuples
que sont dus ces fastueux mausolées de tyrans sanguinaires.
Si l'un d'eux protégea les poëtes et reçut Dante à sa cour, on en
pourrait citer au moins un autre qui ne fut qu'un vulgaire
assassin. Mais après plusieurs siècles, l'art, comme le feu, a
tout purifié.

Le large corso de la Porte Borsari, orné de palais imposants dont la décoration extérieure est assez fantaisiste, car nous y remarquons une frise de chiens courants très fouillée, conduit à une ancienne porte romaine monumentale, et de là au *Vecchio Castello*, reconstruit en briques, au xiv° siècle, sur les bords de l'Adige, et présentant, grâce à ses créneaux dentelés, un aspect fort pittoresque. Plus pittoresque encore est le vieux pont crénelé, disposé en dos d'âne, qui traverse l'Adige à ses pieds. Nous sommes ici en présence d'un véritable décor d'opéra romantique, aux lignes accidentées, aux couleurs franches et vives, aux détails empreints d'une archaïque saveur. Je m'étonne qu'on ne l'ait pas copié pour les représentations de *Roméo et Juliette :* ou eût joint au plaisir des yeux la perfection de la couleur locale. Tout ce quartier, du reste, est fécond en surprises. Voici, tout près de là, *San Zeno*, un des spécimens les plus accomplis de l'architecture lombarde du xii° siècle, merveilleusement encadré entre un svelte campanile et une immense tour carrée des anciennes fortifications. La façade est un chef-d'œuvre d'élégance et d'harmonie ; des lions debout supportent sur leur dos les colonnes du portique central que surmonte une gracieuse rosace ; de frêles colonnettes appliquées rompent la monotonie des hautes murailles ; les revêtements de marbre sont couverts de bas-reliefs représentant des sujets de la Bible ; et les portes de bronze représentent, dans leurs panneaux, des scènes de martyres traitées avec une naïveté beaucoup trop inconnue de certains artistes de nos jours. San Zeno me réconcilie tout à fait avec le style lombard auquel j'avais reproché jusqu'ici une trop grande sécheresse de lignes.

Nous pourrions signaler encore d'autres curieux monuments de Vérone : mais ceci suffit pour caractériser une ville jadis opulente, heureusement située au pied de collines couronnées par les créneaux du mur d'enceinte du moyen-âge, et qui a conservé, bien que déchue de l'ancienne splendeur des républiques italiennes, une sorte de grand air révélant l'aristocratie de son origine.

De Vérone à Padoue, le trajet dure environ deux heures, dans la région accidentée qui se déroule le long des premiers contre-forts des Alpes de l'Adriatique. Les sommets des collines sont surmontés par de vieux châteaux forts la plupart ruinés qui donnent une physionomie très romantique au paysage. Aux environs de Montebello, on nous montre, en face l'un de l'autre, ceux qu'on prétend avoir appartenu aux deux familles rivales des Montaigu et des Capulet, dont les débris, authentiques ou non, semblent se menacer encore ; ils se détachent en noires vedettes sur le fond bleu des montagnes étagées à perte de vue, et nous rappellent les guerres sans fin qui ensanglantèrent toute cette contrée pendant le moyen-âge. Nous admirons plus loin la pittoresque enceinte crénelée du village de Soave qui s'accroche aux flancs de la montagne, tout fier de sa collerette de dentelle ;

puis la vue des vieux remparts aux tours élancées, des dômes harmonieux et des campaniles élégants de *Vicence* nous fait regretter de n'avoir pas le loisir de nous arrêter un instant dans cette patrie du célèbre architecte Palladio, enrichie par ses soins de tant de palais devenus presques classiques ; mais le temps ne nous ménage ses faveurs qu'avec une extrême parcimonie. La vapeur nous emporte au milieu des coquettes villas qui se pressent en grand nombre, encadrées dans une riche végétation : Vicence est déjà loin de notre souvenir et lorsque le train s'arrête à deux heures et demie à la gare de Padoue, nous ne songeons plus qu'à visiter les merveilles du tombeau de St-Antoine.

Padoue. — Les fortifications de *Padoue* présentent cette particularité curieuse que les courtines et les bastions modernes sont construits presque immédiatement en avant des anciennes murailles crénelées qui n'ont pas été démolies, en sorte que les deux systèmes fort disparates se complètent l'un par l'autre et donnent à la ceinture de la ville une physionomie très originale. Nous traversons ces deux enceintes successives à la porte Codalunga et notre première station est pour la place *Del Carmine*, sur laquelle s'élève une blanche statue de Dante Aligheri que nous avons déjà vue plusieurs fois et que nous retrouverons dans la plupart des villes italiennes qui se piquent de patriotisme littéraire. Dans la petite église dite *Scuola del Carmine*, située sur la même place, nous remarquons un autel orné de neuf statues dont les bases sont décorées à l'aide de têtes de mort ; et nous nous hâtons de franchir le canal du Bachiglionne qu'animent de grands et pittoresques moulins pour chercher des monuments moins moroses.

La Stradda maggiore nous conduit sur la place de la cathédrale. Rien à dire du *Dôme*, monument assez banal, enveloppé de constructions parasites et laissant apparaître plus de briques que de marbre. Il n'en est pas de même de son voisin *Le Baptistère*, édifice du xive siècle qui nous offre, à l'intérieur dn'itéressantes fresques dues aux élèves de Giotto, le créateur et le maître de l'une des plus anciennes écoles de peinture de l'Italie du Nord. C'est un peu de l'archéologie, mais de l'archéologie à la portée de tout le monde : et la naïveté de la plupart des compositions de cette époque produit peut être une impression plus profonde que la science ou la recherche de beaucoup de celles qui l'ont suivie. Il faut juger les primitifs, non pas sur de simples figures égarées dans nos musées, mais sur ces grandes scènes d'ensemble, pour les bien apprécier.

A quelques pas de cette place on rencontre la *Piazza dei Seignori*, où le palais des Carrara, anciens seigneurs de Padoue, et l'élégante *Loggia del Consilio* se dressent des deux côtés d'un lion ailé posé sur une colonne antique ; et un peu plus loin, entre la *Piazza delle Erbe* et la *Piazza dei frutti*, une immense construction, la *Palazzo delle ragionne*, qui serait la merveille de Padoue si le tombeau de St-Antoine n'était pas tout voisin. On prétend que ce palais renferme une des plus vastes salles de l'Europe, car elle mesure 300 pieds de long sur 100 pieds de large Nous nous demandons à quoi elle a bien pu servir : car si ce fut une bourse, il y fallait des milliers de négociants ; aujourd'hui elle est absolument vide et déserte ; on dirait d'un immense tombeau. Les deux galeries latérales portées sur de frêles colonnettes qu'on lui accola extérieurement au XIV° siècle atténuent un peu la lourdeur de sa masse : mais ne réussissent pas à masquer tout ce qu'elle a d'écrasant. A l'intérieur, on a cherché à remplacer la décoration architecturale absente par des peintures murales. On en compte plusieurs centaines représentant toutes sortes d'allégories assez difficiles à saisir ; ce serait, disent les guides, un aperçu des divers évènements de la vie humaine sous l'influence des astres et des saisons ! Tout cela produit un bariolage peu gracieux, une confusion qui trouble l'esprit et détourne son attention des lignes vraiment grandioses de cette salle. De l'entrée, flanquée des monuments funéraires de Tite-Live et du littérateur Speroni, on aperçoit au fond un animal bizare qu'on reconnait bientôt pour un immense cheval de bois : on pourrait le prendre pour celui des Grecs au siège d'Ilion, et son gardien nous semble assez disposé à le présenter pour tel : mais il paraît que c'est une ancienne pièce de réjouissance, exécutée par le célèbre Donatello à l'occasion d'un Carrousel .. Nous redescendons les magnifiques escaliers de pierre qui se dressent aux extrémités du monument en songeant aux caprices de la fortune inconstante. De quelles faveurs ne fut-elle pas jadis prodigue envers les Padouans pour leur permettre de s'élever une bourse pareille ! Et quelle décadence aujourd'hui auprès de cette grandeur ! Ainsi vont les choses d'ici bas ; et Padoue n'est plus aujourd'hui qu'une simple unité dans le nivellement général La chaleur torride qui s'abat sur la ville à cette heure alourdissant nos réflexions, nous avisons sur la place du marché une appétissante boutique de pâtisserie qui, par sa couleur locale nous invite au rafraîchissement des idées : des flacons de liqueur vermeille sont suspendus le long de la devanture a l'aide de cordons tressés en paille, et comme le liège est inconnu dans les campagnes environnantes, le bouchon est remplacé par un simple tampon d'étoupe : ce sont des *fiascone* de vin généreux du pays qu'on emporte au bras à l'aide de la tresse de paille, comme jadis nos grands mères portaient leurs ridicules. Ce vin est savoureux et les brioches du pâtissier, savoureuses comme lui, nous remettent bien vite en état de continuer notre excursion à la recherche de St-Antoine.

Une longue rue, triste et déserte, qui traverse toute la ville dans son grand axe, nous conduit au *Prato delle Valle*, magnifique promenade de forme elliptique, avec des arbres, des canaux, des ponts, des balustres, des statues de marbre et des obélisques, qui prouvent en faveur des gouts artistiques de la cité, au temps de sa puissance. Rien de mesquin dans cette somptueuse architecture décorative ; et si les draperies de plusieurs statues ne flottaient pas un peu trop au vent, suivant la déplorable habitude des sculpteurs italiens des derniers siècles, la plus sévère critique n'y trouverait rien à reprendre. Je n'ai vu nulle part de place publique présentant un ensemble aussi complet et aussi harmonieux. La place de la Concorde, à Paris, et celle de St-Pierre, à Rome, sont plus vastes et plus grandioses, mais il règne ici un certain air de luxueuse opulence qui séduit davantage ; les premières frappent du premier coup l'imagination et s'imposent par l'immensité de leurs lignes et de leur perspective ; celle-ci flatte l'œil tout d'abord et procède par surprise. Aux lumières et animées par une foule en habit de fête, elle doit avoir un aspect féérique.

Tout au haut du Prato, s'élève l'église de *Ste-Justine*, dont les nombreuses coupoles recouvertes de plomb, au milieu desquelles se dresse un vaste dôme qui domine toute la ville, annoncent un édifice de majestueuse architecture. On y accède par un escalier monumental. Malheureusement la décoration intérieure ne répond pas à la richesse des lignes et des profils. Rendu depuis peu de temps au culte, ce vaste temple a longtemps servi de magasin à fourrages, et l'art ne s'accommode guère de pareilles vicissitudes. Le chœur a pu cependant être préservé ; et nous y admirons, outre de magnifiques boiseries avec dessins en mosaïque, le célèbre tableau de Paul Véronèse représentant le *martyre de Ste-Justine*, qui n'a point quitté sa place d'honneur au fond du sanctuaire. Ce sont là aujourd'hui, avec quelques vieux tombeaux des transsepts, les seules curiosités d'un monument qui mériterait plus de luxe décoratif. Les Padouans, qui sont bien loin maintenant des jours de leur ancienne splendeur, réservent toutes leurs richesses et toute leur sollicitude pour le temple qui abrite le tombeau de leur patron : Saint-Antoine de Padoue.

L'aspect extérieur de l'*Eglise de Saint-Antoine*, l'un des sanctuaires les plus renommés de l'Italie, est au premier abord étrange. Ses coupoles métalliques au profil ramassé, sa tour centrale en cône, et ses campaniles élancés comme des minarets, lui donnent une apparence exotique très prononcée. Les mosquées doivent avoir quelque chose de cette physionomie : il est vrai que les plus monumentales sont d'anciennes églises byzantines, et qu'à l'époque où fut bâtie l'église de Saint-Antoine, les Turcs ne s'étaient pas encore emparés de Constantinople. Sur la place qui précède le porche, de petits marchands vendent une profusion de médailles et de Saints-Antoines en os ou en plomb, au naturel ou teints en noir le plus sombre : cela coûte un sou et présente un médiocre intérêt artistique, mais ce sont de curieux souvenirs de pélerinage. Toutes ces boutiques sont groupées autour du gigantesque et lourd piédestal qui supporte la statue équestre en bronze du condottiere Gattamelata, œuvre vigoureuse du fameux Donatello, et la première, dit-on, qui ait été fondue en Italie. Le défenseur mercenaire de Venise, après s'être vendu, protège les vendeurs.

Nous entrons par la porte centrale, qui présente cette particularité peu commune d'être plus petite que ses voisines ; et nous sommes frappés, dès le premier coup d'œil, de la magnificence générale de la décoration. Ce sont, d'abord des monuments funéraires échelonnés des deux côtés de la nef : ceux de Secco et de Contarini avec des bas-reliefs représentant des galères, celui de la savante Hélène Cornaro, avec les attributs des sciences ; puis la riche ornementation en bronze du chœur, les statues de sa balustrade et celles qui flanquent l'autel, les portes de l'entrée, l'immense candélabre du cierge pascal aux sujets merveilleusement fouillés : le grand crucifix et la madone de Donatello qui a ciselé aussi les bas-reliefs pour le devant de l'autel... Mais rien n'approche de la splendeur de la chapelle consacrée spécialement à Saint Antoine : le marbre, le bronze et l'argent y sont prodigués, rivalisant entre eux d'art et de richesse. L'autel revêtu de vert antique et les deux statues en bronze de Saint-Antoine et de Saint-Bonaventure se détachent, au travers des arcades de l'entrée, sur un fond de marbre blanc qui retrace en magnifiques bas-reliefs les miracles de la vie du saint. Des deux côtés, de gigantesques candélabres en argent massif sont supportés sur des groupes d'anges aussi en marbre blanc ; de nombreuses lampes aux fines ciselures sont suspendues à la voûte, et les cierges toujours allumés font scintiller les milles facettes des pierres et des métaux précieux. Une foule de dévots pèlerins est agenouillée sur les dalles polies et brillantes : et pendant que les touristes de tous pays, seulement poussés par une curiosité trop souvent frivole, admirent ces merveilles amoncelées dont ils détaillent l'inventaire donné par leur guide, la prière des humbles s'élève vers le ciel contre leur indifférence; il est vrai que l'admiration peut devenir l'une des formes de la prière.

En face de la chapelle de Saint-Antoine, on remarque celle de Saint-Félix qui possède une série de fresques du xivᵉ siècle, représentant l'histoire de Saint-Jacques-le-Majeur à qui l'église avait du être d'abord dédiée : quelques unes de ces peintures sont de précieux monuments de l'histoire de l'art et dénotent une sureté de goût qu'on s'étonne de rencontrer à pareil degré chez les maîtres de cette époque, qui ont aussi décoré les murailles d'une chapelle dite de Saint-Georges située sur la place duParvis. Un autre petit bâtiment situé sur la même place, la *Scuola del Santo*, nous réserve d'agréables surprises ; cette salle capitulaire de la confrairie de Saint-Antoine est toute couverte de fresques du Titien et de son école : ce sont, pour la plupart, de vastes compositions au riche coloris représentant, comme les bas-reliefs de la chapelle du saint, les principaux miracles de son histoire. Nous remarquons en particulier, une scène d'une animation extraordinaire, où l'on voit un enfant que Saint-Antoine fait parler pour justifier sa mère faussement accusée, et dans laquelle les expressions de physionomie ont été poussées par le grand maître de l'école vénitienne jusqu'aux dernières limites de la vie et de la réalité.

Padoue est une des villes les plus intéressantes à étudier pour l'histoire de la peinture ; et la fin de notre promenade est occupée par la visite des *Eremitani*, église des Augustins, qui date du xiii° siècle et qui conserve une chapelle, dite de Mantegna, que ce grand artiste a décorée de fresques admirables : nous en retenons surtout le martyre de Saint-Christophe dont les personnages, en costume du siècle du peintre, sont groupés avec un art extrême et dessinés avec une précision magistrale : on assure que beaucoup de ces figures sont des portraits authentiques, et que Mantegna s'y est représenté lui-même avec son maître et ses amis.

A la sortie de cette église, un mendiant qui, sans doute, est habitué à pareil manège, nous offre d'aller sonner pour nous à la porte cochère d'un jardin qui donne sur la place. Nous traversons une longue allée bordée de charmilles, au bout de laquelle on nous ouvre une chapelle particulière, nue, délabrée, qui méritait une destinée meilleure, car construite sur l'emplacement d'un amphithéâtre antique d'où elle a tiré son nom de *Santa Maria dell'Arena,* elle conserve l'une des plus précieuses reliques de l'art italien. Nous restons jusqu'à la nuit tombante à contempler cette série de quarante tableaux d'une unité de composition et de style bien rare dans la décoration d'un monument religieux, dans lesquels Giotto, le divin Giotto, comme disent ses compatriotes, s'était donné la tâche de représenter les principaux traits du Nouveau Testament. Le cycle est complet, depuis Joachim repoussé du Temple pour avoir pris part, quoique sans enfants, à la fête des patriarches, jusqu'à la descente du Saint-Esprit sur les Apôtres et l'Assomption de la Vierge. Décrire par le menu cet ensemble grandiose, appartient à un livre ex-professo sur l'histoire de l'art. Il nous suffira de dire que la Présentation de Marie au Temple, le mariage de Joseph, les noces de Cana, le Crucifiement, le Christ mort, et les Maries, nous ont surtout frappés par l'expression de noblesse et de calme simplicité répandue dans toutes les attitudes des personnages. Les fonds d'azur à étoiles d'or sur lesquels se détachent les groupes des diverses compositions donnent je ne sais quoi de poétique à ces vénérables pages qui datent déjà de six siècles. Dante Alighéri, l'ami du maître, n'y fut sans doute pas étranger ; mais s'il lui donna des inspirations, ce fut surtout pour le jugement dernier, œuvre saisissante qui couvre le mur au-dessus de la porte d'entrée. Giotto ne s'est pas fait faute d'introduire parmi les réprouvés des gens d'église et des prélats ; et il a suffisamment indiqué les motifs de leur damnation en leur mettant des bourses dans la main : l'intention est bonne : mais je n'aime pas beaucoup ces immenses flammes rouges au fond d'une église : on vient chercher ici le calme et non pas la terreur. Au point de vue artistique, il y a aussi beaucoup à dire : cette page mouvementée rompt l'unité si calme de tout le reste de la composition : mais en la prenant isolée, c'est une des manifestations les plus considérables de l'art au commencement du xiv⁰ siècle. A cette époque, on ne connaissait guère en France que les enluminures.

Cependant la nuit nous chasse, impitoyable ; et nous sommes tellement imprégnés de saveur archaïque, qu'en dînant dans un café voisin, il me semble, un instant, voir le garçon de service revêtu du maillot rouge, du pourpoint et du chaperon si chers aux maîtres anciens.

De Padoue à Venise. — A huit heures du soir, nous reprenons le chemin de fer pour Venise. On traverse d'abord des plaines coupées de canaux : puis soudain la terre disparaît : nous voici engagés sur un interminable viaduc entouré d'eau de tous côtés : au loin les becs de gaz et les lumières d'une grande ville se reflètent en scintillant sur le lac. Avec la même soudaineté, tout s'éclipse : on entre en gare et nos surprises vont commencer. Ici point de grande place d'arrivée, ni de longues files d'omnibus stationnant devant la gare ; mais un vaste escalier au pied duquel le grand canal, chargé d'une foule de gondoles, fait jouer aux lumières ses eaux sombres et tranquilles. Chaque hôtel possède une gondole avec une lanterne à ses couleurs et à son nom. Avisant celle de la *Cita di Monaco*, nous lui trouvons bon augure et nous nous intallons sur sa banquette en velours rouge. En avant, gondolier !... Nous glissons avec agilité au milieu de tout ce monde de rameurs, et quittant bientôt le grand canal nous nous engageons dans une série de canaux secondaires obscurs et mystérieux qui doivent racourcir la route. L'impression de ce voyage nocturne est saisissante : un silence de mort ; à peine un petit clapotement de l'eau sous l'aviron du gondolier dont la silhouette se détache à l'arrière de la barque ; de loin en loin, un cri bizarre et plaintif qui se perd dans la nuit : ce sont les gondoliers qui s'avertissent aux détours pour ne pas s'entrechoquer dans l'ombre. On se croise rapides comme des flèches, et l'on se prend à rêver drames et crimes ; s'il prenait fantaisie à notre conducteur de nous supprimer, qui s'en apercevrait ?... Au milieu de ce silence, on se sent pris de frisson, et l'on glisse, toujours enveloppé de mystère, sous des ponts sombres comme la mort, au pied de maisons aux fenêtres grillées, défendues contre toute attaque extérieure. Où allons-nous ?... Les canaux se croisent avec des cours sinueux ; on n'aperçoit rien devant soi, et seulement à nos côtés l'eau noire qui baigne le pied des portes des hôtels : de temps en temps un petit quai, une église, une lampe devant une madone. Tout d'un coup le salut et la vie : voici de nouveau les lumières et le grand canal : des gondoles circulent nombreuses ; de grands piquets bariolés destinés à les attacher pour l'accostage se dressent comme des fantômes le long des deux rives : les palais se succèdent, et les dômes et les portiques : nous approchons de la place St-Marc : mais avant d'atteindre son escalier, la gondole nous dépose à la *Cita di Monaco*. Hélas ! Quelle déconvenue : nous sommes reçus en italien mâtiné d'allemand :

Nous ne nous étions pas aperçus que Munich, la capitale de la Bavière, s'appelle ici Monaco ! et nous sommes tombés en pleine Allemagne. Il est trop tard maintenant pour chercher un autre hôtel ; mais après avoir en vain cherché à rêver aux étoiles que nous cachent des nuages malencontreux, nous nous endormons en jurant qu'on ne nous reprendra plus à l'homonymie franco-italienne.

CHAPITRE CINQUIÈME

De Venise à Rome

Vᴇɴᴅʀᴇᴅɪ 2 ᴏᴄᴛᴏʙʀᴇ. — *Venise.* — Notre premier soin, au réveil, est d'aller chercher à nos fenêtres un aperçu du classique ciel bleu de Venise. Peine inutile ; il est gris comme en Bretagne, et ce n'est qu'à travers la pluie qui tombe en fines goutelettes que nous apercevons en face de nous, du haut de notre troisième étage, l'immense campanile et les pittoresques coupoles de St-Marc : au loin le dôme de St-Jean-le-Majeur est enveloppé dans une brume légère, au milieu de son ile : et l'horizon se termine vers l'Adriatique par une ligne plombée qui ne nous laisse pas grand espoir pour le reste du jour. Si des senteurs pénétrantes ne s'élevaient du joli jardin qui s'étend à nos pieds derrière la *Librera Vecchia*, nous augurerions fort mal du climat vénitien. La réaction produite par le retour du beau temps n'en sera que plus vive. Notre plan de campagne est aussitôt dressé : nous visiterons aujourd'hui l'église de Saint-Marc, le palais des Doges et le musée de peinture, et nous réserverons pour demain la ville, ses monuments et ses innombrables palais.

La façade postérieure de notre hôtel s'ouvre sur une étroite ruelle qui aboutit en quelques pas sous les galeries de la grande place St-Marc. A peine sommes-nous entrés sous ces galeries que, sans avoir le temps de jeter un coup d'œil sur les belles perspectives d'arcades superposées qui s'alignent devant nous, couronnées par la resplendissante basilique, nous sommes assaillis par une foule de marchands de bracelets et de colliers en coquillages, qui, n'ayant pas encore rencontré de touristes à cette heure, s'attachent à nos pas, et nous forcent, pour nous débarrasser de leurs cris, de leur acheter quelques uns de ces *frutti di mare* : mais nous n'avançons sous les galeries que pour tomber de Charybde en Scylla : ce sont maintenant des marchands de photographies nous offrant, dans de petits albums à mille replis, des vues des principaux monuments de Venise. *Un ricordo di Venezia, signor, due lire, signor, un ricordo !* Vingt photographies pour 2 francs, c'est pour rien : nous achetons un ricordo et pouvons enfin respirer. Mais la pluie tombe de plus belle ; ce n'est pas le moment d'admirer les magnificences de la place de St-Marc, ni de comparer sa disposition à celle de

notre jardin du Palais-Royal, à Paris, où la basilique remplace-
rait la galerie d'Orléans. Un agent de ville nous indique le chemin de l'hôtel des postes, et nous nous engageons, à sa recherche,
dans un dédale sans fin de ruelles étroites pavées en larges
dalles, coupées par des ponts en dos d'âne à parapets triangulaires et aux escaliers de marbre, bordées de vieilles maisons
qui surplombent et qui s'enchevêtrent les unes dans les autres,
agrémentées de piliers, d'arcades et de galeries de tout style et
de toutes dimensions. C'est dans ces ruelles que se trouvent les
magasins ou plutôt les boutiques, car il ne faut pas leur demander
de luxueuses devantures, et les seules qui ressemblent aux nôtres
sont celles des galeries de la place St-Marc ? les vraies rues sont
les canaux et comme toutes les constructions y plongent directement sans terrasse, il ne peut y être question de magasins :
seules les ruelles étroites établies parallèlement en arrière en ont
le privilège.

Enfin après bien des tours et détours ; après avoir souvent
demandé une boussole, et traversé des ruelles où deux parapluies
ne peuvent se croiser, ce qui est tout à fait réjouissant quand il
pleut ; après avoir constaté cet étrange aspect d'une ville fort
animée où l'on n'entend pas le moindre roulement de voitures
attendu qu'aucun véhicule traîné par des chevaux n'y pourrait
circuler, nous atteignons l'hôtel des Postes où nous recevons
pour la première fois des nouvelles de nos familles dont les lettres
précédentes ont été égarées; et nous y apprenons que mon beau-
frère, depuis quelques jours lieutenant du génie, a pu enfin
s'échapper de l'école d'application de Fontainebleau et nous
attend, depuis la veille au soir, à l'hôtel St-Marc sous les galeries
du même nom. *Eccolo !* comme disent les Italiens, voici donc
notre lieutenant retrouvé ! Sans perdre une minute, nous nous
précipitons au travers des mêmes ruelles, nous franchissons les
mêmes ponts, les mêmes arcades et les mêmes escaliers, nous
faisons courir des risques sérieux aux étalages des fruitières
dont nous bousculons au passage les piles de figues et d'oranges,
et bientôt nous nous jetons dans les bras fraternels, exercice
charmant à 300 lieues du toit familial.

Le programme est maintenu : et profitant d'une éclaircie
dans les nuages, nous admirons la belle ordonnance architecturale de la place Saint-Marc, en déjeunant, à l'italienne, d'une
tasse de chocolat et d'*uova al burro*, devant l'un des cafés des
arcades. Ces trois étages de portiques superposés qui se profilent
en perspective régulière sur près de 200 mètres de longueur, ont
par eux-mêmes un aspect fort imposant lorsqu'on les regarde
vers le fonds occidental de la place fermée hermétiquement, et
l'on ne trouve à y critiquer que le froid dallage de marbre qui
donne un peu de sécheresse à l'ensemble des lignes : mais lorsqu'on se retourne du côté oriental vers la basilique, la monotonie
disparaît et se change en éblouissement. Voici justement le
soleil qui se mêle de la partie. De gros nuages laissent dans

l'ombre les colonnades des *Procuratie nuove et vecchie* qui res-
sortent vigoureusement en premier plan, flanqués par le gigantesque campanile debout à droite, au haut de la place, tandis que
les rayons du soleil vont se jouer dans les marbres brillants et
dans les mosaïques aux mille couleurs qui décorent la façade de
la basilique et font étinceler le cadran d'or de la monumentale
tour de l'horloge, qui termine à gauche les *Procuratie vecchie*.
Cette immense façade de St-Marc est étrange, plus large que
haute, avec ses deux rangs de cinq porches superposés, chargés
de colonnettes, de clochetons, de rinceaux ciselés, de statuettes,
de galeries à jour, de mosaïques éclatantes; avec les quatre
célèbres chevaux de bronze piaffant des deux côtés de la galerie
du porche principal; avec les cinq dômes verdâtres pleurant le
cuivre, qui s'étagent sur plusieurs plans en arrière. Ici plus de
sécheresse de lignes. Sur les colonnes capricieusement groupées
en faisceaux par étages, des pleins cintrés festonnés se laissent
encadrer par des sortes d'ogives ou d'accolades hérissées de
dentelures et de statues : la fantaisie orientale se donne libre
carrière autour des mosaïques : les diamètres des grands arceaux
parcourent, sur le même plan, toute l'échelle des dimensions les
plus variées, et les énormes fleurons bulbeux des dômes métalliques aussi divers de taille que les baies des arcades, achèvent
de dérouter l'œil timide habitué à la froide et régulière ordonnance de l'architecture classique. Mais ce trouble n'est que pas-
sager. La brillante fantaisie n'a pas été seule maîtresse dans
cette originale conception, et la symétrie générale de l'ensemble
en fait bientôt ressortir la puissante unité. A l'éblouissement
succède une impression plus calme : au milieu de ce mélange
des plus riches manifestations des styles roman, byzantin, ogival,
arabe ou persan, les intentions des reliefs se perçoivent plus
nettement : le second étage d'arcades recule à son plan véritable
derrière la galerie à jour qui surmonte le premier ; les quatre
chevaux cyclopéens dont l'odyssée fut si romanesque, depuis le
jour où quittant la cour du roi d'Arménie Tiridate, ils vinrent
orner à Rome les quatre angles de la statue colossale de Néron,
jusqu'à celui où Napoléon Ier les fit ériger sur l'arc de triomphe
du Carrousel, après avoir été transportés par Constantin à
Bysance et par le Doge Dandolo à Venise, ces quatre chevaux
de bronze, consacrés à St-Marc protecteur de la Sérénissime
République, comme un trophée qu'il aida ses fidèles à remporter
sur les schismatiques, se détachent vigoureusement sous leur
robe sombre que relève les dernières plaquettes d'or respectées
par le vandalisme ; et couronnant le fond, dans un tympan cons-
tellé au-dessus de la plus haute arcade, le lion de St-Marc apparaît radieux, la griffe sur l'Evangile et les ailes déployées.... On
dirait de cette splendeur un rayon surpris à la vision du prophète
Ezéchiel. Dominant cette forêt de colonnes de porphyres et de
marbres asiatiques ou africains, de toute forme et de toute grandeur, arrachés aux palais, aux temples, aux monuments des
cités riveraines de la Méditerranée, à Constantinople ou à Ephèse,
à Athènes ou à Sidon, à Corinthe ou à Rhodes, le fier lion semble

nous crier de là haut que toutes les merveilles de l'univers sont
à lui et se sont donné rendez-vous à ses pieds.

Entrons : l'éblouissement recommence. Les ouvriers d'Orient
appelés par le doge Orseolo ont entassé ici pour la reine des eaux
les dépouilles opimes de toutes ses rivales. On leur avait imposé
pour consigne de surpasser en magnificence la basilique de
Sainte-Sophie de Constantinople : ils n'ont rien négligé pour
cela, et l'une des portes de Sainte-Sophie vint même, après la
conquête de Constantinople par les croisés, décorer l'entrée droite
de la basilique vénitienne Un premier porche ou péristyle com-
prenant toute la largeur de l'édifice sépare l'intérieur de l'église
de la place du parvis, et prépare les fidèles au recueillement : il
est entièrement décoré de mosaïques d'un style naïf et archaïque
pour la plupart, représentant des sujets de l'Ancien et du Nouveau Testament symétriquement disposés des deux côtés d'un
crucifiement qui fait face à Saint-Marc en habits pontificaux.
Aux deux extrémités, des tombeaux de doges et de cardinaux,
enrichis de bronze, de marbre et de statues, meublent magnifiquement ce portique magistral.

Du péristyle, on entre dans la basilique par trois portes
marquetées d'argent, dont l'une, ornée d'inscriptions grecques,
celle de Sainte-Sophie, provient originairement, dit-on, de
Jérusalem. Nous voici dans le temple. La disposition générale
intérieure ne ressemble pas à celle de nos églises françaises ni
au plan habituel du style latin. C'est une croix grecque à branches
égales, avec une grande coupole au centre et quatre coupoles
plus petites, sur chacun des quatre bras de la croix. Cette
symétrie absolue dans toutes les directions imprime à l'œuvre
entière un caractère d'unité qui paraît éminemment favorable au
développement du sentiment religieux. Et pour décorer les
immenses piliers qui portent ces cinq coupoles, ainsi que leurs
arceaux et la colonnade à jour qui relie un pilier à l'autre et
embrasse uniformément tout l'édifice, les bronzes, les sculptures,
les marbres, les porphyres, les dorures et les mosaïques sont
jetés à profusion, couvrant ou incrustant les murailles, les voûtes,
les plafonds et les dallages, et représentant l'histoire complète
de l'art depuis le xe jusqu'au xviiie siècle. Il m'est impossible de
décrire ici tous les objets merveilleux qui frappèrent notre
attention : un volume entier pourrait leur être consacré ; mais
sans parler des 500 colonnes de vert antique ou de serpentine qui
donnent à l'ornementation cosmopolite de la galerie de ceinture
un air de richesse exotique incomparable, je dois au moins une
mention spéciale au jubé de marbre qui sépare le chœur de la
nef, tribune à huit colonnes bien dégagées dont les piédestaux
sont engagés dans un soubassement aux sculptures délicates, et
dont l'architrave porte les quatorze statues en marbre de la
Vierge, de St-Marc et des apôtres disposées des deux côtés d'un
immense crucifix ; — aux deux chaires de marbre soutenues par
des colonnes qui encadrent ce jubé à ses deux extrémités : — au

ciborium de vert antique soutenu par quatre colonnes de marbre grec couvertes de bas reliefs, qui abrite le maître-autel ; — aux quatre évangilistes en bronze fièrement posés sur les balustrades par Sansovino ; — aux portes de marbre et bronze de la sacristie, auxquelles ce même sculpteur consacra, dit-on, vingt années de son talent délicat ; — enfin au curieux et antique *oratoire de la croix*, ambon dont les six colonnes sont formées des porphyres les plus rares, et dont la disposition présente un des types les plus intéressants de l'architecture romane.

En sortant de la contemplation d'un tel amoncellement de richesses, il faut de l'air et des contrastes. L'imagination est saturée de ces bronzes, de ces ors et de ces pierreries. La *Piazetta* ou petite place St-Marc, prolongement de la grande vers la mer, entre la Palais ducal et la libraria Vecchia, nous offre précisément ce que nous cherchons : et pour nous y rendre nous passons devant l'admirable petite *Loggia* construite et sculptée dans le marbre blanc par Sansovino au pied du campanile, pour servir de lieu de réunion aux anciens nobles vénitiens. Le charme et la délicatesse ne peuvent pas être poussés plus loin eu architecture.

Les deux monuments qui encadrent la Piazzetta, terminée près des quais par les deux colonnes bien connues qui portent l'une le lion ailé de St-Marc, l'autre la statue de St-Théodore premier patron de la république, présentent un singulier contraste. Celui de droite, la *Libreria Vecchia*, avec ses deux étages de portiques doriques et ioniques, surmontés d'un énorme entablement dont la riche décoration déguise la grandeur, est un spécimen de l'art, foncièrement italien, des successeurs de Vitruve et de Palladio. L'autre, au contraire, le *palais ducal*, semble, quoique beaucoup plus ancien, une protestation contre les règles de l'architecture latine ou classique ; et sa façade colossale frappe tout d'abord l'esprit par un renversement complet des habitudes de l'art contemporain. Autant ses deux premiers étages d'arcades gothiques superposées sont légers, sveltes et découpés, autant l'immense muraille qui les surmonte est compacte et massive, simplement revêtue d'un placage de marbres blancs et roses et percée de gigantesques baies en petit nombre avec de minuscules lucarnes rondes dans leurs tympans : une énorme dentelure couronne le tout et achève de donner à l'aspect général de ce vaste édifice un caractère spécial, où le grandiose dispute le prix à la hardiesse et à l'originalité. Comment cette légère découpure de colonnes sans bases et d'arcades aiguës aux tréfles ciselés, que rend plus aérienne encore la lumière crue qui frappe en plein sur les murailles supérieures, peut elle supporter la masse énorme qui la charge, surtout à l'angle de la place et du quai, où tout repose sur une seule et unique colonne ?... C'est le secret de l'architecte Calendario qui osa défier ainsi les lois ordinaires de la stabilité des constructions. Dans cette merveilleuse structure et par un tour de force dont on chercherait vainement ailleurs la réalisation, c'est le vide qui supporte le plein ! Aussi dans l'impression que produit à première vue ce cube colossal aux angles vifs et acérés, se mêle-t-il un certain sentiment d'effroi, comme si tout devait être terrible et mystérieux dans un palais déroutant les calculs du vulgaire, et dont les hôtes eurent en main, avant la découverte du Cap de Bonne Espérance et de l'Amérique, la plus importante puissance maritime de l'univers. Car c'est là, dans ce cube étrange, appuyé sur la Basilique et sur la mer, entre le forum de la Piazetta et le Pont des prisons et des soupirs, qui représentent en quelque sorte ses quatre points cardinaux : la religion, le commerce, le pouvoir électif et la répression sanguinaire, c'est là, au milieu des trésors accumulés par la nature et par l'art, que siégea le *Conseil des Dix* à côté du *Conseil des Trois* ; c'est là que tant d'arrêts secrets furent rendus, que tant de fois les murailles eurent des oreilles, que tant de sentences impitoyables furent impitoyablement exécutées, que tant de juges occultes furent en même temps bourreaux, que tant de victimes furent immolées sur l'autel de la délation.

On entre au palais des doges par une porte monumentale appelée *Della Carta*, qui confine à la basilique près des fonts baptismaux, et qui, remarquablement sculptée par Bartholoméo Bon à la fin du xve siècle, sert de séparation entre la maison du souverain du ciel et celle du souverain de la terre. On se trouve immédiatement introduit dans une vaste cour intérieure, ornée de deux citernes en bronze, et dans laquelle l'œil se perd au milieu des styles et des époques les plus disparates. Un seul monument y attire vigoureusement l'attention : c'est l'élégant pavillon des sénateurs, au pied duquel prend naissance le magnifique *escalier des géants*, qui s'avance en fière saillie sur le carré de la cour et qui emprunte son nom aux deux statues colossales de Mars et de Neptune placées à son sommet par Sansovino en 1554. C'est sur son palier que se faisait jadis le couronnement du doge ; et les guides prétendent que ce même palier vit l'exécution de Marino Faliero : il lui est malheureusement postérieur de cent ans. Nous gravissons ces degrés avec une réelle émotion en songeant aux magnificences dont ils ont été jadis le théâtre, et qui sans doute ont disparu pour jamais : mais le souvenir ne s'en effacera point.

L'escalier des géants conduit à une large galerie à jour, dans laquelle vient aboutir, entre les statues d'Hercule et d'Atlas, la *Scala d'oro*, l'escalier d'or ainsi nommé à cause des riches arabesques finement sculptées dont l'a orné Sansovino. La scala d'oro même aux grands appartements. Ici encore la plume est impuissante à décrire les splendeurs de ces salles merveilleuses où les plus grands maîtres de la peinture et de la sculpture italienne se sont donné pour tâche de rivaliser avec les richesses les plus exquises de la nature, avec l'or, le marbre, l'onyx et les bois précieux, pour élever des chefs-d'œuvre à la gloire de leur patrie, pour immortaliser ses hauts faits, et pour transmettre à la postérité toutes les phases de son histoire. Titien, Véronèse et le Tintoret ont ici prodigué les ressources les plus prodigieuses de leur génie. On ne connaît réellement ces trois artistes à la palette magique et inépuisable, qu'après avoir admiré, dans ces salles éblouissantes les pages patriotiques qu'ils ont couvertes sur les plafonds et sur les murailles, avec uue ampleur de pinceau et une vigueur de coloris dont les quelques toiles éparses dans nos musées peuvent à peine donner un léger aperçu. L'œuvre décorative de ces géants au palais des Doges conlond l'imagination la mieux disposée au grandiose ou à l'enthousiasme. Voyez cette immense toile de la *Gloire du Paradis* par Tintoret, qui couvre tout le fonds de la Salle du Grand Conseil : elle mesure 10 mètres de hauteur (près de trois étages d'une maison ordinaire) et 25 mètres de largeur, et contient, dit-on, dix mille personnages ! elle est noircie par le temps et endommagée par les restaurations : mais quelle puissance de touche, quelle fougue de composition, quelle science incomparable de la lumière ! Et tout autour, sur les autres parois de cette salle grande comme une église puisqu'elle mesure 50 mètres de long sur 25 mètres de large, voici les fastes complets de la République par Le Bassan, par Tintoret, par Palma, par Veronèse, avec des personnages de grandeur naturelle, des villes prises, des batailles, des vaisseaux, des cérémonies de triomphe, et des foules animées... Quelle splendide scène que le retour du doge André Contarini après sa victoire sur les Génois en 1378, peint par Veronèse entre les deux grandes fenêtres qui projettent sur ces magnificences des échappées lumineuses ! On rapporte que ce peintre par excellence des étoffes d'or et de brocart et des somptueuses ordonnances architecturales s'étant fait payer son travail à moitié terminé, crut pouvoir le suspendre pour aller à Vérone décorer une voute d'église dont on lui promettait 500 ducats. A peine était-il arrivé à Vicence, qu'un ordre formel de la Sérénissime République lui intimait de revenir, sans plus de retard, achever l'œuvre commencée... Non loin de là, le combat naval où l'empereur Othon fut fait prisonnier par les Vénitiens a permis au Tintoret de nous conserver, sous les reliefs les plus pittoresques, tout l'appareil de la marine de cette époque. Ces murailles étonnantes offrent à l'archéologie, comme à l'histoire, une mine inépuisable des plus curieux documents.

Dans la frise, s'alignent tout autour de la salle, les portraits des 76 premiers doges depuis Obelerio élu en 8C4. Un voile noir marque la place de celui de Marino Faliero, avec l'inscription : *Hic est locus Marini Falethri, decapitati pro criminibus.* Et par dessus ce triste témoignage des discordes civiles, les caissons du plafond de cèdre aux ciselures dorées encadren trois magistrales compositions : *La gloire de Venise,* par Véronèse ; *La gloire de Venise,* par le Tintoret ; *La Gloire de Venise,* par Palma. L'échafaud est écrasé par les couronnes. Que pèse la vie d'un homme en présence de ces entassements de victoires ?...

Aprés avoir admiré la vue panoramique des lagunes dont on jouit du balcon de la grande fenêtre, à la place même où la Dogaresse et sa Cour assistaient jadis à la célèbre fête allégorique, quand le Doge monté sur le Bucentaure jetait à la mer son anneau de fiançailles, nous passons dans la *Salle du Scrutin* où recommencent sur les murs et sur les plafonds, les sièges, les batailles et les triomphes, et où se continue la suite des portraits des doges jusqu'à celui de Manin, cent quinzième et dernier président de la Sérénissime République ; il mourut fort humble à Paris ; mais Venise lui célébra de magnifiques funérailles quand elle fut délivrée de la domination autrichienne. La prise de Zara en 1346, peinte par le Tintoret, et la victoire remportée sur les Turcs en 1698, peinte par un moderne, sont les morceaux les plus remarquables de la décoration de ce temple du Secret où l'on votait pour la nomination des doges.

Mais je n'ai pas la prétention de décrire ici toutes ces salles aussi riches en souvenirs historiques, où le drame tourne souvent à la tragédie, qu'en trésors de l'art encadrés dans les trésors de la nature. Une de celles qui nous a laissé meilleur souvenir est la salle dite des *Quatre Portes*, dans laquelle l'architecte Palladio a obtenu un puissant relief à l'aide de quatre portiques à colonnes d'une belle ordonnance. Tout est si grand et si haut dans ce palais que de véritables monuments peuvent participer à son ornementation intérieure sans paraître déplacés. Mais les deux merveilles entre tant de merveilles sont les deux salles de l'*Anti Collège* et du *Collège*. Dans la première, les ambassadeurs attendaient leur audience ; dans la seconde, ils étaient reçus solennellement. Ici plus de batailles, de prises de villes, ni de trophées sanglants : les ambassadeurs des peuples vaincus auraient pu en être froissés : les sujets allégoriques étaient seuls convenables, et Véronèse et Le Tintoret ont rivalisé de couleur, de grâce et de charme pour flatter la vue des nobles hôtes du Conseil. Qui n'a pas vu dans la première salle, les cinq panneaux admirablement disposés pour le jour : *Mercure et les Grâces, Ariane et Bacchus, Pallas chassant Mars, les Forges de Vulcain,* par le Tintoret, et l'*Enlèvement d'Europe* par Paul Véronèse, ne peut se faire une idée de la puissance de vie qu'ont su atteindre ces deux maîtres : le sang circule sous la chair délicate des déesses comme dans les muscles vigoureux des héros : les figures semblent se détacher du cadre et se mouvoir dans la réalité. Aussi à peine accorde-t-on un regard, tellement ces merveilleuses toiles vous captivent, à la célèbre cheminée payée dix mille écus d'or, exécutée par Scamozzi d'après les dessins du Titien, et aux colonnes de vert antique qui flanquent la porte du Conseil et proviennent, assurent les guides, du temple même de Salomon. Dans la salle du Collège, la lutte de génie entre les deux peintres recommence de plus belle. Nous y admirons un admirable *Mariage de Sainte Catherine* par le Tintoret ; mais comment décrire *Neptune et Mars, La foi,* et *Venise assise sur le globe* avec la Justice et la Paix, par Véronèse ? Théophile Gautier lui-même, avec son style polychrôme, n'y suffirait point. Toutes les immenses compositions classiques des Noces de Cana, et autres machines du même genre, à peu près seules connues en France dans l'œuvre de ce maitre de la grande décoration, pâlissent à côté de ces toiles plus sobres et cependant bien vivantes, qui n'ont pour rivales que le *Christ dans sa gloire* placé au-dessus du trône ducal. Ici seulement j'ai apprécié Véronèse et j'ai pu me rendre compte de l'incontestable célébrité qu'il avait acquise de son temps. C'est dans le palais des doges qu'il a prodigué le plus pur de son génie, et tout ce qu'il a laissé ailleurs de théâtral et de trop froid ne peut supporter la comparaison avec ces panneaux d'une vie intense, d'une couleur chaude et d'une composition parfaite.

Hélas ! un mot du guide nous fait brusquement descendre des hauteurs où l'art nous avait emportés. Nous approchons de la Salle du *Conseil des Dix ;* et ce nom seul évoque une longue série de tortures et de martyres. Voici dans l'antichambre, à côté de la porte, une ouverture, autrefois masquée par une tête de lion en marbre (qui fut enlevée par Napoléon Ier), dans la gueule ouverte duquel on glissait les dénonciations anonymes..... Sur ces banquettes attendaient les accusés cités à comparaître ; et devant eux, comme pour les narguer, le Doge Dona était présenté par Saint Marc à la Vierge, pendant qu'un peu plus loin Bergame et Brescia ouvraient leurs portes à la Sénérissime République... . Nous entrons dans la salle du Conseil. Est-ce donc là ce terrible tribunal dont les juges ne siégeaient que la nuit et masqués ? La porte s'ouvre sous un élégant portique de fines colonnes de marbre ; de magnifiques peintures couvrent les murailles, représentant le Pape venant à la rencontre du doge Ziani vainqueur de Barberousse, et la rencontre de Clément VII et de Charles-Quint au camp de Bologne ; le plafond est l'un des plus riches et des mieux dessinés de toute l'Italie : des peintres et des sculpteurs illustres l'ont décoré des sujets les plus riants de la mythologie païenne. Etrange contraste ! C'est pourtant là, dans cette véritable salle de jeux et de fêtes, que se passèrent tant de drames lugubres, tant de sinistres interrogatoires ! Une simple porte matelassée séparait les juges des bourreaux donnant la question ; et les condamnés montaient aussitôt vers *les plombs* ou descendaient dans *les puits*, sans que personne eût pu soupçonner l'exécution de la sentence. On serait tenté de ne pas le croire, si la salle des inquisiteurs d'Etat n'était contigue à celle du Conseil, et si, de cette pièce, un couloir assez court ne menait droit au Pont des Soupirs. *A palace and a prison*, a dit Lord Byron, et ces simples mots pourraient être inscrits sur la porte du monument. Jamais définition ne fut à la fois plus juste et plus concise.

Une véritable émotion s'empare du visiteur le plus endurci, en traversant cet étroit passage du *pont des Soupirs* qui réunit le tribunal au bâtiment des prisons et qui produit un effet si pittoresque et si charmant, lorsque, du Quai des Esclavons, on l'admire aérien en sa masse ajourée de marbre. Que de malheureux l'ont franchi avant nous, appuyés sur les bras des sbires, et les membres brisés par les engins de torture ! Que de soupirs poussés au seuil de cet escalier de pierre qui le suit, obscur, humide, et semblant se visser sous terre pour y dérober les vivants ! Les serrures et les gonds des portes grincent sataniquement ; les couloirs de pierre se rétrécissent comme pour vous étreindre ; à peine y peut-on passer un à un : et des deux côtés s'ouvrent des cellules à fleur d'eau dans lesquelles on ne trouve pas la place nécessaire pour s'étendre, où pénètre un air lourd, où la lumière n'arrive que par des meurtrières grillées, où le condamné entendait à la fois le bruit de la hache décapitant son voisin et les cris joyeux de la foule en fête à quelques pas : car ces horribles cachots étaient aussi le lieu des exécutions ; des rainures pratiquées dans la pierre conduisaient le sang des malheureux dans des puisards spéciaux, et leurs cadavres, descendus dans une barque à l'aide d'un croc allaient, chargés d'une pierre, s'immerger dans le canal d'Orsano, où les pêcheurs avaient défense de jeter leurs filets... Ici, nous dit le guide qui nous conduit à la lueur d'un lumignon jetant des reflets sinistres, ici fut enfermé l'amiral X..., ici fut décapité le général Y..., tous grands noms et chargés de victoires, tous accusés de conspiration et de crime de lèse-conseil.

On sort de là le cœur serré sous une sorte d'angoisse dont on ne peut se défendre : mais il ne faudrait cependant pas l'exagérer. En général les touristes qui écrivent leurs mémoires me paraissent avoir le système nerveux trop délicat. S'il fallait en croire la plupart de ceux qui ont écrit sur ce lugubre sujet, tous les malheureux habitants des puits seraient des innocents victimes de basses dénonciations. On répète à ce propos ces deux vers inscrits par un prisonnier sur les murs de sa cellule,

> Di chi mi fido guadarmi iddio !
> Di chi non mi fido mi guard'io !

et l'on reproduit l'histoire lamentable de l'infortuné boulanger qui fut mis à mort en 1364, parce qu'une nuit de meurtre, on l'avait rencontré dans une ruelle muni d'un poignard qu'il venait de ramasser sans défiance. Il semble que ce soit là le type des jugements exécutés au palais Ducal. Cependant ces méprises étaient assez rares puisque le Conseil des Dix, ayant reconnu son erreur, ordonna que deux lampes brûleraient dorénavant à l'extérieur de la basilique de St-Marc en mémoire de l'innocent, et que cette inscription serait placée dans la salle du Conseil : *Souvenez-vous du pauvre boulanger.* Pour moi, je répugne à donner créance à d'horribles méfaits judiciaires implacablement répétés d'une manière continue pendant une longue suite de siècles. La nature humaine a, sans doute, ses faiblesses, mais elles sont intermittentes, et je ne crois pas à l'horrible en permanence. Pour quelques innocents il y a beaucoup de coupables, et les conspirations, outre les crimes de droit commun, ne sont que trop naturelles dans une république aristocratique.

On affirme, au surplus, qu'il n'y eut aux puits, pendant tout le cours du xviii° siècle, que huit exécutions capitales. Quant aux *plombs*, devenus si célèbres depuis les récits de Silvio Pellico, nous n'y avons vu que des cellules spacieuses, symétriquement rangées dans des greniers immenses, où la chaleur, il est vrai, doit être vive en été, mais qui sont, en somme, bien préférables aux cachots d'une foule de prisons d'État, même françaises, qui n'ont pas eu pour hôtes des romanciers ou des poètes.

Nous quittons à midi le palais des Doges. Le soleil consent à percer les nuages, et la Piazetta s'éclaire de vifs éclats qui font brillamment ressortir les marbres roses de l'immense façade. Nous saluons de nouveau l'élégante loggia du Campanile, et passant entre les deux colonnes de granite où l'on accrochait jadis, par les pieds, les criminels d'État, nous montons en gondole au quai du Môle pour nous diriger vers *l'Académie des Beaux-Arts* située au fond du premier tournant du grand canal. A peine notre gondole a-t-elle quitté la rive et glissé sur l'eau tranquille d'un bleu sombre et intense, qu'un spectacle féérique se développe tout à coup à nos yeux : les innombrables palais de la droite s'éclairent, comme par enchantement, de vives et chaudes couleurs; et sur la gauche, à la corne de rencontre du Grand Canal et de la Giudecca, le profil de la *Douane*, avec sa tour carrée, son immense globe, porté par deux Atlas, et sa Fortune tournante en cuivre doré, se détache vigoureusement sur les dômes éclatants de blancheur de Notre-Dame-du-Salut.

Monument fort original cette *Dogana di mare*, construite à la fin du xviii° siècle dans un style à la fois riche et sévère, et surmontée par une colossale Fortune qui, un pied posé sur le globe du monde, tourne à tout vent, pour montrer aux gens de commerce combien grande est l'inconstance de la déesse qu'ils adorent. Il rappelle la source de l'ancienne splendeur de Venise, mais il offre ceci de particulier qu'il ne fût bâti que lorsque la Sérénissime République était en pleine décadence. Là où les vaisseaux étrangers qui apportaient les richesses de l'Orient venaient les entreposer en attendant que le commerce Vénitien prélevât sur elles un second tribut pour les transmettre au reste de l'Europe, un médiocre bâtiment avait suffi jadis. On érigea celui-ci, alors qu'on n'avait déjà plus d'intérêt à maintenir une barrière commerciale à l'entrée de Venise. Le monde est plein de ces inconséquences : le luxe extérieur est surtout affiché par les héritiers, souvent moins opulents, des solides travailleurs qui ont amassé les richesses avec les modestes outils du strict nécessaire.

C'est à ce promontoire que s'ouvre, à proprement parler, le Grand Canal, la principale artère de Venise, se déroulant comme un immense serpent dont la tête viendrait se poser entre Saint-Marc et la Douane, au pied du palais des Doges, et dont le corps se replierait sur lui-même à l'intérieur de la ville. Chacune des grandes familles de la République a laissé sur ses bords un palais pittoresque ou princier, gardant le costume franchement accusé de son siècle, depuis les ogives fantaisistes rapportées de l'Orient et les riches portiques de la Renaissance, jusqu'aux colonnades plus savantes mais plus froides de l'art moderne. On dirait d'une longue procession aristocratique, à travers la cité, de tous les patriciens des divers âges à la suite du Doge : quelques uns, il est vrai, bien déchus de leur ancienne splendeur, car pour n'en citer qu'un exemple, le charmant palais gothique *Giustiniani*, que nous rencontrons à droite, dès l'entrée du Grand Canal, est devenu l'hôtel de l'Europe ! En revanche, l'imposant palais *Cornez* bâti en 1532 par Sansovino est aujourd'hui la préfecture de Venise : son vigoureux soubassement sans colonnes, surmonte de deux étages d'élégants portiques, lui donne un caractère de noble majesté qui convient admirablement à sa nouvelle destination... C'est une histoire complète de l'art architectural Vénitien qui se déroule tranquillement sous nos yeux à mesure que notre gondole glisse vers l'Académie. Mais pourquoi faut-il que le progrès moderne vienne gâter ces charmantes perspectives, et qu'un affreux pont en fer découpé ait été jeté en 1854 par un ingénieur anglais entre le *Campo San Vitale* et l'*Académie des Beaux arts*, pour l'unique plaisir de recevoir pendant vingt ans, un péage de 3 centesimi ! Cette passerelle, si découpée qu'elle soit, est une profanation. On en avait vraiment bien besoin dans un pays où les rues n'existent pas, où l'on ne connaît ni chevaux, ni voitures, ni camions, où les gens pressés prennent bien garde de s'aventurer au milieu des ruelles inextricables qui permettraient à la rigueur d'éviter les gondoles. Un pont architectural, comme celui du Rialto, serait en harmonie avec les constructions des rives ; mais cette prosaïque poutre de métal !... Nous souhaitons à l'anglais de malheur qui a imaginé une pareille spéculation d'y avoir perdu sa peine ; et notre mauvaise humeur ne se dissipe qu'à la vue du délicieux petit palais *Cavalli*, aux lobes d'ogive finement sculptés qui appartient aujourd'hui au duc de Bordeaux (nous disons en France le comte de Chambord). Singulière destinée que celle de ces palais Vénitiens qui ont vu presque tous l'exil ou la mort de leurs anciens possesseurs, et qui appartiennent maintenant, les uns à des hôteliers, les autres à de vulgaires industriels, ceux-ci au gouvernement nouveau, ceux-là à des monarques détrônés ! La *Fortune* qui tourne au loin sur le globe de la *Dogana* n'est plus ici une allégorie, et l'artiste qui la plaça en 1682, à l'entrée du Grand Canal, ne s'imaginait sans doute pas que cette terrible leçon serait sitôt donnée à ses orgueilleux maîtres.

Et comment ne pas se laisser aller à ces réflexions philosophiques à deux pas du palais *Foscari*, dont l'aspect désolé, mais encore majestueux, semble rappeler la tragique histoire d'une des plus illustres familles de Venise ? Le roi de France Henri III, à son retour de Pologne en 1574, passa plusieurs mois sous ses magnifiques lambris ornés des peintures de Paris Bordone et du Tintoret : mais en admirant, du haut des balcons magistralement surmontés de portiques bilobés, les régates et les illuminations du Grand Canal, il dut se souvenir qu'un siècle auparavant le doge François Foscari avait été obligé par le Conseil des Dix d'ordonner deux fois le supplice et l'exil de son propre fils. Casimir Delavigne nous en a, depuis, conté l'histoire en tragédie. On rapporte que Jacques Lorèdan, fils de l'amiral, soupçonnant ce doge d'avoir fait mourir son père et son oncle, inscrivit sur son registre de commerce la mention : « Doit le doge François Foscari pour la mort de mon père et de mon oncle. . » ; puis il se fit élire membre du Conseil des Dix, força le doge à donner sa démission, et lorsque le malheureux vieillard mourut de chagrin quelques jours après, il écrivit en face de la mention de la dette : « Payé ». Les mœurs de ces temps-là étaient décidément féroces. Au XVIII° siècle, une partie de la fortune des Foscari fut dévorée par le luxe que déploya un de ses derniers représentants dans ses ambassades : la chûte de la République acheva sa ruine. Il fallut vendre aux juifs du Ghetto les tableaux et le riche mobilier du palais qui devint une sorte de caravansérail ouvert au premier venu : on loua chacune de ses salles magnifiques à vil prix : des artistes séduits par sa position féerique y établirent des ateliers : l'entretien fut absolument abandonné : les derniers et les dernières des Foscari n'habitèrent plus que quelques chambres délabrées ; et bientôt fenêtres et portes arrachées ouvrirent passage au vent, à la pluie, au soleil, aux animaux destructeurs ; on eut dit qu'un incendie récent eût ravagé l'intérieur de ce superbe édifice. On vient de le réparer pour y établir une école militaire, et seuls, les trois étages d'élégants portiques aux colonnettes de marbres blancs, rouges et noirs, les chapiteaux finement sculptés et les balcons aux lions accroupis, rappellent que ce fut là l'un des plus beaux et des plus somptueux monuments de Venise.

Cependant le gondolier nous dépose au quai de l'*Académie des Beaux arts* et nous entrons avec une émotion très sincère, dans ce sanctuaire consacré en 1807 par Napoléon Ier à toutes les gloires artistiques de l'école vénitienne. Ce n'est pas que le monument en lui-même soit fait pour séduire. Son architecture est celle d'un simple couvent qui servit de caserne aux troupes françaises à l'époque de l'occupation. Mais nous allons nous trouver ici en face de tous les grands noms qui ont porté si loin, dans les fastes de la peinture, le sentiment de la vie, de la couleur et de la réalité : les Bellin, Carpaccio, Giorgione, Cima de Conegliano, Titien, le Tintoret, Paul Veronèse, Le Bassan, les deux Palma, Pordenone, et tant d'autres illustres, dont le style éclatant s'inspira du goût national pour la richesse et pour la splendeur matérielle.

Les vingt salles de l'Académie renferment près de sept cents tableaux. Il ne peut entrer dans mes intentions d'en donner ni la description, ni même la nomenclature : mieux vaudrait entreprendre une histoire complète de la peinture Vénitienne, qu'on ne peut, du reste, bien connaître et bien comprendre, qu'en présence de ces chefs-d'œuvre accumulés. Je me contenterai de signaler en quelques mots les toiles qui ont le plus frappé notre attention.

C'est d'abord, parmi les primitifs, la série des madones de Giovanni Bellini, aux trônes couverts d'arabesques et aux saints symétriquement rangés, compositions suaves et nobles qui sont sœurs, pour la conception de celles du Pérugin, mais qui l'emportent sur ces dernières par le fini de l'exécution et la vivacité du coloris ; — puis les immenses toiles historiques de son frère Gentile Bellini et de Vittore Carpaccio : les *processions à miracles*, du premier, et la suite de l'*histoire de Sainte Ursule*, du second. On connait l'existence aventureuse de Gentile, ses succès a Constantinople près de Mahomet II, malgré les défenses du prophète, et son départ précipité pour Venise lorsque le Grand Seigneur eût fait trancher devant lui la tête à un esclave, pour lui démontrer qu'il avait mal figuré la rétractilité des muscles dans son tableau de la Décollation de St-Jean-Baptiste... Les splendides costumes de ses processions représentent exactement la physionomie de la richesse patricienne de ses contemporains : il devance même quelquefois la réalité, puisqu'il a doré, dans l'une de ses toiles, les dômes de Saint-Marc, qui devaient l'être en effet, mais qui ne le furent jamais. Ces tableaux sont de véritables mémoires du temps. Il en est de même de ceux de Calpaccio qui représentent en brillants chevaliers du xvi° siècle les guerriers du temps de Sainte-Ursule depuis l'arrivée des ambassadeurs du roi d'Angleterre qui envoie demander pour son fils la main de la jeune princesse de Cologne jusqu'à l'apothéose des onze mille vierges. Nulle part on ne traita l'histoire avec une pareille désinvolture : c'est le triomphe de l'anachronisme le plus complet qu'il soit possible de rêver : mais étant admis le principe on admire franchement. Peu importait pour ces maîtres l'exactitude archéologique, pourvu qu'ils flattassent l'œil et se montrassent magnifiques.

Plus calme est Cima de Conegliano, dont l'*Incrédulité de Saint-Thomas*, à trois seuls personnages, est un chef-d'œuvre de noblesse et de majesté. Ses madones rivalisent avec celles de Jean Bellini, et sa *Descente de Croix* lui assure un des premiers rangs de l'Ecole. Mais voici le maître des maîtres, l'immortel Titien, avec sa merveilleuse *Assomption* échappée au désastre du palais Foscari, et sa ravissante *Présentation de la Vierge au Temple*. Ces deux grandes compositions marquent le point culminant de l'ascension de son génie. On a reproché à la seconde son ordonnance singulière, commandée sans doute par la forme du panneau dans lequel devait primitivement se loger cette peinture disposée en longueur. Marie, toute petite fille, auréole en tête, gravit seule le grand escalier du temple devant un somptueux vestibule : des rues et des monuments s'alignent en perspective, des montagnes se profilent dans le lointain, et une foule de personnages se groupent sur les divers plans : mais l'œil n'est pas distrait, et cette auréole centrale qui le dirige invinciblement vers la jeune vierge, éclipse tous les riches accessoires et ramène franchement à l'unité de composition. L'impression générale est charmante ; car l'idéal et le réel y sont mêlés dans la plus parfaite harmonie : et c'est là le grand secret des maîtres vénitiens. Même accord en effet, se ré alise jusqu'à la plus extrême limite, dans cet autre chef d'œuvre, l'*Assomption*, dont la composition est établie en sens inverse : trois groupes l'occupent dans sa hauteur et l'on ne sait ce que l'on doit le plus admirer, de la paternelle et grave majesté du Maître des Cieux qui plane au sommet, de l'éclat éblouissant des trentes petits anges qui enlèvent la Vierge de terre ou de la vigoureuse réalité des témoins du miracle manifestant leur surprise. Nous sommes ici en présence de l'une des sept merveilles classsiques de la peinture, et devant elles s'effacent toutes les autres œuvres du Maître, qui abondent en ce Musée, la *Visitation*, le *Saint-Jean-Baptiste dans le désert*, et tant de portraits où la lumière et la vie débordent de toutes parts.

Après ce colonel général des coloristes italiens, mais à quelques degrès au dessous de lui, voici Giorgione, mort si prématurément à l'âge de trente quatre ans, et sa *Tempête apaisée par Saint-Marc*, qui promettait un maître supérieur peut être en puissance à Titien son rival ; — Palma le vieux et sa *Veuve de Naïm ;* — Paul Veronèse, le grand décorateur, avec sa curieuse *Bataille de Cuzzolari*, ses repas à la vénitienne chez Levy et chez Simon le Lépreux, rivaux des Noces de Cana, ses apôtres, et sa *Résurrection de Lazare* ; — enfin le fougueux Tintoret, et son miracle de *Saint-Marc délivrant un esclave du supplice*, œuvre puissante, pleine de verve et d'éclat qui m'a rappelé les grandes machines de Rembrandt, avec des raccourcis audacieux, un mouvement et un brio que le grand coloriste hollandais n'a jamais atteint. L'esclave délivré se détache en clair sur des costumes de couleur sombre, tandis qu'au contraire, le Saint qui descend du ciel, se détache en sombre sur un fonds d'éblouissante clarté. La liberté magistrale du dessin, le jeu savant des lumières, l'harmonie et la finesse des tons, la vigueur inouïe du clair obscur, sont tels dans cette œuvre capitale qu'on est tenté de redire avec je ne sais quel critique d'art : que ce n'est pas le miracle de Saint-Marc. mais le miracle du Tintoret.

Cependant Véronèse et le Tintoret, malgré ces toiles admirables, ne sont pas ici à leur véritable valeur. C'est au Palais des Doges, dans les salles du Collège et de l'Anti-Collège qu'ils se sont élevés au plus haut degré de leur perfection. Il est vrai que l'encadrement général et la solitude relative contribuent, dans ces deux salles, à faire ressortir au maximum les qualités maîtresses de ces deux rivaux. Ici l'œil ne sait où se reposer : l'impression est plus confuse et moins calme. Quoiqu'il en soit, le Titien, le Tintoret et le Véronèse forment désormais pour nous une trinité sublime que Venise seule peut faire comprendre et apprécier.

Aprés eux, faut-il citer Pordenone et ses saints ; Páris Bordone et son pècheur, présentant au Doge l'anneau trouvé dans le ventre d'un poisson ; Canaletta et ses vues du grand canal ruisselantes de lumière?.. Ils ne nous arrètent que quelques instans bien que leurs ouvrages soient des chefs d'œuvre dont pourraient s'enorgueillir de moins riches musées : mais nous accordons une longue station à notre Jacques Callot, dont la *Foire de l'Impruneta*, le *Pont-Neuf à Paris* et la *Tour de Nesle*, vastes compositions que nous ne nous attendions guère à rencontrer ici sont endiablées de verve et d'esprit satirique.

Hélas ! trois heures viennent de sonner à la vieille horloge du Couvent, et l'affreux glapissement des gardiens criant qu'on va fermer nous arrache brusquement à l'admiration de toutes ces merveilles. Nous traversons sous la pluie (ô soleil classique de Venise, qu'es-tu donc devenu ?...) la passerelle de fer de l'Anglais, et nous nous engageons dans le dédale de ruelles et de passages pittoresques qui sillonnent toute la pointe avancée du Grand Canal, l'une des parties les plus anciennes de la ville. Chemin faisant nous visitons *l'église de San Stephano* dont le cloître du xiii° siècle, fort bien conservé, a pour point central un immense puits à vaste chapiteau, dans lequel viennent puiser les jeunes filles et les matrones du voisinage. Entre deux averses, les antiques ogives éclairées par des rayons furtifs, semblent tressaillir d'aise à revoir leurs gentilles visiteuses portant bravement leurs deux sceaux à l'aide d'un brancard courbé qu'elles posent sur une épaule : des soldats s'appuient nonchalamment sur les colonnettes des trèfles : idylles modernes au milieu d'un décor du plus pur Moyen-Age.

Puis nous admirons l'étrange escalier en spirale, connu sous le nom de *Scala antica*, du Palais Cinelli ; nous passons devant le théâtre *Apollo* et devant la *Fénice*, fermés durant cette saison, et gratifiés de maigres façades peu en rapport avec la magnificence de leurs salles intérieures, et nous entrons à *San Salvatore* pour visiter le tombeau de la reine de Chypre, Catherine Cornaro, mais nous ne pouvons y apercevoir le grand tableau de la *Transfiguration* du Titien derrière les pièces d'orfévrerie qui couvrent le maitre autel. Du reste, le jour baisse, la pluie continue ses méfaits ; il est temps de songer au repos ; et de ruelles en ruelles, de ponceaux en ponceaux, de trottoirs en trottoirs, nous arrivons au Café de la Poste, où dans une salle de restaurant pittoresquement suspendue sur un canal aux eaux murmurantes, nous faisons honneur au vendredi, en déclarant la guerre à tous les poissons de l'Adriatique (il en est, ma foi, de fort appétissants) ; et nous regagnons les galeries de la place Saint-Marc pour explorer les magasins avant la musique du soir.

Le commerce est fort peu varié sous ces longues galeries qui ont en cela une ressemblance de plus avec celles de notre Palais Royal. Après les cafés, ce qui frappe au premier abord, ce sont les expositions de photographies. Le soleil et la lune ont été largement mis à contribution par les Vénitiens, et ces deux astres ont consenti à leur livrer leurs trésors, car on vend partout d'immenses photographies de jour et de nuit à des prix d'une modicité incroyable. Les clairs de lune de ces dernières sont fort originaux, et certaine devanture consacrée spécialement à la séléno-photographie nous ménage plus d'une surprise avec ses effets fantasmagoriques. On dirait d'une collection de décors pour une suite d'opéras à évocations nocturnes. Si ces bleus sombres et ces blancs étranges sont conformes à la réalité, nous regretterons longtemps de n'avoir pas choisi tout exprès una période de pleine lune pour assister, sur la Piazetta ou sur le Grand Canal, à des panoramas aussi féériques. Les autres magasins se partagent entre les libraires, les orfèvres, les marchands de verroteries, de camées, de mosaïques et d'objets en corail. Le verre filé abonde : c'est en effet une des spécialités industrielles de Venise, et nous visiterons demain un des ateliers où l'on fabrique des cravates tressées si soyeuses, des colliers et des bracelets si légers et si gracieux qn'on les croirait en soie véritable.

Nos choix faits, le ciel semble vouloir se montrer un peu plus clément : les musiciens, toujours comme au Palais-Royal, se rangent en cercle au milieu du parvis de marbre : on apporte des chaises ; les gondoles silencieuses amènent au môle de longues files d'auditeurs, et bientôt les airs retentissent des plus harmonieux accords de Verdi. Mais tout cela ne nous présente aucune physionomie franchement caractéristique, et nous préférons regagner notre hôtel dont les hautes fenêtres dominent le jardin Ducal. De notre chambre nous contemplons les nuages passant par rafales au-dessus des lagunes ; la vive lueur qui émerge de la place Saint-Marc fait ressortir devant nous l'immense campanile tout noir, tandis que les découpures de la corniche du Palais des Doges se détachent en dentelle argentée sur le ciel sombre : des bandes brillantes apparaissent au loin sur la mer par dessus les îles et le Lido : bientôt la musique se tait ; les appels des gondoliers s'éteignent petit à petit ; des effluves pénétrantes s'élèvent jusqu'à nous ; et suspendus entre la mer et le ciel, nous voyons la cité mystérieuse s'endormir à nos pieds.

Samedi 3 octobre. — *Venise* (suite). — Dès huit heures du matin nous sommes sur pied. Cette fois le soleil se met décidément de la partie, et nous nous embarquons gaiement sur le môle en louant une gondole pour toute la matinée. Nous nous installons mollement sur les coussins de la caisse noire centrale qui fait partie intégrante de ces étranges et confortables pirogues : nous levons les stores ; le gondolier s'installe à son poste, et voici qu'en traversant le Grand Canal, nous nous mettons instinctivement à chanter,

Car que faire en gondole, à moins que l'on ne chante?...

Ces barques, tout empreintes de poésie, sont bien les instruments

de la mollesse et de la volupté, et si j'avais à écrire un poème
mythologique, je dirais que Vénus, étant sortie du sein de l'onde
amère, dut monter en gondole pour aborder au rivage. Les airs
de l'opéra d'*Haydée* nous viennent tout naturellement sur les
lèvres :

> Vogue, vogue ma gondole,
> Sur les flots brillants d'azur...

Mais nous nous arrêtons tout-à-coup : le Grand Canal est
traversé ; notre gondolier a exécuté la consigne sans prendre
souci de nos chants, et nous sommes déjà derrière la Douane, au
pied de l'escalier de marbre qui conduit à l'église de *Santa Maria
Della Salute*.

Dès la fin du xvi⁰ siècle, les Vénitiens avaient eu soin de
faire orner somptueusement la plupart des perspectives qu'on
découvrit de la Piazetta En 1556, ils avaient fait construire par
Pallodio l'église de Saint-Georges-le-Majeur, dans l'île de ce
nom, en face de la Douane de la mer. En 1576, ils lui firent
construire, sur l'île de la Giudecca, presque en face du Palais des
Doges, l'église du Rédempteur. Au commencement du xvii⁰
siècle, ayant été délivrés d'une peste terrible, ils complétèrent le
tableau en édifiant l'église de Notre-Dame-du-Salut dont les
blanches coupoles couvertes de plomb et entourées de statues
présentent un aspect des plus imposants. On peut critiquer les
immenses volutes qui renforcent les angles du tambour octogonal
portant la grande coupole : elles sont lourdes : mais tous les
reliefs de ce monument original sont si puissants qu'on leur pardonne en faveur de l'ensemble. Cependant défiez-vous des
exagérations de commande. Tous les guides vous diront que
l'architecte dut enfoncer plus d'un million de pilotis pour assurer
les fondations de l'édifice : cela s'imprime couramment et se
répète sans sourciller. Il me semble cependant bien difficile, si
non impossible, de battre plus de dix pilotis sérieux dans un
mètre carré de surface : ce n'étaient apparemment pas de simples
allumettes Or, à ce compte, un million de pieux nécessiteraie t
dix hectares de surface, et l'église tout entière n'en couvre certainement pas un seul. Au lieu d'un million de pilotis, disons
donc tout au plus cent mille, ce qui est déjà fort respectable.
L'intérieur de l'église est d'une richesse proportionnée à l'ex-
voto d'une orgueilleuse et fastueuse cité : mais cette richesse
n'est pas toujours du meilleur goût ; les statues de *Venise*, de la
Vierge et de la *Peste* qui ornent le maître autel, accusent dans
l'art de la statuaire un mouvement de profonde décadence ; et
nous préférons admirer les peintures du Titien qui ornent les
plafonds du chœur et de la sacristie. Son *Sacrifice d'Abraham*
et son *Saint-Marc* y marchent de pair avec ses meilleures compositions ; et nous avons lieu de croire qu'il se complut d'une
manière toute spéciale dans la décoration de cette église, car il
nous a laissé son propre portrait dans un des médaillons ovales
des caissons. Des *Noces de Cana*, par le Tintoret, riches en
clairs obscurs qui posent cet artiste en rival de Rembrandt, com-

plètent avec de belles peintures de Palma et de Salviati, la riche ornementation de ce dernier né des grands monuments de Venise.

De Notre-Dame-du-Salut à *l'île de Saint-Georges-le-Majeur*, située presque en face de la Piazetta, comme pour défendre l'entrée de l'estuaire qui se partage entre la Giudecca et le Grand Canal, la distance est courte : à peine quelques minutes de gondole. Elles nous suffisent pour étudier dans ses moindres détails la façade de l'église bâtie par Palladio en l'honneur de Saint-Georges. L'architecte y tenta une sorte de révolution rationnelle dans son art, en disposant les portiques et les frontons de cette façade exactement sur la coupe transversale des trois nefs et des toitures. L'essai était original, mais il en résulte des obturations de perspective qui amènent trop facilement l'idée de deux façades en carton plaquées l'une contre l'autre : bien que l'effet général soit assez saisissant, il ne fut pas imité. Les plus grands génies dans tous les ordres d'idées commettent parfois des erreurs. Il est cependant fâcheux qu'on n'ait pas continué les essais dans cette voie : l'expérience acquise corrige souvent les défaillances de la première heure. L'intérieur, qui a la forme d'une croix latine n'est remarquable que par le magnifique groupe en bronze du maître autel exécuté par Campagna et représentant les quatre évangelistes et les apôtres ; par les stalles du chœur, merveilleusement sculptées en 1595 par le flamand Albert de Brüsth, qui y retraça la vie de Saint Bruno en scènes sur bois aussi animées que des peintures ; et par une *Cène* du Tintoret curieusemeet éclairée à l'aide d'une lampe qui produit de beaux effets de clair obscur. C'est pour le couvent annexé à l'église que Paul Véronèse peignit les *Noces de Cana* aujourd'hui possédées par notre Musée du Louvre.

Tous les guides recommandent l'ascension du campanile de la place Saint-Marc avant de commencer une excursion dans Venise. Nous avons préféré celui de l'église Saint-Georges qui est presque aussi élevé, parce qu'il est tout entouré d'eau ce qui rend son panorama plus pittoresque. Du reste, la pluie d'hier n'était pas engageante pour une ascension On est largement récompensé de sa fatigue lorsqu'on arrive sur la plateforme du *campanile de Saint-Georges*. De toutes parts l'horizon s'étend sans obstacles, et l'on a devant soi, au Nord et à l'Ouest, Venise toute entière, ses clochers sans nombre et son armée de coupoles, avec la Piazetta entièrement découverte en avant, et le profil adouci des Alpes dans le fond ; au Sud, les plages du Lido ; à l'Est, l'embouchure des lagunes et les vaisseaux voguant vers l'Adriatique : partout des îles émergeant de l'onde, couvertes d'églises et de maisons, assiégées de barques et de gondoles, brillant au soleil comme des nids de diamants égarés sur l'azur que zèbrent en tous sens des bandes argentées. Voilà bien la reine des eaux chantée par les poètes, abritée de tous côtés contre ble risement des lames par les langues de sable qui forment sur ses flancs des rades et des ports naturels, sereine en son immobilité, semblant défier la tempête et se moquer des vains bruits de la terre. La voilà déployant son immense triangle tourné vers le levant, comme une voile latine, avec son réseau indéfini de canaux, ses quatre cents ponts, sa forêt de palais, de campaniles et de temples... Nous nous reportons par la pensée aux époques lointaines où les Venètes, frères de nos propres aïeux, plantèrent ici les premiers pilotis de leur cité lacustre, pour se mettre à l'abri des incursions de voisins jaloux ou des aggressions des fauves du continent : où César leur accordait le droit de cité, pendant qu'il détruisait le Sénat de leurs cousins d'Armorique ; où les habitants des villes d'Italie détruites par Attila et par les Lombards venaient leur demander asile... et mesurant tous les terrains conquis sur la mer par ces fiers travailleurs, supputant l'énorme quantité de labeurs accumulés pour suspendre tant de riches édifices entre le ciel et l'eau, notre imagination reste confondue devant une pareille victoire de l'homme sur les éléments.

Mais l'heure qui sonne à la grosse horloge et qui se répète aux horloges voisines nous arrache a notre contemplation : et reprenant notre gondole nous nous dirigeons vers le quai des Esclavons pour visiter la curieuse *église de San-Zaccaria*, dont l'architecture offre un mélange original du style ogival et de celui de la Renaissance. On y conserve, sous le deuxième autel à droite, le corps du père de Saint-Jean-Baptiste, et dans le chœur une ravissante madone de Jean Bellini, accompagnée d'un délicieux petit ange jouant du violon, qui a eu l'honneur de faire le voyage de Paris sous Napoléon Iᵉʳ.

De là, un dédale de canaux mène par le chemin le plus court à l'*Arsenal*, entouré de toutes parts par de fortes murailles crénelées. Le canal est barré tout-à-coup par des chaînes et par des portes que défendent deux tours carrées à deux étages garnies de créneaux à l'orientale et munies de grands mâts de pavillon : la brique qui entre dans leur construction leur donne une teinte chaude et dorée qui tranche vigoureusement sur le ciel bleu : deux coups de canon en auraient sans doute aujourd'hui raison, mais il y a trois siècles, elles étaient de forte résistance. Nous débarquons sans essayer de forcer un passage si bien défendu, et nous nous trouvons sur une place que décore une porte monumentale percée dans le mur d'enceinte, et dont les abords forment un véritable musée. Je connais une curieuse estampe de 1571, qui la représente plus simple d'accès, avec toute la maistrance de l'Arsenal sortant du travail le soir, *con bellisimo ordine*. Mais il fallait bien placer quelque part, et en évidence, les trophées des victoires de la République. Les deux lions colossaux en marbre pentélique, enlevés par Morosini au port du Pirée en 1687 y arrivèrent les premiers. Ce sont les deux cerbères de la forteresse ; et du haut de l'attique qui surmonte l'entablement de l'arcade, le lion de Saint-Marc, la griffe sur l'Evangile, veille à ce que ses deux confrères fassent bonne garde. On compléta ensuite l'ornementation à l'aide de Dieux en marbre empruntés au personnel olympique et à celui de l'Océan. Cela est beaucoup trop agrémenté pour une porte d'Arsenal ; la noble simplicité de 1571 était plus majestueuse. Nous entrons entre ces lions et ces dieux ; et, sans chercher à visiter les bassins de radoub, les chantiers de construction, la corderie, la fonderie de canons, ateliers qui ressemblent beaucoup à ceux de nos propres arsenaux, nous demandons à entrer au musée spécial. On nous donne un soldat pour guide, et c'est bien le seul qui convienne à cette visite, car les salles où il nous conduit sont littéralement tapissées par les étendards enlevés aux Turcs et déchirés par la mitraille de combats meurtriers. Sur ces reliques glorieuses et fanées par le temps, sont disposées des panoplies d'armes de toute espèce, épées, pertuisanes, arquebuses, lances ou javelots, dont les noms barbares ou étranges pourraient remplir des pages entières de catalogue. C'est une véritable confusion d'estoc et de taille : on croit entendre le cliquetis de tous ces engins de destruction battant une marche funèbre, et l'on admire les ressources presque indéfinies que trouve l'imagination de l'homme pour varier les moyens de se défaire de son semblable. Voici même un canon-revolver, une mitrailleuse complète qui date du xvi° siècle ! Il n'y a décidément rien de nouveau sous le soleil. Et que dire de ces instruments de torture exposés à côté des armes de guerre ! de ces poires d'angoisse, de ces ceintures de sûreté, de tous ces engins horribles inventés par le tyran de Padoue, François de Carrare ! Cela nous fait passer des frissons par tout le corps. Mais je n'aime pas le bourreau à côté du soldat. Admirons plutôt cette magnifique armure d'Henri IV dont notre roi populaire fit cadeau à la sérénissime République, et cette copie du splendide Bucentaure, brûlé par ordre de Napoléon, sur lequel les Doges allaient jeter leur anneau à la mer... Mais le fer et l'acier sont dardés sur nous de toutes parts et nous nous hâtons de quitter ce repaire d'un art satanique, malgré le vif attrait qu'il offre aux velléités guerrières de notre échappé de l'école de Fontainebleau.

Après avoir quitté l'Arsenal nous continuons notre tournée d'églises : mais comment décrire l'une après l'autre toutes les merveilles artistiques éparses çà et là dans ces temples éblouissants aussi nombreux que les palais ? Un volume spécial y suffirait à peine. Aussi ne citerai-je, à *San Francesco della Vigna*, que la merveilleuse chapelle Giustiniani toute couverte de délicates scuptures en marbre : — à *Santa Maria Formosa*, que l'élégant campanile et le tableau de Santa Barbara, l'un des chefs d'œuvre de Palma le Vieux ; — à *San Giovanni et Paolo*, que... Ici, je ne puis tenir ma promesse, tout serait à décrire. Cette magnifique église gothique dont l'extérieur est inachevé, est un véritable panthéon vénitien rempli des mausolées des Doges et des grands hommes de la République. Le déplorable incendie de 1867 qui a détruit les lambris et un grand nombre de tableaux parmi lesquels l'un des chefs-d'œuvre de la peinture, le *Martyre de Saint-Pierre*, du Titien, si connu par la gravure, a épargné les sculptures et les splendides mausolées. Les Mocenigo, les Valier, les Loredan, les Corner, les Venier, les Marcello dorment ici leur dernier sommeil, et les artistes les plus renommés de Venise ont épuisé pour eux les trésors de leur imagination et de leur talent. Les uns couchés, les autres à genoux, un grand nombre à cheval, tous encadrés dans des portiques ou des colonnades, au milieu d'inscriptions et d'attributs qui rappellent les gloires de leur patrie, ils sont là magnifiques et imposants, comme la représentation vivante des fastes de la République. Le gouvernement italien a réparé autant que possible les ruines causés par l'incendie, et fait placer d'assez bonnes copies à la place des chefs-d'œuvre disparus. C'est ainsi que le *martyre de Saint-Pierre*, moine Véronais assassiné dans un bois, pourra passer quelque jour pour avoir échappé au désastre. Je doute cependant que les bleus du ciel et de l'horizon fussent aussi vifs dans l'original : bien que la copie soit ancienne, ils détournent un peu trop l'attention : mais voici bien encore la mystérieuse horreur du paysage, l'effroi indicible du moine compagnon de St-Pierre, qui lève les bras de terreur en s'enfuyant, le ciel qui s'ouvre, les anges tendant la palme au martyr, l'effet puissant et pathétique de la scène, et cette vigueur de coloris qui avait fait placer cette œuvre par la critique au-dessus de toutes les autres du Titien. Nous souhaitons qu'une bonne mosaïque fixe pour jamais sur la muraille et mette à l'abri du feu une page sublime que le Sénat de Venise défendit jadis, sous peine de mort, de faire sortir, par vente ou autrement, du territoire de la République. Nous sommes ici, en effet, dans un des principaux centres de fabrication du verre et de la mosaïque émaillée. Les restaurateurs de l'antique industrie de Murano, qui ont su lui rendre, après plusieurs siècles de décadence, son lustre primitif, devront tenir à honneur d'empêcher ainsi tant d'œuvres capitales de périr.

Sur la place de Saint-Jean et Saint-Pierre, se trouve précisément une manufacture de verre soufflé, fileté aventuriné, émaillé... Nous y entrons après avoir fait le tour de l'étrange monument Colléoni qui se dresse devant l'Eglise, comme celui de Gattamélata à Padoue, vigoureuse statue équestre élevée par Léopardi, sur un immense et riche piédestal à six colonnes, à la mémoire du condiottiere Colléoni qui légua une somme considérable à la République, après l'avoir servie, à condition qu'on lui dressât une statue ! En face de ce monument orgueilleux, on travaille modestement à ces mille bijoux délicats qui transforment le verre en fleurs brillantes, en fils soyeux, en perles gracieuses, en émaux éclatants et variés. C'est merveille de voir comment, sous les doigts de ces ouvriers habiles, de ces artistes pour mieux dire, dont l'unique outil est un chalumeau, les bâtons d'émail de toutes les couleurs, s'étirent, s'empâtent, se fondent et prennent à volonté les formes les plus sveltes et les plus inattendues : les fleurs naissent au bout de leur baguette, comme à l'ordre d'un prestidigitateur : elles se rassemblent en bouquets, au simple appel et sans effort : gracieuse et presque magique industrie, qui était digne de naître sous ce ciel poétique, où le soleil ne produit qu'or et azur.

Après avoir déjeûné sous les bosquets fleuris du café de la Poste, nous abandonnons la gondole pour reprendre notre course à travers les ruelles et nous diriger vers le *Pont du Rialto*, hardiment jeté sur le Grand Canal à l'aide d'un seul arc en maçonnerie de près de 30 mètres d'ouverture. Unique en son genre par son dispositif et par sa décoration, il produit, vu du Canal, l'effet le plus pittoresque, avec ses deux rampes vigoureusement accusées en sens inverse, et ses trois passages parallèles dont celui du milieu, couvert et percé d'arcades qui suivent la pente des deux ramparts, est intérieurement garni de boutiques très achalandées. Aussi, lorsqu'on traverse cette galerie, venant de la Grande Ile pour aller au quartier des Frari, ne s'aperçoit-on pas que l'on passe sur un pont, tant les étalages de fruits de toute espèce, d'horribles gâteaux au safran, de légumes cuits et fumants y sont nombreux et serrés. C'est un marché en permanence : l'animation y est plus grande que partout ailleurs dans Venise, et le silence général de la ville est ici largement rompu par les appels et par les discussions des marchandes. Seule l'arche centrale du sommet reste libre et donne issue sur les deux passages latéraux à ciel ouvert, d'où l'on jouit, de chaque côté, d'un admirable panorama sur les méandres du Grand Canal, bordés de palais aux styles les plus divers, et sillonnés de barques et de gondoles.

Le long quartier qu'il faut traverser pour aller du Pont du Rialto à l'*église des Frari* est beaucoup moins opulent que celui de la rive opposée. L'aspect en est même presque misérable, et il offrirait pour un peintre, ou mieux pour un aquarelliste, une foule de motifs originaux et quelquefois étranges, où le réalisme le plus accentué dispute la palme aux chaudes colorations de la brique pantelante. Les ruelles sont plus étroites, plus inégales et plus tortueuses : des linges suspendus à des cordes et à des mâtereaux coupent çà et là la perspective : des masures remplacent en maint endroit les palais ; les ponts sont délabrés, les canaux presque sordides ; et l'on ne se douterait guère, en parcourant cette sorte de ghetto misérable, qu'en son centre on va rencontrer une réunion de monuments artistiques d'une importance capitale.

L'église de *Santa Maria gloriosa dèi Frari* est un vaste édifice construit au xiiie siècle par les frères mineurs de Saint François. Sa façade ogivale, postérieure en date, comme d'habitude en Italie, est un curieux spécimen de l'architecture du siècle suivant, et ses hautes murailles de briques, à trous symétriquement rangés qui attendent les plaquages de marbre, lui donnent un aspect extérieur dont l'archaïsme et le dénuement s'accordent assez bien avec la physionomie générale du quartier. Mais dès qu'on entre dans le temple, l'impression change immédiatement,

et l'on a beau être habitué à ces surprises, elles ne manquent
jamais leur effet. En avant du transsept, un beau jubé que décorent les statues des prophètes ferme le chœur orné de magnifiques stalles en bois sculpté ; et des deux côtés de la nef s'alignent des tombeaux et des chapelles dont la variété et la
splendeur architecturale mériteraient une description détaillée.
Mais que nous importent les fastueux monuments élevés aux
doges *Foscari* et *Tron*, avec leur quatre étages de portiques
superposés et leur foule de statues ? Que nous importent le tombeau de l'évêque et général *Pesaro* avec ses anges posant le pied
sur des têtes de mort, ou l'extravagant mausolée du doge du
même nom, avec ses nègres en cariatides et ses squelettes de
bronze portant des épitaphes ?... Nous en avons vu bien d'autres
à St-Jean et St-Paul. Ce qui doit amener ici tous les artistes en
pèlerinage, ce sont les deux mausolées du *Titien* et de *Canova*.
Celui du Titien est dans le goût classique : le peintre est assis
sous un portique à 4 colonnes surmonté par le lion de St-Marc,
et décoré de statues allégoriques de bonne facture et de bas-
reliefs qui représentent les principaux chefs-d'œuvre du maître :
l'Assomption, le martyre de St-Pierre, le couronnement d'é-
pines, etc. Celui de Canova est plus fantaisiste : une immense
pyramide de marbre, dont la porte ouverte et vide est surmontée
du médaillon de l'artiste : au pied de la pyramide, le génie de la
sculpture et le lion ailé de St-Marc couchés à gauche sont abimés
dans la douleur, tandis qu'à droite une femme voilée se présente
à la porte, portant l'urne funéraire, et suivie de génies avec des
flambeaux et de jeunes filles avec des fleurs. Jamais opposition
de style et d'idée n'a été plus complète qu'entre ces deux monuments : les uns trouveront le premier un peu froid, les autres
déclareront le second trop théâtral ; ce qui est sûr, c'est que là,
dans cette église antique, près de mausolées plus compliqués et
plus fastueux, ils laissent une impression saisissante et durable.

Derrière l'église des Frari, se trouve le beau palais de la
confrérie de St-Roch, *Scuola di san Rocco*, avec sa chapelle, ses
salles grandioses et son escalier monumental : mais ce que nous
y admirons le plus, ce sont les vastes compositions dont le
Tintoret a couvert toutes les murailles avec une verve endiablée.
Presque tous les sujets sont tirés de l'ancien et du nouveau
Testament, et vous captivent malgré vous. On ne pense pas à
donner un regard aux délicates sculptures des lambris, ni aux
portes de bronze du sanctuaire. Ce *Massacre des Innocents*,
cette *Circoncision*, ce *Crucifiement*, cette *apothéose de St-Roch*,
toutes ces toiles de fougue et de haute couleur qui firent décerner
au Tintoret le surnom de *furioso* vous emportent à la suite de
l'artiste dans un tourbillon indéfinissable. Il y a là une exubé-
rance de vie que nous gardons comme la caractéristique de
l'école Vénitienne.

Car nous terminons là notre visite aux monuments de Venise,
et nous rentrons vers trois heures à notre hôtel pour nous préparer à prendre le train de Ferrare. Tous les palais du Grand

Canal défilent de nouveau sous nos yeux avec leurs styles si
divers et leurs destinées étranges. Voici la *Ca d'oro*, la plus riche
peut-être de ces façades orientales, qui appartient à la danseuse
Taglioni... Mais pourquoi revenir à une triste énumération de
ces grandeurs déchues ? Les immenses et pittoresques pieux
bariolés, surmontés de chaperons fantaisistes, qui se dressent
tout le long des canaux aux portes de ces demeures jadis opulentes pour attacher et retenir les gondoles, ne suffisent plus pour
les animer, et notre impression finale se résume en ces quelques
vers improvisés pendant une muette navigation de retour :

VENISE

(SONNET)

De Venise au ciel bleu le silence est le maître.
On ne connaît ici carrosse ni coursier ;
Points de bruits importuns... L'appel du gondolier
S'entend seul aux détours, quand l'esquif va paraître.

Eglises et palais à gothique fenêtre
Dans les flots complaisants sans peur baignent leur pied :
Et le long de leurs murs engrillagés d'acier,
Un dédale sans fin de canaux s'enchevêtre.

Le soleil verse l'or : on s'enivre d'air pur :
Et glissant mollement sur la nappe d'azur
Dans la frêle gondole on s'éprend de mystère...

Jadis un cœur puissant anima ce tableau :
Du drame et de l'intrigue on eût dit le cratère ;
Mais Venise aujourd'ui n'est qu'un vaste tombeau.

De Venise à Bologne. — Il faut revenir sur nos pas jusqu'à
Padoue : nous traversons de nouveau les lagunes sur les deux
cent vingt-deux arches du viaduc de pierre, et nous voyons successivement campaniles et coupoles se perdre dans l'horizon
bleu. Adieu Venise, ou plutôt au revoir ! car ta visite nousapporte
une grave leçon — tu nous as enseigné la vanité des grandeurs
humaines, et quelque jour nous te conduirons nos fils pour que
tu le leur apprennes à leur tour... A Padoue, changement de
front ; on descend vers le Sud. Nous passons en tunnel sous les
collines de l'Adige qui ressemblent à des chaines de tumuli
coniques, groupés et cotonneux comme les cristallisations des
géodes silicieuses. A *Monselice*, petite ville de 8 000 habitants,
un curieux mamelon silonné par des fortifications antiques
domine pittoresquement la cité : puis voici *Rovigo* et ses vieilles
tours ; et nous entrons franchement dans le delta du Pô, pays
très fertile, défendu par de hautes chaussées contre les inonda-
tions qui ne semblent guère à craindre en cette saison, car on
ne traverse que des lits desséchés et nus, de véritables rivières
de cailloux et de graviers.

Bientôt nous apercevons les hautes tours de brique du château de *Ferrare*, à deux étages comme celles de l'Arsenal de Venise et munies d'énormes macbicoulis qui leur donnent de loin un caractère de force extraordinaire. Notre projet était de nous arrêter ici entre deux trains, pour visiter la maison de l'Arioste, la prison du Tasse, et le palais qu'habita la duchesse Renée de France, seconde fille de Louis XII et d'Anne de Bretagne, qui épousa le duc d'Este Hercule II, et qui eût le malheur, après avoir accueilli à Ferrare Calvin et Marot, d'embrasser le calvinisme en plein territoire papal... Sa descendance est tout ce qui reste de nos ducs de Bretagne, et par une coïncidence singulière, elle est redevenue française par les femmes et est aujourd'hui représentée chez nous par la famille de Mun à laquelle appartient l'organisateur des Cercles Catholiques d'ouvriers : serait-ce une des raisons qui expliquent ses succès actuels en Bretagne ?... Quoiqu'il en soit, le Ciel nous refuse un arrêt en se montrant de nouveau fort inclément : la pluie tombe en furieuses averses, et nous prenons le parti de continuer notre route jusqu'à *Bologne* où nous arrivons à six heures et demie, nuit tombante. Après nous être assurés qu'il n'y a pas de représentation à l'opéra, nous trouvons bon gîte à l'albergo de la Bella-Venezia, où nous bravons le mauvais temps en nous préparant à prendre la ville d'assaut le lendemain.

DIMANCHE 4 AOUT. — *Bologne.* — Les Venètes ont donné leur nom à Venise : on dit que les Boïens ont donné le leur à Bologne. On retrouve les tribus gauloises sur tous les points importants de l'Italie septentrionale. Bologne existait cependant avant les invasions Boïennes : les Etrusques, qui l'avaient fondée, la nommaient *Felsina*. Tour à tour libre et asservie, elle devint au xv° siècle la seconde capitale des Etats de l'Eglise. La révolution de 1860 a réuni ses cent mille habitants à la monarchie piémontaise, avec tout le pays des Romagnes, et c'est aujourd'hui l'un des chefs-lieux de préfecture du royaume d'Italie. Sa topographie n'est pas compliquée. Entourée de vieilles murailles de brique, et située dans une plaine au pied des premiers contreforts des Apennins, la cité présente la forme d'un vaste hexagone dont le centre est occupé par la Piazza Maggiore sur laquelle sont situées la préfecture et la cathédrale. Autour de ce centre est disposée une sorte de damier rectangulaire, des côtés extrêmes duquel partent des rayons vers les angles de l'hexagone extérieur. Mais les rues à portiques et arcades qui déterminent ce plan régulier, fort simple de conception, sont beaucoup plus nettes sur une gravure qu'en réalité. La plupart sont étroites et légèrement sinueuses, en sorte qu'on peut facilement s'égarer. Quelques-unes seulement, aux environs de la Place Majeure, ont été récemment élargies et rectifiées, avec de grands portiques dont les tympans sont décorés de peintures en arabesques d'un goût assez douteux : mieux valait pour le pittoresque, les arcades inégales et trapues que l'on rencontre encore dans les rues voisines.

A sept heures du matin, nous assistons à une messe à la *Cathédrale*, vaste monument de style corinthien colossal, qui n'offre d'intéressant que ses bénitiers posés sur le dos de grands lions de pierre bases d'anciens piliers de porches lombards, et des peintures de Louis Carrache à l'époque de sa décadence, L'église est presque déserte, malgré le dimanche : mais cela n'est pas habituel et nous en avons l'explication sur la Piazza Maggiore, où se tient un marché très animé et où la foule se presse devant les portes de la basilique de San Petronio dont c'est aujourd'hui la fête patronale.

Très originale, cette place, le forum de Bologne au Moyen-Age, avec ses deux vieux palais *del Governo* et *del Podesta*, agrémentés de tours, de statues de saints en terre cuite et de la statue en bronze du pape Grégoire XIII assis et bénissant ; — la façade immense mais inachevée de San Petronio ; — l'élégant Portico de Bianchi construit par Vignole en 1562 ; — et la cu · rieuse fontaine que surmonte un Neptune fièrement campé par Jean Bologne au-dessus de quatre sirènes qui se pressent les seins pour en faire jaillir l'eau que l'on vient puiser dans les conques... Cet étalage de mythologie peu voilée aux pieds même de ce pape de bronze, de cette vierge dorée, de ces saints en extase qui semblent l'entourer d'une couronne chrétienne et l'autoriser par leurs regards, déroute l'étranger, et produit un contraste étrange auquel l'artiste n'a sans doute pas pris garde, tant le paganisme s'était infiltré dans les mœurs au xvi° siècle. Aujourd'hui cela détonne singulièrement : il nous faut tout l'un ou tout l'autre.

La basilique de *San Petronio* dont la première pierre fut posée en 1390, à l'époque de la république bolonaise, devait être la plus vaste du monde, et son plan fut projeté pour une longueur de 230 mètres ; mais elle n'a jamais été terminée. On n'a même pas atteint le centre du transsept qui devait être surmonté d'une colossale coupole de 42 mètres de diamètre et de 150 mètres d'élévation avec sa lanterne. Le pied de la croix a été seul exécuté. C'est un immense vaisseau d'environ 130 mètres de longueur et de 55 mètres de largeur totale à trois nefs, qui a été la tour de Babel des édiles bolonais. L'étage inférieur de la façade en marbres blancs et noirs alternés possède seul son revêtement. C'est un chef-d'œuvre de sculpture, auquel des publications spéciales ont été consacrées tout entières. On prétend que Jacques della Quercia dépensa près de douze années à la porte centrale : et son commentaire de la Genèse, divisé en compartiments qui analysent les principales scènes de la Bible, est d'une richesse de composition, d'une fleur de sentiment, d'une délicatesse de ciseau qu'on ne connaissait pas encore, même en Italie, au commencement du xv° siècle.

A l'intérieur, on est comme perdu dans ces nefs immenses ; fort heureusement pour nous, la fête les remplit d'une foule d'indigènes aux costumes bariolés : les mendiants avec leurs capulets rouges, les femmes avec leurs petits chales de couleur claire élégamment jetés sur la tète, émaillent de fleurs vives un océan houleux de fidèles inclinés. C'est le moment d'une grand'-messe. Autour du maître autel placé sous une tribune en bois que soutiennent des colonnes de marbre, se déploie un long cortège de prètres en chappe, et de choristes multicolores, et la foule se presse en rangs serrés jusque sur les degrés même de l'autel, les enfermant dans une étroite enceinte qu'elle menace d'envahir. Dans les bas côtés, la chapelle de l'Immaculée-Conception et celle des saintes Reliques, somptueusement décorées, brillent des mille feux d'une forêt de cierges, pendant que des Bolonais moins pieux, arrivés de tous les points de la campagne voisine, circulent avec force gestes d'admiration devant les belles statues de Saint Antoine par Sansovino, de Saint François par Campagna, et les Anges de la romanesque Proprezzia di Rossi. Nous avisons un suisse empanaché à qui nous demandons en mauvais italien si toute cette foule assiste à la messe principale. — Non pas, Signori, nous dit-il ; restez à la suivante et vous entendrez *della musica stupenda...* Mais notre mélomanie n'est pas telle que nous puissions attendre.

Les riches églises sont nombreuses à Bologne et nous en visitons les principales : — *San Paolo,* dont la voute est peinte en motifs d'architecture avec des colonnades qui paraissent redressées, véritable tour de force de perspective; et où nous remarquons, dans une *adoration des Mages* exécutée par un coloriste à la Ribeira, un ange jouant du trombone !... — *San Gio-vanni in monte,* au vestibule étrange, orné d'une rangée de tombes, qui eut l'honneur de posséder jadis la *Sainte-Cécile* de Raphaël, et qui possède encore le *Christ apparaissant à Madeleine* par Francia ; — *San Bartholomeo,* où la gracieuse *Annonciation* de l'Albane présente un si complet contraste avec l'horrible et trop réaliste *martyre de Saint Barthélemy* écorché vif, par Franceschini ; — *San Stefano,* bizarre agglomération de sept petites églises distinctes, presque enchevêtrées les unes dans les autres, et remontant presque toutes au x° ou au xi° siècle : celle-ci souterraine, celle-là circulaire avec une antique tribune décorée de quatre têtes fantastiques qui représentent les animaux des quatre évangélistes ; cette autre, décorée du nom d'*atrium de Pilate,* avec une foule de souvenirs de la Passion du Sauveur, en particulier la colonne de la Flagellation ; le tout précédé d'un vieux cloître sur lequel donnent cinq chapelles, avec une profusion d'antiquités chrétiennes ou païennes ; dédale de réduits sombres et d'aspect misérable qui nous saisissent d'une impression pénible et nous préparent sans doute à ce que doivent être les églises des catacombes ; — enfin *San Dominico* et *San Giacomo Maggiore* qui méritent plus qu'une simple mention.

L'église de *Saint-Dominique,* en grande partie reconstruite au siècle dernier, se trouve située sur une place irrégulière dont la décoration se compose de deux grandes colonnes isolées que surmontent les statues de la Vierge et de Saint Dominique, et de deux curieux monuments funéraires du xiii° siècle, contenant dans des cages à jour faites de deux étages de colonnettes qui ne se correspondent pas l'une au-dessus de l'autre, les tombeaux de Passeggieri et de Foscherari, C'était un luxe autrefois dans ces pays, de se faire enterrer sur les places publiques. Celle-ci, du reste, était absolument déserte quand nous y arrivâmss et présentait l'aspect d'un vaste champ funèbre. L'église tient au couvent dans lequel vécut et mourut Saint Dominique. Son architecture intérieure n'offre rien de remarquable : mais ses stalles de chœur en marqueterie de bois du xv° siècle doivent être uniques en leur espèce, et ses chapelles latérales, dont quelques unes sont de véritables églises, renferment le tombeau du Guido et celui de Saint Dominique. Le premier se réduit à une simple pierre tombale ; le second, somptueusement élevé au milieu de fresques, de sculptures et de tableaux qui se rapportent tous au saint, comme à un centre nécessaire, ne peut se comparer qu'à celui de Saint Antoine à Padoue. C'est une des merveilles architecturales de l'Italie. Nicolas de Pise sculpta, au commencement du xiii° siècle, les délicats bas-reliefs en marbre blanc qui représentent les principales scènes de la vie du saint moine, ses miracles et ses vertus ; plus tard Nicolas de Bari et Michel Ange encore jeune agrandirent le tombeau et l'ornèrent de statuettes et d'un couronnement ; enfin Lombardi l'éleva sur un socle que fouilla son ciseau, et le Guide, Spada, et autres maîtres vinrent décorer les murs de la chapelle de leurs œuvres les mieux inspirées.

Ces peintures sont pour nous une excellente préparation à la visite de celles de l'église de *San Giacomo Maggiore*, véritable musée où se sont fait gloire d'attacher leur nom les plus illustres des peintres bolonais. Presque toute l'école figure au-dessus des autels de cette église, depuis Francia et son raphaëlesque élève Innocent d'Imola, jusqu'à Louis et Augustin Carrache : nous les retrouverons bientôt à l'Académie où nous pourrons les étudier plus à loisir. Pour le moment un spectacle d'un autre ordre réclame notre attention, car l'église de Saint-Jacques est voisine des deux célèbres *Tours penchées*.

Ces deux fantastiques monuments élevés en 1109 et 1110 par les familles Asinelli et Garisendi donnent au quartier central de la ville une physionomie extraordinaire. On dirait de deux fusées de briques qui, lancées vers le Ciel, vont se rencontrer. Problème d'équilibre, elles menacent incessamment de leur chûte les maisons voisines ; problème aussi de destination, car à quoi pouvaient-elles bien servir?... La légende prétend qu'elles ne furent que le résultat d'une orgueilleuse gageure. La plus grande mesure 97 mètres de hauteur, une fois et demie celles des tours de Notre-Dame, avec un mètre d'inclinaison : l'autre n'a que 50 mètres de hauteur, mais 3 mètres de surplomb. Le dôme de Saint-Barthélemy qui, dans une certaine direction semble comme enclavé entre elles, n'arrive pas à leur cheville, et contribue à les faire paraître encore plus gigantesques : la grosse corbeille crènelée d'où chacune d'elles émerge est aussi haute que les maisons environnantes, et c'est à peine si elle prend situation dans la masse totale. Il est impossible de rendre en prose l'impression produite par ces deux témoins de la folie de deux familles rivales : on croit les voir tomber, on s'éloigne instinctivement de leur base, et l'on est presque stupéfait de voir la foule se presser à leur pied sans s'en émouvoir. Leur équilibre ne paraît pas naturel, et devant ce renversement apparent des lois de la pesanteur, l'esprit s'inquiète. Dante comparait Garisendi au géant Antée se baissant : je n'ai malheureusement pas la puissance d'imagination du chantre de la Divine Comédie, mais je n'ai pu m'empêcher de rimer notre impression d'effroi :

Les TOURS PENCHÉES DE BOLOGNE

(SONNET)

Par dessus les sommets des massives coupoles,
On aperçoit de loin l'un sur l'autre penchés
Deux sombres monuments qui semblent arrachés
Aux murs cyclopéens d'antiques nécropoles.

Ce sont deux tours de brique aux flancs nus, ébauchés,
Qu'élevèrent jadis, comme vivants symboles
Des excès dévolus aux vanités frivoles,
Deux échevins rivaux à se vaincre attachés.

Asinelli s'élance en fusée intrépide :
Garisendi, plus lourde, est aussi plus timide ;
Toutes deux vers le Ciel vont, s'entresaluant...

Le voyageur surpris craint leur chûte et recule ;
Mais le danger couru rend l'homme insouciant,
Et sans peur, à leur pied, le Bolonais circule.

N'étant pas Bolonais, nous nous hâtons de nous soustraire au danger d'une chûte ; nous visitons dans une rue voisine le charmant petit édifice du *Foro di Mercanti*, ou Chambre de Commerce, un peu grêle dans ses deux uniques ogives de la base, mais décoré d'un balcon, à baldaquin-pinacle merveilleusement fouillé, qui m'a rappelé les chaires à prêcher extérieures de Vitré et de Saint-Lô ; puis après avoir réparé nos forces en déjeunant avec accompagnement de cette fine mortadelle qui fait la gloire gastronomique de Bologne, nous nous dirigeons vers l'*Academia della Bella Arti*, ancien couvent des Jésuites, qui renferme, depuis un siècle, les collections artistiques de la cité.

Ici, comme au Musée de Venise, il est impossible de tout citer. Pour décrire en détail les huit salles de la pinacothèque contenant près de 400 tableaux, il faudrait entreprendre une his-

toire complète de cette conscience école bolonaise qui tient
comme le milieu entre les sensualistes de l'école vénitienne et
les purs idalistes de l'école romaine. De ces magnifiques galeries des centres artistiques italiens on sort littéralement ébloui :
et de cetentassement d'œuvres capitales soit au point de vue de
l'effet, soit au point de vue de l'histoire de l'art, quelques-une-
seulement émergent d'une façon plus saisissante dans nos souve
nirs : je ne mentionnerai que celles-là, sans infliger aux autres,
par cette exception, une note de dédaigneux oubli.

Voici d'abord les madones glorieuses de Francia qui fut à
Bologne le Bellini de Venise et le Perrugin de l'Ombrie. Ses
Vierges dans la gloire, dont le trône est entouré de saints, d'é-
vêques et de grands personnages qui ont commandé ces peintures,
peuvent soutenir la comparaison avec les plus belles de ses deux
rivaux. L'une d'elles est précisément placée à côté d'une madone
analogue de Perrugin : nous avons encore les impressions toutes
fraîches de Venise et nous constatons que Francia sert exactement d'intermédiaire entre les deux maîtres et les deux régions
en réunissant la couleur et la forme. Il possède la chaleur de
Bellini et la correction du Perrugin, et résume pour nous la plus
parfaite expression du sentiment religieux dans le grand art
décoratif. Né plus de trente ans après Raphaël, Francia mourut
trois ans après lui. On rapporte que lorsque l'élève de Pérrugin lui
envoya en 1515 cette sublime *Sainte Cécile en extase* qui lui avait
été commandée par une dame de Bologne et qui est aujourd'hui
ja perle de tout le Musée, il le pria de corriger les défauts qu'il y
découvrirait et d'y faire les retouches qu'il croirait nécessaires.
Mais Francia fut tellement saisi d'admiration devant ce style
grandiose que lui révélait son jeune ami, qu'il ne voulut pas y
toucher et même, ajoute Vasari, qu'il ne tarda pas à mourir. Ce
qui est sûr, c'est que nous autres, blasés par la vue de tant de
chefs-d'œuvre de toutes les écoles, nous ne pouvons nous défendre d'un sentiment presque extatique devant cette extase.
Sainte Cécile entourée de plusieurs autres saints, écoute la musique exécutée par les Anges, et son orgue va lui tomber des
mains : il semble que nous soyons prêts à faire comme elle.

Après Francia, nous rencontrons deux de ses meilleurs
élèves, Lorenro Costa avec un magnifique *Saint Petrone* et Innocent d'Imola avec un *Saint Michel*, imité de celui que nous
connaissons de Raphaël au Louvre : puis nous arrivons aux
initiateurs de la révolution académique qui a sauvé l'école bolonaise de la décadence, aux trois Carrache. Annibal et Lou s
nous offrent des *Vierges glorieuses*, une *Annonciation* qui ia
mérité le voyage de Paris sous le premier Empire, et une *Nat-
vité de Saint Jean-Baptiste* annonçant un retour bien décidé aux
règles calmes et fortes du grand art; Augustin nous réserve ses
deux œuvres capitales, une *Assomption* et une *Dernière communion de Saint Jérôme* qui peut passer pour le modéle d'un
chef-d'œuvre, puisque le Dominicain n'a pris que la peine de

changer le sens des personnages, de copier les détails et d'enno-
blir un peu les figures pour en faire la merveille que nous admirons au Vatican en face de la Transfiguration de Raphaël.

Si l'on excepte la *Sainte Cécile*, qui ne figure que par hasard
dans les galeries de la pinacothèque de Bologne, les toiles les
plus remarquables du Musée sont celles des grands élèves des
Carrache : le Dominiquin, le Guide, le Guerchin et l'Albane.

Le Dominiquin a laissé trois immenses toiles au Musée de
Bologne, inégales comme la plupart de ses œuvres, car sa science
de composition, sa correction de dessin, sa force de coloris sont
souvent au service de la déclamation théâtrale ; mais lorsqu'elles
se joignent chez lui au bonheur des attitudes et à la noblesse de
l'expression, il atteint les sommets les plus élevés de l'art. Son
Martyre de Saint Pierre produirait une impression plus vive
s'il n'était pas la répétition retournée de celui du Titien (c'était
décidément un mode assez facile de composition que ce procédé)
et si les robes blanches de ses moines n'étaient pas si éclatantes :
son *Rosaire* est merveilleusement peint, mais on en saisit avec
peine l'allégorie assez confuse. Son chef-d'œuvre à Bologne est
le *Martyre de Sainte Agnès*, où la science et l'unité du dessin,
avec la figure illuminée de la sainte pour point central de conver-
gence, sont poussées au plus haut degré de perfection : mais
cela n'a pas la véritable vie des œuvres de franche inspiration :
certaines postures sont trop étudiées pour être naturelles, et je
ne donne mon admiration sans réserve qu'au groupe classique
des trois femmes qui figurent à droite au premier plan : 'expression d'effroi de la première n'est surpassée que par l'animation de la conversation des deux autres : cela mériterait d'être
signé Raphaël

Les toiles de Guido Reni sont plus nombreuses que celles du
Dominiquin au Musée de Bologne : aussi fut-il plus fécond, et
ses différentes manières pourraient faire supposer qu'il sut se
dédoubler en plusieurs artistes. Quoiqu'il ait laissé son *Aurore* à
Rome et sa *Déjanire* à Paris, Bologne ne doit pas se montrer
trop jalouse, car elle possède son *Massacre des Innocents* que la
gravure a popularisée, et sa *Pitié* que le Sénat Bolonais gratifia
d'une médaille d'or. La composition de cet immense ex-voto est
passablement singulière, mais quelle élégance de dessin, quelle
heureuse variété de costumes et d'attitudes, quelle harmonieuse
distribution de lumières. Guido ne fut surpassé sur ce dernier
point, que par le Guerchin que nous déclarons, pour la science
et le relief du clair obscur, le Tintoret de Bologne. Etant enfant,
j'ai souvent contemplé dans la cathédrale de Vannes une assez
bonne copie de son *Apothéose de Sainte Pétronille* que nous
verrons au Capitole à Rome. La lumière y est éblouissante : ce
que l'on conserve de lui au Musée de Bologne a moins d'éclat ;
c'est une série de saints plus calmes et plus sobres de ton, qui
feraient, chacun, la gloire et l'ornement d'un bon Musée de pro-
vince, et qui sont ici perdus dans cet entassement de chefs-

d'œuvre plus saisissants. J'en dirai autant de l'Albane, dont les Vierges glorieuses et le *Baptême de Jésus-Christ* ne ressemblent guère aux travaux habituels de celui qu'on a pu appeler l'Anacréon de la peinture, et qui réunit ici à la noblesse et au sentiment religieux la suavité et l'harmonie de tons de ses groupes d'Amours et de ses sujets mythologiques oubliés par sa patrie.

Ravenne. — Nous sortons du Musée de Bologne fatigués par une sorte d'éblouissement continu, et pour nous remettre en bon point, nous prenons le train de Ravenne. Route monotone au milieu d'une plaine d'alluvions, sans autre incident que des mâts de pavillon et la tribune d'un champ de courses à Russi : mais tous les champs de courses se ressemblent : on pourrait se croire à Chantilly ou à Saint-Mandé, si l'on ne constatait un peu plus de velours chez les hommes et quelques mouchoirs rouges chez les femmes Ce n'est pas encore là le pittoresque costume de la campagne romaine. A quatre heures nous faisons, en corricolo, notre entrée triomphale dans l'ancienne capitale de l'Empire d'Occident.

Impossible d'imaginer décadence plus complète. Ce port jadis florissant de l'Adriatique est aujourd'hui enlisé et perdu dans les sables. A voir sa physionomie terne et désolée, ses longues rues où pousse l'herbe, ses places désertes aux tristes colonnes et aux mornes statues, ses murailles et ses constructions délabrées, qui se douterait qu'il fut la résidence de l'empereur Honorius et de ses successeurs, jusqu'au moment où le roi des Ostrogoths, Théodoric, y établit la sienne ! Mais il ne faut pas juger seulement sur l'extérieur, car c'est ici qu'il faut venir chercher les plus anciens monuments de l'architecture chrétienne conservés intacts depuis le cinquième siècle, malgré les sièges et les sacs, malgré les prises successives de la cité par Bélisaire, par les Lombards, par Pépin et par les rivaux des Papes.

L'un des plus intéressants est le *Mausolée de Galla Placidia*, élevé par cette impératrice elle-même, fille de Théodose, sœur d'Honorius, et mère de Valentinien III, pour recevoir son tombeau et celui de ses parents. C'est une chapelle en forme de croix grecque, qui date de l'an 440, avec une sorte de coupole au centre. Le sarcophage colossal en marbre de l'impératrice est placé derrière l'autel, et des deux côtés sont ceux d'Honorius et de Valentinien III. Cet appareil funèbre est d'autant plus imposant que les voûtes sont basses et qu'il semble qu'on soit entré dans une crypte souterraine. Mais la magnificence de la décoration ne tarde pas à chasser l'idée de la mort pour amener celle de l'apothéose. On raconte même qu'une ouverture pratiquée dans le marbre du sarcophage permettait autrefois d'apercevoir à l'intérieur l'impératrice assise sur un trône, revêtue de ses habits de cérémonie, et que, des enfants ayant introduit du feu par cette ouverture, ces restes somptueux furent détruits vers la fin du XVIᵉ siècle. Ce que quatorze siècles n'ont pu détruire, ce sont les éclatantes mosaïques à fonds d'or qui couvrent toutes les murailles, leurs reflets chatoyants, leurs ombres encore brillantes, et l'archaïsme naïf de leurs allégories et de leurs monogrammes. Nous admirons surtout de délicieuses colombes et un bon pasteur dont aucune parole ne pourrait exprimer le sentiment profondément religieux. C'est encore là, à l'origine même de l'art, qu'il faut aller chercher les véritables sources de l'inspiration chrétienne.

De la même époque est un immense *baptistère* octogone, contigu à la cathédrale, large vaisseau moderne qui n'a rien de remarquable. Une vieille femme nous introduit dans ce vénérable monument, et semble faire partie des débris antiques entassés à la porte. L'intérieur du baptistère est décoré de deux rangées d'arcades superposées dont les colonnes, de diamètres et de chapiteaux différents, ont été sans doute arrachées à quelque temple du paganisme. Les mosaïques qui couvrent les murs, les tympans et la haute coupole sont de plus grand style que celles du mausolée de Galla; mais si l'on peut contester le goût des arabesques qui séparent les lignes de sujets, il faut reconnaitre qu'il y a là de véritables tableaux dont l'âge n'est pas la seule recommandation : le baptême de Notre-Seigneur présente d'excellents traits et les douze apôtres de la coupole ont un air de majesté véritable. Malheureusement les régions inférieures du monument sont fort dégradées : les petits cubes émaillés de la mosaïque tombent et s'égrennent sur le sol, aidés dans ce voyage par les déprédations des touristes anglais qui se croiraient déshonorés s'ils n'en rapportaient pas quelques-uns dans leurs souvenirs : la vieille gardienne y est tellement habituée qu'elle nous offre ceux qui sont à terre, et nous ne pouvons nous empêcher de féliciter l'énorme cuve des fonds baptismaux placée au milieu de l'édifice d'être monolite, car elle est encore plus à la la portée des mains profanes. Il est grand temps que de sérieuses mesures de préservation soient prises pour sauver de l'injure des hommes ces pierres épargnées par l'injure du temps.

La première meitié du vi° siècle est représentée à Ravenne par la *basilique de Saint Apollinaire*, primitivement dédiée à Saint Martin et par le petit édifice octogone de *Santa Maria in Cosmedin*, situé dans le préau de l'église en ruine de San Spirito. Ces deux monuments furent construits et richement décorés par Théodoric pour servir aux Ariens, l'un de cathédrale, l'autre de baptistère. Les mosaïques sur fond d'or y sont encore aussi vives qu'à l'époque de leur construction. La basilique est surtout intéressante, avec ses trois nefs sans transsept, séparées par des colonnes de marbre veiné qui furent apportées de Constantinople. Des deux côtés de la nef principale, règne, au-dessus des colonnes, une magnifique frise en mosaïque représentant deux processions de saints, imitées depuis par le peintre Flandrin à Saint Vincent-de-Paul et à Saint Germain-des-Prés. Du côté gauche, les saintes femmes avec des robes blanches et des tuniques d'or toutes nimbées, partent de la ville et du port (*classis*) et se dirigent, précédées des Mages, vers la Vierge assise avec l'Enfant Jésus. Du côté droit, les Saints, conduits par Saint Martin, partent du palais de Théodoric (*palatium*) curieusement étagé et muni de somptueux rideaux, et se dirigent vers le Christ qui les attend assis en face de la Vierge. Cette majestueuse procession, se détachant sur un fonds éblouissant d'or et de clarté, semble une apparition céleste : l'artiste a voulu représenter le Paradis entr'ouvert ; et l'illusion serait complète si l'on n'avait pas ajouté au-dessus de la frise, une ligne de petits sujets tirés de l'Ancien et du Nouveau Testament. L'horizon gagnerait à se refermer sans entrave sur les lambris du plafond.

Belisaire ayant chassé les Goths de Ravenne en 540, l'empereur Justinien voulut donner à ses nouveaux sujets un témoignage de sa sollicitude, et leur ayant envoyé un exarque en résidence, il ordonna la construction de la célèbre *église de San Vitale*, le type le plus complet en Occident de l'architecture religieuse de l'Empire Grec. Deux siècles plus tard, Charlemagne fit bâtir à son image la basilique impériale d'Aix-la-Chapelle. Je ne m'arrêterai pas à en décrire l'extérieur : en Italie c'est l'accessoire, et on a plaqué l'édifice, ô profanation, par des constructions modernes. Les profanations sont malheureusement plus grandes encore à l'intérieur. Le plan est d'une simplicité saisissante : deux octogones réguliers *concentriques*, dont l'espace annulaire forme ce qui correspond dans nos églises aux collatéraux. L'octogone central est *vigoureusement* indiqué à ses huit angles par huit gros piliers supportant une coupole : sept de leurs intervalles sont remplis par des exèdres en demi cercle à deux étages de trois arcades sur colonnes, le second étage formant tribune ; et le huitième est ouvert pour donner place au chœur, avec deux rangs de portiques droits, arrêtés à la hauteur des exèdres et terminés par un abside. Toutes les arcades sont en plein cintre ; et l'œil saisit du premier coup l'harmonie, la simplicité et l'unité de la distribution. Mais le chœur seul a gardé intacte sa décoration primitive. Les piliers de l'octogone, noyés d'un mètre au moins dans le sol remblayé pour le mettre à l'abri de l'invasion des eaux, ne sont plus revêtus de leurs magnifiques plaquages de marbre que sur une faible hauteur, au *primo pianto* ; tous les autres marbres et les mosaïques de l'étage supérieur, sauf dans les tympans des petits portiques des exèdres, même celles de la voûte, ont disparu pour faire place à des peintures architecturales d'assez pauvre goût. On doit d'autant plus regretter cette destruction que les mosaïques du chœur, seules restées intactes, et aussi fraîches encore que si elles venaient d'être posées, offrent une magnificence extraordinaire, et non pas seulement des sujets bibliques ou allégoriques, mais la représentation au naturel de toute la cour impériale de Constantinople : Justinien, ses guerriers et ses prêtres ; Théodora, ses femmes et leurs suivantes, portant à l'autel de riches présents. C'est comme une vision d'un monde et de mœurs depuis longtemps oubliés, une échappée par delà les siècles à des distances inattendues, une évocation magique des splendeurs de l'ancien Empire d'Orient. Pour ces mosaïques et celles que nous avons précédemment citées, qui nous ramènent à treize siècles en arrière, avec une intensité d'impression inouïe, Ravenne seule vaudrait le voyage d'Italie, car rien de pareil ne se retrouve ailleurs.

Nous ne pouvions cependant quitter cette dernière capitale de l'Empire, sans un pélerinage au tombeau de Dante, qui y mourut le 14 septembre 1321. Ce n'est pas que le monument soit digne de l'illustre poëte. Il date seulement du siècle dernier, et nous ne pouvons le comparer qu'aux vulgaires chapelles funèbres de nos cimetières modernes : placé dans l'angle rentrant d'une rue sans relief, il semble abandonné par l'indifférence et par l'incurie. Qu'il y a loin de ce triste mausolée à celui de l'église et à la statue de la place Santa Croce de Florence ! C'est pourtant la même Florence au sujet de laquelle nous lisons ici ces deux vers :

> Hic claudor Dantes patriis extorris ab oris
> Quem genuit parvi Florentia mater amoris...

Mais Florence, en 1321, excommuniait son plus illustre fils. Aujourd'hui elle l'exalte et lui élève des statues. Ainsi va le monde. La gloire est, plus que tout autre divinité, capricieuse et fantasque. A l'exemple d'Ugolin, dont la sombre histoire nous revient au souvenir, en face de son chantre inspiré, elle dévore volontiers ses enfants pendant leur vie pour leur conserver une mère.

Sur cette réflexion féroce, nous nous livrons à un voyage assez accidenté à la recherche d'un dîner que nous atteignons enfin sur la Piazza Maggiore, aujourd'hui place Victor-Emmanuel : car les Italiens, depuis quelques années, ont abusé du roi galantuomo, au moins autant que les Anglais de Nelson et de Wellington. Ils n'ont cependant pas déboulonné la statue de Clément XII qui décore cette place, ni jeté à bas les deux hautes colonnes de granit érigées en 1484 par les Vénitiens en l'honneur de Saint Vital et de Saint Apollinaire, les deux patrons de la cité, dont les tombeaux se vénèrent à Bologne, à San Stefano des Sept Eglises. Nous les en remercions sincèrement. Cela prouve chez cette nation à tête chaude plus de bon sens que chez nous autres, peuple plus réfléchi, plus calme et, disons-nous souvent, plus sage, qui nous hâtons de renverser les statues de nos grands hommes à chaque changement de gouvernement.

Décidément la visite de Ravenne pousse aux idées philosophiques. Pour ne pas nous laisser transformer en Alcestes, nous nous hâtons de quitter cette ville désolée, et Bologne nous revoie à neuf heures du soir, pour nous préparer à franchir la chaîne des Apennins.

Lundi 5 Octobre. — *De Bologne à Florence.* — Il faut sept heures pour franchir, en chemin de fer, toute la chaîne des Apennins jusqu'à la capitale de l'ancienne Toscane. Le départ de Bologne, au lever du soleil, ne manque pas d'un certain charme fort poétique : les coupoles, les campaniles et les deux tours penchées se profilent en silhouette violacée sur le ciel doré au levant, comme dans un décor de diorama, et le long portique de plus de six cents arcades qui grimpe sur la colline voisine, le *Monte della Guardia*, pour atteindre le dôme étincelant de blancheur de l'église *della Madona de San Lucca* située au sommet, brille, aux premiers rayons, comme une colossale échelle de marbre jetée sur la montagne. Puis toute cette fantasmagorie disparait soudain et la voie entre dans la vallée du Reno, torrent de galets dont elle emprunte parfois le lit tortueux.

Les Apennins ont peu de caractère au départ sur le versant oriental : les premiers contreforts ne sont que des collines crayeuses couvertes de vignes : puis apparaissent des coupures abruptes à grands talus, et recommencent les amas de terre et de vase. A partir de Riola, les eaux du Reno deviennent absolument bourbeuses, et les environs demeurent déserts et désolés : çà et là un vieux château gothique, un moulin hydraulique en ruine, une auberge délabrée, des villages rares et d'aspect misérable. Aux abords de la Poretta, les profils de la montagne s'efforcent de simuler des pics et des cirques, mais n'y réussissent pas ; tout cela est émoussé, sans formes précises et bien loin des aspects alpestres ou pyrénéens : et comme on gravit ces pentes avec une majestueuse lenteur, nous en profitons pour déjeûner tranquillement, sans nous préoccuper outre mesure des horizons. Mais tout-à-coup l'aspect change ; les tunnels succèdent aux viaducs et les viaducs aux tunnels ; le faîte est franchi ; le train est emporté avec une vitesse vertigineuse à travers des pentes et des courbes semées de précipices ; et le soleil qui se dégage des brouillards des sommets nous offre de magnifiques échappées sur la Toscane, dont les campagnes s'étendent à nos pieds. Ce versant occidental des Apennins est tout différent de celui que nous venons de parcourir. Nous descendons la vallée de l'Ombrone au milieu de forêts de châtaigners, aux reliefs pittoresques, et par les créneaux que forment les clairières, nous apercevons au loin dans la plaine grise briller les dômes et les blanches villas des environs de Pistoie. Puis les ravins et les viaducs font place aux champs d'oliviers ; nous passons près d'un château de style gothique fort prétentieux, dont la couleur rouge tranche crûment sur le fond vert d'un parc encombré de statues ; nous traversons le théâtre de la dernière bataille de Catilina près d'une petite tour élevée sur l'endroit même où l'on prétend qu'il périt ; et nous faisons une courte halte à la station de Pistoie, dont le dôme, le baptistère et le campanile rouge à rangs de colonnettes noires invitent de loin à visiter les sculptures de Nicolas, de Jean et d'André de Pise. Malheureusement le temps nous presse, et comme le train suivant nous conduirait beaucoup trop tard à Florence, nous brûlons les monuments de Pistoie, en nous réservant de visiter à Pise leurs frères et leurs maitres.

De Pistoie à Florence, la vallée s'élargit. La végétation est luxuriante : on s'avance au milieu de fleurs et de fruits ; ce ne sont que mûriers, figuiers, oliviers, villas entourées de cyprès et blancs castels se détachant sur la verdure : mais verdure spéciale où le gris et le noir dominent et qui manque de fraîcheur : si le soleil ne venait l'égayer en se jouant sur les crêtes vives des murailles éclatantes, son aspect serait triste et presque funèbre. C'est ici que le nord prend sa revanche sur le midi : s'il ne possède pas les francs ciels bleus et les chauds horizons violacés, lui seul connaît les verts frais qui flattent l'œil et le reposent : chaque région de l'univers a sa part bien ménagée dans les faveurs de la nature.

Bientôt le dôme immense de Sainte Marie-des-Fleurs se profile au milieu de la vallée par dessus les oliviers et les villas ; les autres coupoles de moindre élévation, les flèches et les campaniles de toute sorte, lui succèdent petit à petit : on devine les abords d'une cité populeuse et florissante : les maisons de campagne d'abord disséminées se pressent l'une contre l'autre ; des faubourgs se dessinent ; et, à une heure précise, le bruit cadencé du passage sur les plaques tournantes nous avertit que le train est entré en gare de Florence. Nous traversons une armée de facchini et de gens en livrée qui sont bien les plus mortels ennemis des voyageurs amoureux de leur propre indépendance, et nous nous jetons, sans leur aide, dans un cabriolet qui nous mène, en quelques tours de roues, à l'hôtel di Porta Rossa, où j'étais déjà descendu en 1865.

CHAPITRE SIXIÈME

De Florence à Rome

Suite du lundi 5 octobre. — *Florence*. — Divisée en deux parties très distinctes par la rivière de l'Arno, dont les ponts rivalisent d'élégance non-seulement entre eux, mais avec les plus célèbres monuments de ce genre, la ville de Florence est irrégulièrement bâtie : la plupart de ses rues sont de largeur inégale et de cours tortueux : mais ses nombreux palais cyclopéens épars de tous côtés, dans les voies somptueuses comme dans les plus modestes, lui donnent une physionomie typique et franchement originale qu'on ne rencontre au même point qu'à Sienne, et dans de moindres proportions à Pise et autres villes principales du pays Toscan. Leurs massives et sombres façades, en gigantesques pierres de taille noirâtres soigneusement appareillées, se composent en général de deux étages très élevés, bâtis sur un colossal soubassement à gros refends et bossages, percé de rares ouvertures en plein cintre, et surmontés d'une lourde corniche aux puissants reliefs. Ni portiques, ni colonnades. Toute la richesse de la décoration est réservée aux sculptures de la corniche, ou aux meneaux des fenêtres plus nombreuses et plus légères des étages supérieurs. Du haut en bas l'aspect est sévère : la teinte noire ou brune de la pierre contribue à l'assombrir, et l'on croirait plutôt rencontrer là des châteaux forts que des palais. Autant ceux de Venise sont élégants, gais, franchement ouverts, aspirant le soleil par leurs larges baies finement découpées, autant ceux de Florence sont trapus, moroses, fermés au jour. On se dit qu'ils ont sans doute soutenu des sièges, à l'époque des luttes intestines où il fallait transformer chaque habitation en forteresse, et l'on reconnaît en eux une réminiscence des vieilles constructions étrusques devenues des castels féodaux au Moyen-Age.

L'une des plus remarquables de ces demeures solidement assises, est l'immense palais Ricardi, bâti au xvᵉ siècle par les Médicis, aux murs bronzés, à l'architecture grave et imposante au dehors, contrastant d'une façon saisissante avec le luxe des cours intérieures ornées de colonnades corinthiennes et de bas reliefs de Donatello ; — et la plus étrange est le palais Pitti, aujourd'hui Palais Royal, dont le soubassement, d'une longueur de plus de 150 mètres, contient des blocs monolithes taillés à bossages, de plus de huit mètres de longueur. Les Bavarois ont trouvé cette muraille du palais Pitti tellement à leur goût, qu'ils l'ont servilement copiée à Munich pour l'une des façades de leur Palais Royal, mais sans réfléchir qu'à Florence la perspective en est encadrée par un parc aux grands arbres et précédée d'une vaste place en pente accentuée, tandis qu'à Munich ce côté d'une place carrée assez restreinte jure absolument avec les constructions des trois autres côtés. Il y a là un défaut de proportions impardonnable. Lorsqu'on veut copier, il faut le faire intelligemment, et placer la copie dans le même cadre que l'original. Le palais Pitti est imposant à Florence et ridicule à Munich.

L'un des points de principale attraction de Florence est la *Place della Signoria* ou de l'Hôtel-de-Ville, le forum florentin, trop étroit pour les hautes constructions qui l'entourent, et rempli de tant de richesses artistiques qu'il semble craquer sous leur poids. C'est un véritable musée en plein air, et musée d'œuvres signées des noms les plus éclatants de l'art italien. Des deux côtés de la porte du *Palazzo Vecchio*, ancien siège du Gouvernement de la République, qui dresse encore ses quatre étages de murailles puissamment crénelées au-dessus desquelles émerge un curieux minaret gothique, voici le *David* de Michel-Ange et l'*Hercule* de Bandinelli, énormes nudités étincelantes de blancheur dont la place serait plus naturelle à l'intérieur d'une salle d'escrime : mais en Italie on n'y regarde pas de si près. Peut être a-t-on voulu, du reste, déclarer par cette exhibition, que la force réside au siège du Gouvernement, et que nul ne peut lui résister : toutes ces statues sont triomphantes : c'est Hercule terrassant le géant Cacus : c'est David vainqueur de Goliath : c'est encore, sous la *Loge des Lanzzi* toute voisine, *Persée* tenant en main la tête de Méduse. Cette dernière, merveilleux bronze de Benvenuto Cellini, est incontestablement le chef-d'œuvre de la statuaire métallique. La pose en est à la fois noble et naturelle ; la science de l'anatomie y est poussée jusqu'à ses dernières limites, et la tête est si vivante qu'elle semble respirer. Si l'artiste a voulu représenter, sous l'allégorie mythologique l'ordre vainqueur de l'anarchie, son but a été admirablement rempli. Si telle n'a pas été son intention, nous la transformons d'autant plus volontiers que les Florentins ont été certainement dirigés par un motif d'enseignement politique en plaçant sous la *Judith* de Donatello qui orne la même Loggia, l'inscription suivante à l'adresse de Pierre de Médicis : *Exemplum salut. publ. cives posuere. MCCCCXCV.*

Nous ne cherchons pas de sens allégorique au magnifique groupe de marbre de Jean Bologne, connu sous le nom d'*Enlèvement de la Sabine*, qui orne la troisième arcade de la Loggia. Il nous suffit qu'il rivalise avec les plus beaux monuments de la sculpture antique : et nous trouvons précisément sous cet élégant portique des Lanzzi qui fut d'abord la tribune aux harangues du forum florentin, puis le poste des lansquenets de la garde, des points de comparaison immédiats : un soldat grec soutenant le corps d'Ajax mourant, et des prêtresses romaines aux fines draperies et aux coiffures singulières, provenant de la villa Médicis. Ailleurs, ce mélange des œuvres antiques et modernes détonnerait, et pourrait presque paraître une profanation : mais dans la patrie de Michel-Ange, rien ne semble plus naturel. L'Athènes de la Renaissance donne ici la main à sa sœur des anciens jours.

La place Della Signoria est encore ornée, devant le gracieux palais Ugoccini bâti par Palladio et attribué à Raphaël, d'une fontaine de Neptune avec des tritons de marbre et d'une statue équestre élevée par Jean-Bologne à la gloire de Cosme Ier : mais ces monuments qu'on admirerait peut être s'ils étaient les seuls de la Piazza, pâlissent devant ceux de la Loge et du Palais Vieux : nous ne leur accordons qu'un regard d'estime, réservant notre attention pour les trésors artistiques que va nous offrir en foule la *Galerie des Uffizzi* ou des *Offices*.

Cette célèbre galerie installée au-dessus de vastes portiques que décorent les statues des 28 personnages les plus illustres de Florence et qui réunissent le Palais Vieux au quai de l'Arno et au pont Vecchio, est un musée complet dans le genre du musée du Louvre, contenant, outre des tableaux, des statues antiques, des bronzes, des dessins, des gemmes, des poteries, faïences et émaux, des antiquités étrusques et romaines, en un mot toutes les manifestations de l'art à toutes les époques. Donner une simple idée de pareilles richesses m'entraînerait bien au-delà du cadre de ces souvenirs : l'éblouissement, il n'y a pas d'autre mot dans la langue française, est encore ici la note dominante ; et je dois me borner à citer seulement quelques œuvres capitales entre mille.

L'entrée est imposante. Au haut d'un grand escalier de marbre, on rencontre d'abord deux vestibules ornés, l'un des bustes des Médicis fondateurs de la collection, l'autre de statues antiques parmi lesquelles, auprès d'Apollon et des empereurs Adrien et Trajan, on remarque un magnifique sanglier et deux chiens de forte encolure qui semblent monter la garde aux portes du musée : tous les marbriers d'Italie reproduisent ce sanglier et ces chiens en toutes couleurs et en toutes dimensions. On entre alors dans de longues galeries directement placées au-dessus des portiques du rez-de-chaussée et qui sont ornées, d'un côté, de bustes d'empereurs romains, de l'autre de tableaux de vieux maîtres depuis Giotto avec un curieux Jardin des Oliviers, jusqu'à Lorenzo di Credi et fra Angelico. Tout cela est sévère, archaïque et majestueux. Cette longue file d'empereurs et d'impératrices posés sur des colonnettes, et dont les yeux, à hauteur des vôtres, vous fixent froidement, vous font prendre malgré vous une attitude recueillie. Seuls, les coiffures étranges et bizarrement variées des impératrices, et les rares sujets mytholiques essayés par les vieux maîtres abandonnant timidement les tableaux de sainteté pour donner libre carrière à leur imagination vagabonde (telle une curieuse naissance de Vénus de Boticelli), apportent une note douce ou gaie dans ce concert solennel. On ne saurait mieux préparer le visiteur aux surprises qui l'attendent.

C'est en effet sur cette galerie que s'ouvrent les salles célèbres où sont réunis les plus purs chefs-d'œuvre de l'art ancien et moderne. L'une d'elles, appelée la *Tribune*, construite par Buontalenti en forme de petit sanctuaire octogone est un splendide résumé de toutes les autres : véritable cassette constellée de joyaux dont on ne peut se lasser de contempler l'éclat. Dans aucun musée du monde on n'a su réunir une telle variété d'œuvres admirables. Cinq statues antiques en occupent la partie centrale, tellement popularisées par la gravure et par les reproductions qu'il suffit de les nommer pour les rendre présentes à toutes les mémoires. Qui ne connaît la délicate *Vénus de Médicis*, le jeune *Apollon* de Praxitèle, le *Fauve dansant* habilement restauré par Michel-Ange, le groupe vigoureusement enlacé des *Deux lutteurs*, et ce mystérieux *Remouleur accroupi*, l'œil levé vers le ciel, qui a si fort intrigué depuis trois siècles les érudits et les commentateurs ?... Est-ce un Scythe aiguisant son couteau pour écorcher Marsyas ? Est-ce un simple esclave aspirant à la liberté ? Qu'importe ? Il vous fait rêver et c'est l'essentiel.

Et comment énumérer toutes les richesses appendues aux murailles ?... La Sainte Famille de *Michel-Ange*, la Sybille Samienne du *Guerchin*, la Madone d'*Andrea del Sarto*, les deux Vénus du *Titien*, le Massacre des Innocents de *Daniel de Volterre*, le Job de *Fra Bartholomeo*, la Vierge du *Guide*, le Charles Quint de *Van Dyck*, la Madone glorieuse du *Perugin*, l'Eliezer de *Louis Carrache*, l'Adoration des Mages d'*Albert Durer*, le Saint-Jérôme de *Ribeira*, le Saint-Jean et le portrait de Femme de *Raphaël*, la Sainte-Famille de *Jules Romain*... et par-dessus tout la Vierge au Chardonneret de *Raphaël* et la Vierge en adoration du *Corrège* ? Qui pourra dire laquelle il préfère de ces deux suaves et ravissantes compositions ? On reste muet devant elles : on se contente d'admirer et l'on n'a garde de se livrer à des discussions stériles qui raviraient une partie du charme éprouvé.

Les autres salles renferment une foule de toiles qui pourraient soutenir la comparaison avec plusieurs de celles de la Tribune. Nous remarquons en particulier un Saint-Yves lisant les requêtes des veuves et les orphelins, œuvre d'un coloris très vif, par *Empoli*, qui nous touche plus que d'autres en notre qualité de bretons : une Adoration des Mages inachevée, par *Léonard de Vinci*, permettant de saisir sur le vif les procédés employés par ce maître ; une Descente du Sauveur aux Limbes, de *Bronzino*, éclatante de lumière ; une Tête de Méduse effrayante, et le Denier de César, avec de magnifiques têtes de docteurs, de *Caravage* ; une Adoration des Mages par *Gérard de la Nuit* ; un Portrait de Philippe V par *Vélasquez* ; la Vierge en prière de *Barocci* qui a donné son nom à la salle où elle est placée ; les Anges présentant à l'Enfant Jésus les instruments de la Passion, par l'*Albane*... et parmi les tableaux de l'école française, un Thésée de *Nicolas Poussin*, de vivants portraits par *Philippe de Champagne* et *Largillière* et des *Valentins* pleins de vigueurs.

Dans les salles de la sculpture, la collection capitale est celle des 18 statues du groupe de *Niobé et de ses enfants* qui décoraient jadis le fronton d'un temple païen et qui furent découvertes à Rome, vers la fin du XVIᵉ siècle, près de la porte Saint Paul : figures d'un mouvement incroyable, dont les draperies flottent au vent et dont les impressions dramatiques sont saisissantes : mais qui gagneraient à être groupées comme elles l'étaient autrefois sur le fronton d'un temple ; — puis voici le classique *Enfant à l'oie*, le *Torse de femme*, l'*Orateur* de bronze trouvé près du lac de Trasimène ; et parmi les modernes, l'énergique buste de Brutus par *Michel-Ange*, le célèbre Mercure de *Jean Bologne*, et tant d'autres chefs-d'œuvre, sans compter ceux du Cabinet des Gemmes et les dessins à la plume de *Titien*, qui demanderaient des mois entiers d'études et l'honneur, non pas d'une sèche énumération, mais d'une description complète. On reste émerveillé et la mémoire se refuse à classer en si peu de temps un si grand nombre d'impressions trop diverses.

Du palais des Offices, en retraversant la place de la Seigneurie, une large rue aux dalles luisantes et sonores conduit à la *Place du Dôme*. Ici on peut admirer librement au grand air. Trois monuments célèbres décorent cette place et la posent en rivale de sa voisine. Ce sont l'imposante cathédrale de *Sainte-Marie des Fleurs* resplendissant des éclats de ses marbres multicolores et couronnée par la gigantesque coupole de Brunelleschi, le svelte *Campanile* de Giotto, que Charles-Quint, dit-on, eut voulu conserver dans un étui, et le *Baptistère* octogonal fermé par ces merveilleuses portes de bronze que Michel-Ange déclarait dignes d'être celles du Paradis.

Malgré la masse et l'éclat du dôme, le campanile attire tout d'abord l'attention. On ne peut s'imaginer qu'il date de cinq siècles. Ferme, droit, brillant, léger, tout d'une venue, il porte allégrement ses 96 mètres de hauteur, et semble tout disposé à recevoir la pyramide ou flèche de 30 mètres dont Giotto voulait le surmonter. Son revêtement de marbres blancs, rouges et noirs, aux élégants profils qui encadrent des bas-reliefs finement sculptés et des statues de philosophes et d'apôtres, s'est maintenu dans un tel état de conservation qu'on le croirait achevé depuis quelques années à peine. Rien n'altère la pureté des lignes : le soleil se joue sur les facettes étincelantes : c'est un vrai monument pour le plaisir des yeux, et Charles-Quint lorsqu'il cherchait un écrin pour conserver un pareil joyau, ne se doutait pas que le climat de l'Italie suffisait seul pour le maintenir intact.

Mais ce qui convient à un monument svelte et léger, dont l'essence même appelle la plus exquise délicatesse de forme et de décoration, n'est plus de mise lorsqu'il s'agit d'une construction colossale : et les architectes de Sainte-Marie nous paraissent avoir commis une erreur complète en appliquant à ses murailles le principe de l'ornementation du campanile. Cette prodigieuse tabletterie de marbre aux riches détails, appliquée sur d'immenses surfaces plates ne leur donne pas plus de relief, et produit, en somme, un effet général assez lourd. Les gros *oculi* tout ronds de l'étage supérieur ne contribuent pas, malgré leurs vides, à alléger l'ensemble : et la cyclopéenne coupole, dont la base est ornée dans le même style, ne produit pas l'impression qu'on éprouve devant bien d'autres ouvrages de moindre dimension, mais d'un profil extérieur moins écrasant et munis de reliefs qui font mieux ressortir la hardiesse de leur construction. Et puis, pourquoi avoir dépensé tant de millions pour décorer somptueusement l'abside et les faces latérales, s'il fallait aboutir à laisser, pendant des siècles, la grande façade constituée par un vaste plâtras sur lequel on a peint des portiques qui se détrempent tous les jours ?...

A l'intérieur, même profusion de marbres blancs, rouges et noirs, ici mieux à leur place : mais la note générale est sombre ; et, après avoir étudié dans le chœur les bas-reliefs de Bandinelli et la *Piété* inachevée de Michel-Ange, nous préférons donner toute notre admiration au Baptistère dont les murailles sont couvertes, en dehors et en dedans, de sculptures exécutées par les artistes les plus éminents des beaux siècles de l'art florentin. Que ce charmant édifice octogone, complètement séparé des deux autres, ait été bâti au viie siècle avec les matériaux d'un ancien temple païen et plus tard recouvert d'une carapace de marbre comme le dôme et le campanile ; qu'il ait eu, à l'origine, sa voûte ouverte, à l'exemple de celle du Panthéon de Rome, et n'ait reçu que depuis trois cents ans la lanterne qui le surmonte ; qu'il ait renfermé jadis les chaînes de fer, trophée de la conquête de Pise, et que les colonnes de porphyre de la porte de l'Est aient été rapportées au viie siècle des Iles Baléares..., ce sont là des particularités dont la discussion esquissée par les guides pourrait exciter un certain intérêt chez un autre de ses pareils. Mais il s'agit bien de faire ici de l'érudition ! Tout pâlit devant une attraction *genuine*, comme dirait un Anglais : et les portes de bronze de Ghiberti mériteraient à elles seules le voyage de Florence.

Les Florentins voulant consacrer par quelque grand ouvrage la mémoire de la cessation de la peste en 1400, invitèrent tous les artistes d'Italie à présenter pour le *Tempio di San Giovanni*, c'est ainsi qu'ils appelaient le Baptistère, des portes de bronze capables de soutenir la comparaison avec celles que Pisano avait déjà exécutées pour la face Sud, sur les dessins de Giotto, et qui avaient excité une telle admiration que la seigneurie, accompagnée des ambassadeurs, était venue les visiter solennellement. Tous les génies contemporains se mirent à l'œuvre pour répondre à cet appel : les maîtres de l'art voulurent prendre part au concours et, malgré le renom de Brunelleschi et de Donatello, la palme fut accordée à un jeune homme de vingt-trois ans, *Lorenzo Ghiberti*, qui représenta en dix panneaux les principales scènes de l'Ancien Testament. Toutes ces compositions sont de véritables tableaux, d'une pureté de dessin exquise, d'une élégance de forme inimitable, et dans lesquels le paysage et les détails d'architecture sont traités avec autant de science que les personnages eux-mêmes. Le relief est puissant, la perspective savante, la ciselure irréprochable. Devant cette merveille, on reste absolument sous le charme, et l'on accorde à peine un regard au magnifique Baptême du Christ par *Sansovino*, dont les trois statues surmontent la porte de Ghiberti et en complètent l'ordonnance. A l'intérieur, en admirant les mosaïques de la coupole, on pense encore aux délicats reliefs de la Création de l'Homme, et de l'Esaü cédant son droit d'aînesse.

Nous eussions désiré couronner cette belle série d'impressions artistiques par une visite aux tombeaux consacrés par Michel-Ange aux Médicis dans la sacristie de San Lorenzo : mais nous perdons nos pas. A partir de quatre heures, on ne peut plus obtenir le custode : toutes les séductions sont ici, pour la première fois, inutiles et l'on nous renvoie au lendemain matin. Il nous faut modifier notre programme et revenir en arrière pour visiter, dans l'église de *Santa Croce*, le Panthéon Florentin. On arrive à ce monument, situé au sud de la ville, en traversant un dédale de vieilles rues qui ne présentent aucun intérêt : mais le théâtre change tout d'un coup ; et au détour d'une ruelle sombre, on se trouve en face d'une immense place dominée par une brillante façade en marqueterie de marbres blancs et verts. La surprise est intense : on ne retrouve ici les caractères habituels ni du style gothique ni de celui de la renaissance latine : c'est une composition franchement originale, dont le caractère distinctif est de reproduire très exactement les profils de la construction intérieure : et la marqueterie ne produit pas ici l'impression anormale qu'on éprouve au dôme, parce que les dimensions générales étant beaucoup plus réduites, se proportionnent beaucoup mieux avec les détails de l'ornementation, et surtout parce que cette décoration légère n'a pas la mission de supporter la masse d'une gigantesque coupole.

Au centre de la place se dresse une statue colossale du *Dante*, dont le piédestal fort élégant, est flanqué aux quatre angles de lions soutenànt des écussons sur lesquels sont inscrits les titres des ouvrages du poète. Sur chaque face, des bas-reliefs retracent les principales scènes de la *Divine Comédie* ; et autour du soubassement sont sculptées les armes des principales villes d'Italie qui ont contribué à l'érection du monument. L'inscription est rédigée avec une noble simplicité : *A Dante Alighieri, l'Italie MDCCCLXV.* C'est tout. Il n'était pas-besoin d'autre chose. Mais comment se fait-il que Florence ait tardé si longtemps à élever une statue au plus illustre de ses fils ?... La vieille fresque très détériorée que nous avons remarquée sur le mur de l'une des nefs latérales du dôme, et représentant Dante debout, en robe rouge, en vue de Florence, avec une allusion à son poème, ne pouvait passer pour une marque suffisante de l'admiration de ses concitoyens. Il est vrai que jadis, guelfe ardent, le poète fut non seulement exilé de sa patrie quand son parti fut vaincu, mais encore condamné à être brûlé vif. De là une vie errante, à Sienne, à Vérone, à Pavie, à Ravenne, dont la tristesse devait inévitablement rejaillir sur ses œuvres, et qui lui fit insérer dans son poème des traits acérés contre ses ennemis. Dante mourut à Ravenne en 1431, et il a fallu que quatre siècles s'écoulent pour éteindre les antiques rancunes ; il a fallu que Florence devint en 1864 la capitale du nouveau royaume d'Italie pour qu'elle abjurât les décrets de proscription de la petite République Toscane.

L'intérieur de l'église de Santa Croce est fort imposant. Le pavage est presque tout entier composé avec des dalles funéraires ; et des deux côtés du temple, voici des monuments élevés à la mémoire de Michel-Ange, de Galilée, de Dante, d'Alfieri, de Machiavel... rendez-vous général, devant la mort, des noms les plus illustres de l'Italie. A l'abbaye de Westminster, on se trouve en présence d'une telle profusion de statues, de cénotaphes et de monuments entassés les uns sur les autres, qu'on croit entrer dans un musée : cela chasse l'impression majestueuse ou funèbre. Ici, de même qu'aux Frari de Venise, l'excès ne déroute pas l'attention. C'est bien le vestibule de la mort, mais un vestibule somptueux et magnifique. Le jour qui baisse ajoute encore, par sa demi obscurité, à la solennité de la scène, et nous cache les imperfections des fresques archaïques des élèves de Giotto représentant la mort de Saint-Jean ou le Couronnement de la Vierge. Les faïences de Lucca Della Robia détachent vigoureusement leurs silhouettes bleues et blanches qui semblent un reflet des lueurs planétaires. Tout concourt à l'illusion et nous croyons sortir d'une immense châsse ou d'un gigantesque reliquaire, quand nous quittons l'église de Santa Croce pour aller respirer l'air frais des quais de l'Arno en donnant un autre cours à nos pensées.

L'Arno est dominé au Sud par la colline de *San Miniato*, d'où l'on jouit d'un admirable panorama sur la ville, et qui est couronnée par une curieuse église du XIᵉ siècle, en forme de basilique, aux colonnes de marbre, à la charpente de bois peint, au chœur très surélevé sur une crypte d'accès facile, aux mo-

saïques expressives, et de caractère franchement original. J'y
étais monté en 1865, par l'allée bordée de cyprès qui conduit à
son porche, pour contempler un coucher de soleil au-dessus des
bruits de la cité, et pour me reposer dans ce calme monacal, des
impressions que m'avaient laissées de fortes émotions artistiques
jointes à une légère atteinte de choléra. Là, on plane au-dessus
des misères humaines ; et devant les richesses de ces couchers de
soleil chargés de pourpre et d'or, se détachant sur des tentures
bleu-sombre ou violettes, à l'abri des grands pins qui vous couvrent de leur gigantesque parasol, on oublie les petitesses de
l'homme pour ne plus songer qu'aux grandeurs de la nature et de
l'art... Mais nous étions trop fatigués pour tenter ce soir l'ascension de la colline, et nous nous contentâmes d'explorer les deux
rangs de boutiques qui bordent les parapets du pittoresque *Ponte
Vecchio*, comme autrefois à Paris celles du Pont Neuf ou du
Pont Notre Dame. C'est là que se sont donné rendez-vous tous
les marchands de mosaïques et d'objets de bijouterie en filigrane,
corail, ou simplement à la parisienne. Cependant la mosaïque en
domine, et l'on nous offre, en passant, des chefs-d'œuvre de
patience dont les prix ne sont pas abordables pour les bourses
de simples touristes : tel un charmant pifferaro dont on nous
demande modestement 350 livres. Nous n'eûmes pas la cruauté
d'en priver son propriétaire.

Après dîner, nous eussions volontiers entendu de bonne
musique ou une pièce de théâtre quelconque : mais Florence
a perdu son titre de capitale du royaume d'Italie et ne possède
plus les distractions continues dont elle jouissait il y a dix ans.
Pour le moment les théâtres sont fermés, et le parc des *Cascine*,
promenade favorite des héritiers des Médicis, est désert. En 1865,
on était piqué de la tarentule théâtrale, et je me rappelle avoir
assisté, dans une sorte de cirque en plein vent, à la représentation d'une tragédie intitulée *Aristodème*, jouée avec une convic-
tion parfaite et des costumes très convenables par une troupe
d'artistes, pourtant de second ordre, qu'eût certainement applaudie
un public parisien. Ce soir les affiches ne nous offrent rien qui
puisse nous tenter, et nous nous promenions bourgeoisement
devant les devantures du quartier qui mène au pont de la Trinité,
lorsque j'éprouvai une agréable surprise. Chemin faisant, j'aperçus à la vitrine d'un libraire, mon histoire du *Chancelier Séguier*
qui avait paru à Paris chez Didier quelques semaines avant notre
voyage. J'entre et demande le prix : — Dix francs, me répond-on
(au lieu de 7 fr. 50 prix de vente à Paris). — Est-ce au moins
un bon livre ? ajoutai-je en attendant anxieusement la réponse
du libraire. — Oh ! excellent, Monsieur, il vient de paraître....
Là dessus, nous allâmes nous coucher.

MARDI, 6 OCTOBRE. — *Florence et route de Pérouse.* — En
nous dirigeant, le matin, vers la place de l'*Annunziata*, nous
traversons un vieux marché très animé, inondé de fleurs et de
fruits : ceux-ci nous paraissent si appétissants que nous achetons

aussitôt un élégant papier mou de grosse paille, (qu'est-ce qui n'est pas élégant à Florence), et nous le remplissons de figues et de raisins qui nous ont désaltérés pendant toute la journée : jamais encore rafraîchissement ne nous parut plus exquis. Ce panier, avec des accessoires sans cesse renouvelés, a été notre fidèle compagnon pendant le reste du voyage.

La *piazza dell' Annunziata* est très monumentale. Entourée de sveltes portiques dont les tympans sont ornés de macarons de faïence de Lucca Della Robia représentant de charmantes têtes d'enfants, elle porte en son milieu la statue équestre de Ferdinand Ier par Jean Bologne, et couronne sa perspective par l'église du couvent des Servites nommée Santa Annunziata. Un atrium en contre-bas sépare l'église de la place ; et l'on a vitré ses arcades pour conserver les belles *fresques d'Andrea Del Sarto* qui couvrent ses murailles : précaution fort sage qu'on aurait dû prendre pour beaucoup d'autres œuvres intéressantes qui s'effacent chaque jour, en divers points de l'Italie, sous l'influence des intempéries des saisons. Ces pages de la vie de Saint-Philippe Benizzi, tracées avec une noble simplicité, sont empreintes d'un profond sentiment religieux, qu'on rencontre avec une note plus suave dans celle de la naissance de la Vierge et de l'Adoration des Mages, qui les accompagnent. Comme la plupart des fresques florentines, celles-ci présentent un intérêt historique spécial, parce qu'un grand nombre des figures sont des portraits de personnages du temps. On reconnaît, en particulier, dans ces deux derniers sujets, la femme du peintre et son ami Sansovino.

L'église de l'Annunziata, grande nef à chapelles terminée par une vaste rotonde, est éblouissante de marbre et d'or : luxe et richesse exagérés, plus dignes d'une salle de bal que d'un lieu de prières. La surface de la voûte à été peinte par le Volterrano, et représente des entassements d'architecture fantaisiste, avec des perspectives fort savantes et tout à fait inattendues. L'autel de la première chapelle à gauche resplendit d'argent et de pierreries ; une piéta de *Bandinelli*, des tableaux du *Pérugin* et d'*Allori*, des bas-reliefs de *Jean Bologne* enchassent l'art dans cette richesse : mais tant de luxe excessif distrait l'attention et ne porte pas l'esprit aux idées religieuses. Nous avons hâte de chercher une autre note dans le concert florentin.

Nous ne la trouvons guère à l'église *San Marco*, dont l'architecture, cependant plus calme, est due à Jean Bologne : mais nous lui devions un pélérinage à cause du célèbre Christ peint à la détrempe par Giotto sur la porte d'entrée ; à cause des tombeaux de Pic de la Mirandole et de Politien ; et surtout parce que le couvent dont les cloîtres lui sont contigüs abrita jadis Fra Angelico, Savonarole, et Fra Bartolomeo. J'avais visité en 1865 ces cloîtres et le couvent, et admiré les suaves compositions dont Fra Angelico, le peintre séraphique, a couvert les murailles de la salle du chapitre, des promenoirs et des cellules. Malheureusement, les femmes n'y sont point admises et nous sommes obligés de dévorer nos regrets en silence ? mais je ne puis mieux définir l'impression que me firent ressentir, il y a dix ans, ces peintures arrachées à l'extase, qu'en me rappelant une anecdote que je tiens de M. de la Villemarqué, le barde breton : elle est toute parfumée de poësie : c'est pourquoi je l'ai traduite en sonnet :

FRA ANGELICO

(SONNET)

Est-il vrai que le Frère Angélique,
Esquissant gloire et splendeurs du Ciel,
Fut aidé par l'ange Gabriel ?...
Ecoutez ce récit authentique :

D'Angleterre, on fit naguère appel
Au talent d'un peintre poëtique
Qui devait, pour un royal dyptique,
Copier le *Triomphe* immortel.

A revoir le paradis qui s'ouvre
Paul Baudry passa trois jours au Louvre ;
Puis, vaincu, refusa le projet.

— Non dit-il, ce moine usa de charmes.
A genoux il a suivi son trait,
Et trempé son pinceau dans ses larmes !

De San Marco à *Santa Maria Novella*, bâtie aux XIII° et XIV° siècles par les Dominicains, il y a peu de distance, et cette église accompagnée de ses cloîtres réclame toute notre attention. La façade est lourde et détonne un peu avec les élégantes arcades en marbre blanc et noir qui la prolongent à droite ; mais en somme elle termine assez monumentalement la vaste place qui la précède, décorée de deux curieux obélisques posés sur de petites tortues de bronze : il faut à ces pauvres bêtes une fière carapace pour ne pas être écrasées sous une pareille charge. L'intérieur de l'église présente une singularité très originale que je n'ai remarquée nulle part ailleurs : les arcades des nefs latérales diminuent de diamètre à mesure qu'elles se rapprochent du chœur, sans doute afin de produire une illusion d'optique qui, de l'entrée, allonge la perspective. Cet artifice oblige à supprimer les chapitaux des pilastres ou à transformer les pleins cintres en ellipses de plus en plus étroites : mais il n'est pas à imiter, car lorsqu'on regarde la nef latérale en face, l'œil est absolument choqué. Tout a été sacrifié à l'effet qu'on voulait obtenir d'un seul point, situé dans l'axe au bas de l'église. En architecture, comme partout, l'excès de recherche et de finesse fait perdre l'équilibre. Il faut laisser cela aux Japonais.

Mais si nous critiquons les erreurs des architectes, en revanche nous devons notre admiration sans réserve aux peintres et aux sculpteurs. Nous sommes ici dans l'un des sanctuaires de l'art. Voici la célèbre et archaïque madone de *Cimabuë*, premier monument de la renaissance florentine, que le peuple porta en triomphe depuis l'atelier du peintre ou Charles d'Anjou avait été lui présenter ses hommages, jusqu'à l'église de Santa Maria. — Voici le Christ émouvant de *Brunelleschi* à qui Donatello rendit les armes en disant à son rival : C'est à toi qu'il est donné de faire des Christs et à moi des paysans. — Voici les splendides stalles en bois de *Baccio,* ornées de fines arabesques en mosaïque ; — voici les fresques de *Lippi* et de *Ghirlandajo,* le maître de Michel-Ange, chargées de personnages parmi lesquels on reconnait les portraits d'une foule de florentins contemporains de l'artiste : le poëte Policien, le philosophe Marcile Ficin, la belle Ginevra de Benci, le peintre lui-même et son père ; — voici enfin l'étrange Jugement dernier d'*Orcagna,* où l'on rencontre Dante parmi les bienheureux, et où l'Enfer est si bizarrement distribué en séries de supplices divers séparées par des lames de rochers. Pour apprécier toutes ces œuvres à leur juste valeur il faudrait s'enfoncer dans les détails les plus intimes de l'histoire de l'art ; mais sans descendre jusque là, on éprouve devant elles un sentiment profond de l'opiniâtre énergie avec laquelle l'homme de génie cherche à forcer les secrets de la nature. Toutes les fautes disparaissent en présence de ce travail généreux dont on saisit à chaque pas les luttes et les triomphes ; et l'on remercie du fond du cœur ces vaillants athlètes qui ont souffert et pâli sur la voie du labeur, en nous laissant ces vivants témoignages du succès dû à la persévérance.

Nous accentuons encore ces réflexions en entrant dans le cloître et en visitant dans sa chapelle, dite des Espagnols, les peintures murales de *Simon Memmi* et de *Taddeo Saddi.* Ce sont des fresques colossales et d'un brillant coloris, qui représentent : au fond, des scènes de la Passion du Sauveur, à droite le Triomphe de l'Eglise Militante, et à gauche l'Apothéose de Saint Thomas d'Aquin. Ici encore se rencontrent un grand nombre de personnages historiques : Laure et Pétrarque, Boccace, Philippe Le Bel, Cimabuë, Memmi... Je ne parle pas d'un Cicéron tout rouge qui personnifie la Rhétorique, ni du Pape Clément V représentant le Droit ecclésiastique, avec une énorme clef toute droite, à la main. Ces vastes compositions offrent des études très intéressantes au point de vue des mœurs du temps. Ce n'est que dans les périodes voisines des apogées que les artistes se débarrassent de la couleur locale et s'affranchissent des particularités pour s'élever dans les régions qui ne reconnaissent plus de patrie distincte. Je ne voudrais pas en conclure que nous sommes actuellement en décadence parce que le peintre Boulanger faisait récemment figurer, dans une grande allégorie du Mariage à la Romaine, tous ses amis de la littérature et de l'art. Mais voyez-vous d'ici les têtes de Charles Garnier, de Dumas et de Flaubert sur des toges et des laticlaves ? Cela sent la mascarade ; nos profils et nos moustaches ne sont pas taillés à la romaine, et l'on se demande si tous ces personnages travestis peuvent, comme jadis les augures, se regarder sans rire.

Mais trève de plaisanteries : nous approchons du Sanctuaire des Sanctuaires. Voici *San Lorenzo*. La grande ordonnance corinthienne de cette église due à la magnificence des Médicis est très remarquable ; et les deux chaires à bas reliefs de Donatello, sortes de boîtes en bronze perchées sur des colonnes sont fort originales : mais tout cela n'est rien devant la somptuosité inouïe de la *Cappella dei principi*, dont tous les murs sont revêtus de marbres précieux, de porphyres, de jaspes, d'onyx, ayant coûté plus de 20 millions de florins, et qui contient le tombeau et la statue en bronze doré de Cosme II par Jean Bologne, et les mausolées de plusieurs autres princes de sa Maison ; — et tout cela est moins que rien devant la *Sacristie nouvelle* qui renferme des chefs-d'œuvre de Michel-Ange. Ici plus de porphyres ni de pierres précieuses ; rien qui puisse distraire ou fatiguer le regard. Le grand artiste a dessiné lui-même la chapelle et tout est disposé dans l'unique but de faire valoir ses deux immortels mausolées. Au sortir des éblouissements de la Capella dei principi, l'œil se repose sur la blancheur de murailles sobrement décorées ; et de l'étonnement causé par les richesses jetées à profusion dans la salle voisine, on passe tout-à-coup à un recueillement profond qui nous saisit invinciblement. Est-ce l'influence de ce tranquille *Pensiero*, assis sur le cénotaphe de Laurent II, qui vous impose sa rêverie ? Est-ce la sereine majesté de Julien II, assis en face, dont le bâton de commandement vous arrête et vous fascine ? Je ne sais ; mais entre ces deux statues au style si fier, on éprouve une impression indéfinissable : on se courbe sous le joug et l'on rentre en soi-même. Et qu'importent les discussions des érudits et des pédants pour savoir si les deux guerriers vêtus à la romaine représentent bien Laurent et Julien, si les figures vigoureuses, à demi couchées sur les cénotaphes et encadrant les socles personnifient le crépuscule et l'aurore, le soir et le matin ?... On est dompté : c'est l'essentiel ; et l'on obéit à l'impulsion de l'artiste. On oublie les deux princes, comme il les a lui-même oubliés, effaçant de sa pensée les noms propres, pour aller droit à la source la plus profonde de l'inspiration funéraire, à l'idée même du néant des grandeurs humaines :

IL PENSIERO

(SONNET)

Dans la chapelle austère,
Tombeau des Médicis,
Sur un socle de pierre
Le penseur est assis.

A ses pieds la *lumière*
Et *l'ombre* aux traits noircis
Se couchent sans mystère,
Endormant leurs soucis.

> Et lui, grave, impassible,
> Désormais insensible
> A tous les coups du sort,
>
> Il songe que tout passe ;
> Et qu'à l'heure, sans grâce,
> Les Rois vont à la mort.

Or, Michel-Ange, en artiste consommé, n'a pas seulement dessiné les lignes architecturales de la chapelle et fait penser le marbre de ses statues, il s'est encore rendu maître de la lumière pour augmenter l'intensité de l'effet qu'il voulait produire. Rien n'est comparable à la réalisation d'une seule idée, concentrée dans un seul et grandiose monument par un seul artiste de génie. Michel Ange n'a pris qu'un peu de jour et ne lui a ouvert qu'un passage très limité à la coupole de la chapelle, en sorte qu'une clarté mesurée tombe d'en haut, glisse sur les saillies supérieures du marbre, effleure les contours, n'éclaire de faibles blancheurs que ce qu'il convient d'éclairer, et ainsi répartie de toutes parts, se perd avant d'atteindre les dalles. De cette demi-obscurité savamment entretenue résulte une impression mystérieuse qui impose le respect et le silence : on chercha dans les demi-teintes le sentiment des figures, et l'imagination aidant, on croit les voir prendre vie. Sous ce casque blanc, les yeux du penseur méditent : ce doigt ployé va démasquer les lèvres, et les lèvres vont s'ouvrir pour nous dire le secret du rêveur. Les figures étendues sur le sarcophage concourent elles-mêmes au mystère ; elles ne sont, à vrai dire, ni des êtres levés, ni des êtres couchés : ce n'est pas non plus la vie nettement éveillée : est-ce l'instant du réveil ou celui de l'assoupissement ?... et la question de la vie et de la mort revient ainsi par une autre impression, ramenant toujours à la pensée géniale de l'artiste.

Sur les deux figures du sarcophage de Julien, appelées, je ne sais pourquoi le *Jour* et la *Nuit*, Strozzi composa jadis un quatrain que je traduis ainsi :

> Cette nuit qui sommeille en si douce attitude,
> Du cœur d'un marbre pur un Ange la tira ;
> Elle dort, elle vit. De sa béatitude
> Eveilles-la, censeur, elle te parlera.

Et Michel-Ange répondit à Strozzi, car il était à la fois architecte, peintre, statuaire et poète, par un autre quatrain qui faisait allusion au déplorable état de Florence, quatrain fort misanthropique, si l'on en juge par ma traduction presque littérale :

> Il m'est doux de dormir ; bien plus, d'être de pierre
> Dans ce temps où la honte éclate à chaque pas.
> Je ne veux plus rien voir ni sentir sur la terre ;
> Ne m'éveilles donc point : de grâce, parles bas.

Cette dernière recommandation nous parut superflue, car on est tellement entraîné au silence dans ce temple de la rêverie qu'il ne vient même pas à l'idée de parler. Ce qui est sûr, c'est que, sortant de la chapelle sous cette impression mystérieuse et songeant au problème de l'inconnu, nous oubliâmes de monter à la *Bibliothèque Laurentienne*, édifice inachevé, à l'architecture imposante, aux parquets de mosaïque, aux vitraux en arabesques, aux plafonds de bois merveilleusement sculptés, où j'avais admiré en 1865 les plus curieux des cinq mille manuscrits de tout âge qui en font la principale richesse, depuis le Virgile du IV° siècle et le Longus à la tache d'encre si connu par la préface de Paul-Louis Courrier, jusqu'au Décaméron de Boccace et aux lettres de Dante. Quelques uns d'entre eux, comme à la bibliothèque de l'Université d'Oxford, sont attachés avec des chainettes pour qu'on ne puisse pas les enlever.

Nous rêvions encore en arrivant à l'Arno que nous devions traverser pour nous rendre au Palais Pitti, et nous ne fûmes arrachés à cette situation qui pouvait devenir inquiétante, que par la rencontre du *Pont de la Trinité*, dominé, sur la rive gauche, par un palais forteresse de quatre étages à gros machicoulis. Ce pont, construit au XVI° siècle par Ammanati, est célèbre dans les annales de l'art de l'ingénieur : on n'a jamais surpassé l'élégance de ses arches en anse de panier, profilées en tête d'ogive insensible dont la pointe est dissimulée par un macaron sculpté. Deux représentants officiels du génie civil et du génie militaire ne pouvaient passer qu'avec une majestueuse lenteur sur ce chef-d'œuvre classique d'un de leurs plus habiles devanciers.

Deux églises méritent une station sur la rive gauche de l'Arno, dont les quartiers, assez pauvres ou abandonnés, forment contraste avec ceux de la rive droite. C'est d'abord *San Spirito* dont j'admirai, pour la seconde fois, la belle ordonnance d'arcades corinthiennes sur simples colonnes, en croix latine, projetée par Brunelleschi ; je n'ai rien vu nulle part d'aussi élégamment dégagé : tous les bas cotés sont construits à voûtes sphériques ; l'ensemble est tellement séduisant que j'avais pris la peine, en 1865, d'en relever le plan exact. Si je devais édifier une basilique, je m'inspirerais certainement de ce modèle, et je l'ornerais, comme celle-ci, de tableaux du Pérugin, de Ghirlandajo et de Lippi. — C'est ensuite l'église du couvent de *Carmine*, célèbre par les *fresques de Masaccio et de Lippi* qui ont plusieurs fois inspiré Raphaël lui-même. Elles représentent des traits des vies de St-Pierre et de St-Paul, et nous avons surtout admiré la scène de la résurrection d'Eutychus, Saint-Paul visitant St-Pierre en prison, et ce païen baptisé par Saint-Pierre, qui semble trembler de froid dans sa nudité. Quand on se rappelle que de pareilles œuvres voyaient le jour en Italie au milieu du XV° siècle, et qu'à la même époque la peinture en France était à peine soupçonnée, on se demande comment l'art peut se trouver à de telles distances dans des pays aussi rapprochés.

Luca Pitti voulut bâtir, en 1440, un palais plus beau que celui du gouvernement. Brunelleschi, qu'on retrouve partout à Florence dans les grandes œuvres architecturales du yv° siècle, lui dessina cette masse colossale de pierres de taille qui peut rivaliser avec les constructions cyclopéennes des anciens étrusques. Luca Pitti en eut pour son argent, ou plutôt pour ses florins d'or. Les plus forts bossages du Palazzo Vecchio ne dépassaient pas deux mètres de largeur : on lui en plaça de huit mètres d'une seule pièce, et le reste à l'avenant. En mettant le pied sur les rampes de cette forteresse qui vous écrase et qui semble indestructible, on ne se douterait guère, à la rusticité de ses murailles, que le *Palais Pitti*, aujourd'hui Palais-Royal, renferme une des plus luxueuses demeures de l'Italie, avec une collection de meubles en bois de rose incrusté de lapis lazzuli à rendre jalouse une armée de petites maîtresses, une série de crédences en ébène que rehaussent des applications d'ivoire dessinées avec un art incomparable ; des mosaïques merveilleuses, et surtout une galerie de cinq cents tableaux de maîtres italiens, dont pas un seul ne souffrirait le voisinage d'une toile médiocre. L'embarras d'une description est ici plus grand encore qu'aux Offices, et je ne veux pas me résoudre à copier froidement un catalogue. Raphaël, Michel Ange, Andrea del Sarto, Allori, Fra Bartolomeo, Salvator Rosa, sont les noms qui se répètent le plus impérieusement au milieu de tous ces chefs-d'œuvre. Quoi de plus délicieux que *La Vierge à la chaise*, sinon cette autre *Madone dite du Grand duc* que Ferdinand emportait toujours avec lui dans ses voyages ? Quoi de plus majestueux que la *Vision d'Ezéchiel* ou le *portrait de Jules II* ! Quelle finesse de coloris dans la *Pieta* de Bartolomeo ! Quelle vigueur dans *Les trois parques* de Michel Ange ! Quelle vie et quelle richesse de tons dans cette *Judith* d'Allori qui semble respirer dans son triomphe, pendant que le peintre lui-même se reconnaît dans la tête d'Holopherne ! Faut-il leur opposer l'émouvante *Descente de croix* du Pérugin, les *Assomptions* d'André del Sarte, ou la *Madeleine* du Titien !... On n'ose tenter ces comparaisons : on admire franchement, et l'on reste confondu devant la puissance artistique de ces écoles italiennes si fécondes, dont nous ne connaissons en France que de maigres épaves.

Il y a encore une troisième galerie de tableaux à Florence, celle de l'*Académie des Beaux arts*, et j'y avais étudié en 1865 les grandes madones de *Cimabuë* et de *Giotto*, le magnifique Saint-François recevant les stigmates, de *Cigoli*, et les innombrables petites compositions de *Fra Angelico* couronnées par sa grande toile du Jugement dernier ; mais nous décidons qu'il est imprudent d'abuser des meilleures choses et surtout des éblouissements qui se succèdent : c'est pourquoi nous jetons un dernier regard sur le panorama de Florence en redescendant vers l'Arno, et nous nous préparons à prendre, à une heure de l'après-midi, le chemin de Pérouse et de Rome.

De Florence à Pérouse. — Deux voies ferrées mènent de Florence à Rome, l'une par Sienne, la seconde par Pérouse, toutes les deux aussi intéressantes au double point de vue de la naturé et de l'art. J'avais pris la première en 1865 et je m'étais arrêté à *Sienne* pendant deux jours qui me laisseront des souvenirs impérissables, les mêmes que dépeignait magistralement le duc d'Aumale, il y a trois ans, dans son éloge de Montalembert à qui il succédait, à l'Académie française : « Son cœur d'artiste était à Sienne. Là il était à l'aise sur la place de la Seigneurie, en face de ces étages de palais fortifiés, ou bien sous les arceaux de l'incomparable cathédrale, arrété devant un tableau de Sodoma, contemplant les fresques si fraîches, si pures, si éclatantes du Pinturrichio ; ou bien encore feuilletant des manuscrits décorés par des miniaturistes qui n'ont pas eu de rivaux. A chaque pas, il rencontrait quelqu'un des chefs-d'œuvre accumulés dans cette ville étrange et charmante, où revivent tous les grands souvenirs des grandes républiques italiennes, et dont les murailles ruinées conservent encore la trace du siége héroïque soutenu par Blaise de Montluc et ses compagnons, lorsqu'ils défendaient contre les Impériaux ce vieux boulevard des franchises municipales et nationales du moyen-âge... »

Etrange et charmante : C'est bien la définition de cette ville jadis ensoleillée de batailles, aujourd'hui sombre et calme, où l'on peut admirer tranquillement, à San Domenico, à l'Institut des Beaux-arts et au Palazzo publico, l'œuvre presque complète d'un maître à peu près inconnu en France, le *Sodoma*, qui a su atteindre les expressions les plus sublimes du sentiment religieux. Son *Evanouissement de Sainte-Catherine de Sienne*, sa *Descente de croix*, et son *Christ à la Colonne* m'ont laissé des impressions aussi profondes que cette place fantastique de la Seigneurie, la *piazza del Campo*, vaste coquille de pierre couronnée par les créneaux du Palazzo publico et le prodigieux minaret *del Mangie* ; que les non moins fantastiques batailles navales de Spinello-Spinelli qui décorent les murailles du Palais, et que l'étincelante cathédrale de Nicolas et Jean de Pise, un des chefs-d'œuvre de l'art gothique italien, où sont entassées avec profusion tant de richesses artistiques, depuis les graffitti du pavé qu'on recouvre de planchers mobiles pour ne pas les fouler aux pieds, jusqu'aux ciselures des stalles, aux bronzes du tabernacle, aux bas reliefs de la chaire en marbre blanc, et aux dorures du baptistère.

Le chemin de fer s'arrêtait alors à Chiusi, d'où un corricolo me conduisit, au travers de charmantes vallées, de forêts de chênes, et du pauvre village de Ficule au-delà duquel la vue embrasse un immense panorama, jusqu'à la pittoresque cité d'*Orvieto*, juchée au sommet d'un colossal cylindre de pierre qui surgit tout d'un bloc du flanc d'une colline. Cette ville devait être imprenable au moyen-âge, et l'on y monte par une route en spirale tracée à grand peine dans le roc à pic. Sur le sommet se dresse la cathédrale, supérieure encore, comme architecture, à la cathédrale de Sienne, et le plus beau spécimen que je connaisse du gothique italien. Les sculptures de la façade sont inimitables ; Nicolas et Jean de Pise s'y sont surpassés dans les mille sujets de l'Ancien et du Nouveau Testament qui s'y encadrent. A l'intérieur, les statues colossales des douze apôtres adossées aux principaux piliers produisent le plus imposant effet : on courbe la tête sous le signe de ces géants de marbre, et l'on se réfugie dans la chapelle de San Brizio, pour admirer les fresques de Signorelli, au milieu desquelles se détache en grand style le Jugement dernier qui a inspiré, quarante ans plus tard, celui de Michel Ange.

Je n'eus pas le temps de visiter l'une des curiosités d'Orvieto, le Pozzo de San Patrizzio, puits profond dans lequel on descend par deux escaliers en spirale taillés dans le roc : je me contentai de goûter, dans un albergo du voisinage, son vin fameux qui me laissa dans la gorge une impression résineuse, et je m'embarquai le soir dans la malle-poste en compagnie d'un gendarme armé jusqu'aux dents. Un autre gendarme à cheval précédait de vingt pas la voiture. A quelques lieues d'Orvieto, nous fûmes arrêtés à la frontière pontificale par le poste de garde qui me demanda mes passe-ports heureusement très en règle. Tout cela était fort peu rassurant. On se précautionnait contre le brigandage qui infestait alors le pays et qui préparait l'invasion garibaldienne. Mon gendarme n'ouvrit pas la bouche pendant toute la route. De temps en temps, j'apercevais, à travers la nuit noire, une lampe brûlant au détour d'un chemin devant une madone abritée sous un petit toit de briques. Nous traversâmes au grand galop Montefiascone et Viterbe ; et le lendemain matin, sortant d'un demi sommeil, j'entrai dans le brouillard qui couvrait les steppes de la campagne romaine ; on tourna autour des jardins du Vatican, et je dus m'arrêter à la Porte du Peuple pour y déposer mon passe-port.

Aujourd'hui, le chemin de fer est terminé dans cette direction et le voyage est moins sujet à des incidents dramatiques : mais comme je connaissais déjà cette route, je décidai facilement notre caravane à passer par Pérouse. Nous partîmes de Florence, à une heure de l'après-midi, par une pluie battante, en ne remarquant, pour toute singularité, à la gare du départ, que des capucines affublées de grands chapeaux de paille noire.

Le chemin de fer suit d'abord la vallée de l'Arno, aux ondulations cotonneuses, couvertes de villas et de tours blanches. A partir d'*Incisa*, elle devient plus pittoresque : de vieux châteaux dominent les rochers : et l'on est toujours entouré par des vignes grimpées sur des ormeaux. On atteint ainsi *Figline*, aux vieilles fortifications crénelées, puis on monte sur le col séparatif des vallées de l'Arno et du Tibre : la région devient désolée ; on traverse de grands espaces rougeâtres à graviers épars, qui ressemblent à des déblais crevés, éboulés et ravinés par les orages, sur lesquels tranchent de la façon la plus bizarre des maisons peintes en bleu. Enfin le paysage s'humanise : voici la belle ville d'*Arezzo*, l'une des plus anciennes de l'Etrurie, agréablement située sur une élévation qui domine une plaine fertile : patrie de Mécène, de Pétrarque, de Vasari, du cardinal Bibienna,

mais aussi, hélas ! de l'Arétin et du maréchal d'Ancre. La pluie et
le vent redoublent de violence ; pendant plusieurs heures de
marche d'une lenteur désespérante, les collines disparaissent
sous les nuages. Une éclaircie nous laisse cependant apercevoir
le *Lac de Trasimène*, sur les bords duquel les Carthaginois
défirent les Romains ; puis nous tournons pendant près d'un
quart d'heure, dans l'obscurité, autour de grands cordons lumineux, disposés en amphithéâtre, apparition fantastique qui
semble nous représenter le catafalque des soldats de Flaminius.
C'est Pérouse, où nous abordons à dix heures du soir.

MERCREDI, 7 OCTOBRE. — *Pérouse.* — Capitale de l'Ombrie,
dans les anciens Etats Pontificaux, et l'une des principales villes
de l'antique Etrurie, dévastée une première fois par Octave qui
fit massacrer ses principaux citoyens, pillée une seconde fois au
VIe siècle par le roi des Goths Totila, après un siège de sept ans,
donnée aux papes par Charlemagne, et tombée successivement
au pouvoir des diverses factions qui déchirèrent l'Italie au moyen-
âge, Pérouse se ressent encore, dans son aspect général et dans
ses constructions particulières, de tant de secousses violentes qui
eussent ruiné complétement tout autre cité moins attachée
qu'elle au vieux sol. Presqu'aucune de ces cent trois églises n'a
sa façade terminée : ses fortifications de tous les âges et de tous
les styles s'enchevêtrent les unes dans les autres sur les pentes
abruptes des trois collines inégales auxquelles elle s'accroche
comme avec de gigantesques pattes d'araignée : des rampes,
des escaliers, d'immenses arcades, de hautes murailles, des
édifices à sombre et rude aspect s'entre-croisent dans tous les
sens, et donnent à l'ensemble une physionomie spéciale où
domine une âpre fantaisie. La lutte énergique a partout laissé
des traces, et contre l'homme et contre la nature. J'aime ces
aspects franchement originaux qui n'ont rien de banal ni de vulgaire, qui vous arrachent de force à toutes les habitudes de la
vue, et vous promènent de surprise en surprise. Tout serait ici
matière à croquis ; un vrai paradis pour un artiste.

Une calèche antique et solennelle nous avait monté hier soir,
en suivant une interminable route à lacets, de la gare à notre
hôtel, le grand albergo Brufani, tout récemment installé pour
l'exploitation à la moderne des voyageurs. En sortant dès l'aube,
ce matin, nous nous apercevons que, malgré cette ascension,
nous ne sommes pas encore en ville. A trois cents mètres de
distance, au haut de glacis très inclinés, s'élèvent des fortifications et des terrasses au milieu desquelles se détache l'une des
principales portes de la cité De ce côté l'enceinte est assez nue
et sans caractère : mais une fois l'enceinte franchie, on s'enfonce
en plein pittoresque, pour ne plus le quitter. Nous suivons des
rues pleines d'ombre, au tracé inégal, sinueux, tourmenté, et
nous débouchons bientôt sur la place de la Bourse, *El Campio*,
au milieu d'un marché aux fruits très animé, qui nous offre, à un
sou la douzaine, les plus savoureuses petites figues noires que

nous ayons jamais goûtées. Notez que la marchande ne voulut jamais accepter une pièce d'argent de 10 soldi à l'effigie même de Victor-Emmanuel : le métal est devenu si rare et tellement inconnu dans ce pays, qu'on n'a plus aucune confiance en lui : on a peur d'être trompé. Il faut du papier et nous dûmes chercher au fonds de nos portefeuilles un billet de 5 sous. Voilà un phénomène économique remarquable, que je livre aux méditations des élèves de Smith, de Say, de Passy et de Garnier.

Près de ce marché s'ouvre la curieuse place du Dôme, ornée de la statue du pape Jules II qui réintégra la ville dans ses droits municipaux en 1551, et d'une fontaine monumentale qu'enrichissent de délicates sculptures de Nicolas et de Jean de Pise. Cette fontaine mérite une description détaillée. Elle se compose de trois vasques ou bassins concentriques disposés en trois étages : les deux vasques inférieures sont polygonales et leurs panneaux sont remplis par de charmants bas-reliefs qui représentent les douze mois agricoles, des sujets de la Bible et diverses allégories parmi lesquelles on remarque la fable du loup et de l'agneau. Les 24 statues adossées aux pilastres de la seconde vasque offrent le plus bizarre mélange de mythologie païenne et de religion chrétienne : Saint-Pierre sur le même rang que la nymphe du lac de Trasimène, et Saint-Paul entre l'Abondance et la Fertilité ! C'est encore mieux qu'à Bologne, où les monuments de contradiction sont voisins, mais au moins séparés. Ici l'alliance est intime. Cela caractérise une époque : et le pis c'est que la renaissance française a importé chez nous le procédé tout entier. Je connais au fond de la Bretagne, dans la chapelle du manoir de Rosgrand, près Quimperlé, un charmant jubé sculpté en bois, dont les panneaux représentant le sacrifice d'Abraham et l'adoration des mages sont séparées par des statuettes de Mercure et de Diane ! Ce n'est certainement pas breton, mais italien.

Aux deux extrémités de la place se dressent la cathédrale de *San Lorenzo* qui ne présente de remarquable, après les sveltes piliers de sa nef, que sa chaire extérieure dite de Saint-Bernardin, placée à droite de la porte, comme chez nous, celles de la collégiale de Guérande ou de Notre-Dame de Vitré ; — et le *Palazzo Communale* construit au commencement du xiv° siècle en tête du Corso. C'est une masse imposante dont la base est solide comme une forteresse, et dont l'étage supérieur, au-dessous d'un attique à gracieux machicoulis, est décoré de grandes baies gothiques qu'on a sottement surmontées de laides fenêtres modernes. Une grande porte romane, ornée de lions (armoiries des Guelfes) sur lesquels reposent ses pilastres, et de griffons (armoiries de Pérouse) placés au-dessus des chapiteaux, est particulièrement remarquable par la délicate richesse de son ornementation. A ses côtés pendent de grosses chaînes, trophée d'une victoire remportée sur les Siennois en 1358. Ce rappel des dépouilles opimes des Romains est fréquent en Italie. Venise et Florence l'ont aussi consacré : mais ce n'est pas à leurs palais municipaux, c'est à leurs églises qu'elles ont légué ces témoignages du secours divin dans leurs opérations militaires.

Le véritable pélerinage artistique de Pérouse est la visite de la première fresque de *Raphaël* au couvent des Camaldules de San Severo. Il la peignit en 1505, à l'âge de vingt-deux ans. On connaissait déjà de lui deux tableaux célèbres : le Mariage de la Vierge et la Madone au Chardonneret, que nous avons admirés à Milan et à Florence ; et le Pérugin s'était écrié en le recevant dans son atelier : Qu'il soit mon élève, il sera bientôt mon maître ! — Cette fresque intéressante qui représente le Ciel ouvert, avec la Sainte-Trinité au milieu des Anges et des Saints, rappelle la partie supérieure de la Dispute du Saint-Sacrement que nous verrons à Rome : quoiqu'elle soit fort dégradée, on y sent encore l'inspiration primitive : la célèbre figure du Christ resplendi dans cette ruine, et semble donner l'éclat et la vie aux murailles toutes décrépites du vieux couvent.

De San Severo, à travers un labyrinthe de voûtes sombres, de rampes et d'escaliers flanquant de vieux murs de défense, on descend à l'antique porte de ville appelée l'*Arc d'Auguste*, sans doute parce que sa reconstruction date de l'incendie que le même Auguste, sous le nom d'Octave, avait ordonné. Elle est bâtie sur d'anciennes et massives substructions étrusques, et couronnée par un belvédère à légères colonnettes qui forme avec la base un contraste aussi frappant que cet élégant palais situé un peu plus bas, aux portes et fenêtres béantes, grande ruine moderne en face de cette ruine antique. L'Italie est de plus en plus le pays des contrastes.

L'Arc d'Auguste est situé à l'intérieur des fortifications actuelles. Au delà se trouvent plusieurs églises jadis très riches en tableaux qu'on a presque tous transportés au Musée de l'*Académie des Beaux-Arts* où nous nous rendons pour étudier le Grand Maître de l'école ombrienne, dont les madones ont des expressions si angéliques et dont les têtes masculines se retrouvent identiques dans les œuvres de la première manière de Raphaël. Sa *Nativité* est l'une des perles de cette collection précieuse. Si l'on peut critiquer l'ordonnance absolument symétrique qui était imposée par la coutume du temps, et dont le génie de Raphaël lui-même ne se débarrassa pas tout d'abord, il est impossible de ne pas rendre justice à la finesse du dessin, à la pureté des physionomies, au naturel des attitudes, à la vivacité du coloris, à l'intensité du sentiment religieux. Toutes ces qualités se retrouvent dans les autres compositions ici exposées de *Pietro Vanucci* qui n'est plus connu que par le nom de sa ville natale, *Il Perugino*, privilège bien mérité par l'heureuse influence qu'eut son talent sur toute son époque. Ses principaux élèves, le *Pinturrichio*, *Alfani*, sont là près de lui, avec des œuvres qui auraient plus de réputation s'ils n'avaient pas eu pour émule celui qui les surpassa tous, le fils de Sanzio. C'est le sort de ces grands artistes placés à l'apogée des époques primitives, Perrugin à Florence, Bellini à Venise, Francia à Bologne, de ne pas recueillir toute la gloire à laquelle ils auraient pu prétendre, parce qu'elle est bientôt éclipsée par l'éclat supérieur de l'époque qui leur succède immédiatement et qui se débarrasse des dernières formes archaïques dont ils avaient encore conservé le respect.

Mais le touriste ne vit pas seulement d'art et d'eau fraîche, et nous sommes obligés de nous arracher à l'attrait des inscriptions étrusques incrustées dans les murs de l'Académie, pour chercher un café quelconque qui puisse nous offrir à déjeuner. La chose n'est pas facile à Pérouse, et nous nous lançons dans un véritable voyage à la découverte. Après avoir franchi la porte de San Angelo et jeté un coup d'œil distrait sur les arcades colossales qui s'y croisent à toutes les hauteurs et dans tous les sens, nous trouvons enfin le salut près de la grande terrasse, d'où l'on jouit d'un panorama superbe sur les collines du lac de Trasimène et la haute vallée du Tibre. Que de luttes et de batailles se sont, depuis trois mille ans, déroulées à nos pieds ! Que de générations se sont succédées et transformées sur ce sol ! Que de trésors archéologiques il recèle ! C'est le pays des nécropoles étrusques, et la source inépuisable d'où sont sortis les milliers de vases et de sarcophages qui remplissent nos musées. Que dirait cette terre si elle pouvait être douée de la voix ! Que de discussions stériles elle arrêterait ! Mais où serait le charme de l'archéologie, s'il n'était pas permis de battre un peu la campagne, de discuter sans fin et de garder l'équilibre sur des pointes d'aiguille ?

Vers midi nous redescendons vers la gare au travers de pittoresques bois d'oliviers, au milieu desquels se cache une charmante petite ferme ou villa à portiques et à balustres, puis à une heure nous prenons le train pour Rome.

La vallée du Tibre supérieur que nous descendons est large et fertile, mais à verdure grise : des oliviers grimpent sur tous les coteaux encadrant des villages qui nous rappellent absolument les fonds de paysages classiques de Nicolas Poussin. La première ville importante est *Assise*, patrie de Saint-François, bâtie en amphithéâtre, couronnée par une citadelle Moyen-Age et ceinte de créneaux et de tours. Le célèbre couvent qui renferme le corps de Saint-François, lieu de pèlerinage où l'on accourt de tous les points de l'Italie, se dresse comme une seconde forteresse sur une série d'arcades accrochées au roc : et nous le saluons de loin avec le vif regret de n'avoir point le loisir de nous y arrêter. Rome nous tend les bras : il faut sacrifier Assise.

D'Assise à *Narni*, ce ne sont que tours crénelées et vieilles citadelles échelonnées sur les mamelons de rive gauche : *Spello* et sa porta Veneris ; *Foligno*, célèbre par la Madone de Raphaël que nous admirerons au Vatican ; *Trévi*, pittoresquement juchée sur un véritable cône, au-dessus d'un petit temple romain qui garde la source de Clitumne ; *Spolète* avec son gigantesque aqueduc et sa porte d'Annibal. On se dirige alors vers un tunnel pour passer dans le bassin de la Néra : dans les courbes on saisit de magnifiques échappées sur la vallée du Tibre prise en enfilade, puis, en approchant du col, la région devient aride : on traverse des taillis de chênes, des bancs de rochers en grès rouge et blanc horriblement ravinés ; on suit le lit d'un torrent sauvage, et sur le versant de la Néra on entre dans des gorges abruptes, dont un village aux vieilles tours étagées à toutes les hauteurs d'un roc fantastique, commande le passage : nid d'aigles ou repaire de brigands, vrai décor d'opéra pour quelque drame sombre et terrible. Tout à coup l'on débouche dans la magnifique plaine de *Terni*, encadrée par un cirque des Apennins aux profils variés, que colore vigoureusement un orage en formation et que nous cache brusquement le défilé de Narni : un véritable voyage en kaléidoscope.

La ville de Narni est perchée sur des escarpements à pic : à peine l'aperçoit-on au haut de ses rochers, du fonds de la gorge où roule le chemin de fer : mais nous pouvons admirer à loisir son pont flanqué de tours et les ruines de celui que fit jadis bâtir Auguste. Nous suivons maintenant de très près l'ancienne voie Flaminienne, et nous rentrons dans la vallée du Tibre fort accidentée dans ces parages et couronnée au loin par le dôme du Mont Soracte, sentinelle avancée des Montagnes de la Sabine, colorée au soleil couchant de teintes bleu foncé et violettes, que n'ont jamais connues nos régions du Nord. Voici *Borghetto*, que semble vouloir défendre encore un vieux château déchiqueté : *Monte Rotondo*, où les Garibaldiens furent battus en 1867 par les Zouaves Pontificaux avec l'aide de nos pantalons rouges, et où je perdis mon excellent camarade Bernard de Quatrebarbes, lieutenant de l'artillerie papale.

La nuit arrive : les dernières teintes du crépuscule s'émoussent, et à six heures et demie nous entrons en gare de Rome. A la lueur des becs de gaz nous apercevons un affreux quartier neuf aussi banal que ceux de presque toutes les capitales de l'Europe, actuelle et notre corricolo nous entraîne, à travers des rues étroites et sombres, illuminées un instant par la silhouette blafarde de la colonne Antonine, derrière le Panthéon d'Agrippa, jusqu'à l'hôtel de la Minerve, refuge ordinaire de tous les français dans la Ville Eternelle.

CHAPITRE SEPTIÈME

De Rome à Florence

JEUDI 8 OCTOBRE. — *Rome.* — Ce n'est pas sans émotion que j'écris le nom de Rome en tête des souvenirs de cette journée. J'avais déjà passé une semaine en 1865 au milieu de ses splendeurs : mais, à cette époque, elle appartenait encore au Pape ; l'impression religieuse était universelle, et si l'on apercevait çà et là quelques costumes militaires, c'étaient les pantalons rouges de nos fantassins, maîtres du château Saint-Ange, ou les vestes grises de ces vaillants zouaves pontificaux, la plupart nos compatriotes, qui, après avoir combattu pour l'Eglise, se sont fait tuer pour la France à Patay et au Mans. Les débris de Rome païenne ne sortaient qu'avec une sorte de pudeur confuse des monceaux de décombres que treize siècles avaient accumulés sur eux : les stations du Chemin de la Croix sanctifiaient, dans l'arène du Colisée, le sol imprégné du sang des martyrs ; le théâtre des débauches de Néron était enseveli sous les bosquets des jardins Farnèse ; au Quirinal, on visitait les appartements du Souverain Pontife ; l'Université Romaine ne retentissait que des accords de la science et de la foi ; et sur les sept collines on heurtait, à chaque pas, de vivants témoignages du triomphe de la Croix sur le vieux monde. Rome, m'écriai-je en partant,

> Rome, les moments de ta grandeur passée
> Presque tous abattus, gisent sans mouvement.
> Il ne t'en reste plus, trop juste châtiment,
> Qu'un triste souvenir d'une gloire effacée.
>
> Ton forum est désert : mort est ton Colisée.
> Sous l'herbe Farnésine on foule impunément
> Le palais des Césars : cachés honteusement
> Tes bains voluptueux ont leur voûte brisée.
>
> Mais tu n'as point perdu quand tu chassas les Dieux.
> Les artistes chrétiens, surpassant leurs aïeux
> Ont recouvert ton sol de splendides merveilles :
>
> La croix brille où régnait l'impur Léviathan ;
> Plus puissante et plus belle au jour tu te réveilles :
> Je vois le Palatin aux pieds du Vatican...

Tout cela ne sera-t-il point changé depuis que, profitant du départ de nos troupes après nos premiers revers de 1870, Victor-

Emmanuel, au mépris de ses engagements antérieurs, a fait canonner les murs de la Porta Pia et forcé le Pape à capituler
devant l'invasion piémontaise ? En remplaçant les moines, les
traineurs de sabre n'ont-ils pas modifié la physionomie physique
et morale de la cité ? L'influence païenne ne reprend-elle point le
pas sur le Christ ? Et si je m'en rapporte à certaines rumeurs
qui ont franchi les Alpes, annonçant que la junte liquidatrice des
biens de l'Eglise a déjà vendu les biens d'une centaine de couvents supprimés dans la seule enceinte de la ville, ne devrai-je
pas auourd'hui renverser ainsi mon sonnet ?

> Que de tristesse, ô Rome, en tes murs amassée !
> Je respirai jadis ton parfum monacal ;
> Et sous les fiers lambris du Palais Quirinal,
> De pontifes je vis une foule empressée.
>
> Dans quels nœuds depuis lors es-tu donc enlacée ?
> Je ne te connais plus. Le bâton pastoral
> Est partout détrôné par le sabre brutal ;
> Tes temples sont déserts et ta sève est glacée.
>
> Une tourbe infidèle, en s'abattant sur toi,
> Brise les attributs qui proclamaient ta foi ;
> Où les Vierges priaient les chansons retentissent.
>
> On vend, sans peur du Ciel, tes trésors à l'encan,
> Et pour que ses décrets jusqu'au bout s'accomplissent,
> On dresse des canons contre le Vatican...

Le fait est qu'hier soir, la place Colonna, où nous vinmes
pendant quelques instants prendre l'air après avoir dîné, ruisselait d'uniformes multicolores, de képis galonnés, de moustaches noires et de silhouettes matamoresques. Nous verrons
bien ce qu'il faut en penser.

La première impression que l'on éprouve à Rome, avant
d'avoir traversé la place du Peuple ou la place Saint-Pierre, est
une véritable désillusion. Il semble que tout, dans cette ville aux
immortels souvenirs, doive emprunter une part de la grandeur
des scènes historiques qui s'y sont déroulées, revêtir un caractère solennel et magnifique, et s'imposer dès l'abord à l'attention
en éveil... tandis qu'on est obligé de partir à la découverte des
grandes voies ou des monuments les plus célèbres, au travers de
rues ou plutôt de ruelles la plupart étroites, tortueuses, noires et
sans grâce. Pour les gens qui ne circulent qu'en carosse ou en
chaise, le mal n'est pas de conséquence ; mais le touriste est
exigeant et n'aimerait plus, à Paris, chercher le Louvre ou
Notre-Dame au milieu du vieux quartier des Halles. Il est vrai
que le plaisir de la surprise et des contrastes n'en est que plus
intense ; et peut-être ne faut-il pas trop regretter la peine que
l'on se donne dans cette chasse aux perles artistiques et archéologiques.

Nous fimes tous les trois cette même réflexion en débouchant sur la place du *Panthéon* et sur la place *Navone*, voisines de la Minerve, tellement M. Haussmann nous a engagés, pour les voyages au long cours, dans une éducation déplorable.

Le *Panthéon d'Agrippa* est le monument le plus complet qui reste à Rome de l'antiquité païenne. Elevé par le gendre d'Auguste, l'an 26 avant notre ère, il est âgé aujourd'hui de dix-neuf cents ans, ce qui est fort respectable pour une gigantesque coupole en maçonnerie de 43 mètres de diamètre (132 pieds italiens), plus ouverte, par conséquent, que celles de Brunelleschi à Sainte-Marie-des-Fleurs de Florence (131 pieds), et de Michel-Ange à Saint-Pierre (130 pieds), et double de celle de Soufflot au Panthéon de Paris (62 pieds). Il n'en existe pas de plus grande au monde ; mais son effet est nul à l'extérieur, parce qu'elle ne s'élève pas sur une construction spéciale pour la couronner : elle est simplement posée sur un soubassement à fleur de sol. En revanche, l'impression est saisissante à l'intérieur. On se trouve comme perdu sous cette immense cloche qui n'est percée d'aucune fenêtre et qui ne reçoit le jour que par une large baie circulaire de 5 mètres de diamètre, ouverte au sommet sans lanterne d'abri. Le ciel bleu s'y détache en azur sombre, et depuis dix-neuf siècles on n'y a point pris garde à la pluie. Autour du soubassement se profilent huit niches ou chapelles décorées de précieuses colonnes en marbre jaune ; et deux d'entre elles abritent les tombeaux de Raphaël et d'Annibal Carrache. C'est bien la chambre sépulcrale qui convenait à ce maître des maîtres de l'art italien : aucun mausolée moderne n'eut été à sa taille : mais il eut fallu l'y laisser seul ou avec ses pairs, et l'on a, depuis notre voyage, profané ce sanctuaire de l'art, en y déposant, en 1877, les restes de ce fantoche qui ne fit rien par lui-même et qui n'avait de grand que ses moustaches. Victor-Emmanuel, puisqu'il lui fallait de l'antique, ne méritait que le mausolée d'Adrien.

Le portique du Panthéon, quoique privé des bronzes dorés qui, jusqu'au xviie siècle, ornaient son fronton, est d'une belle et savante ordonnance, dont les finesses de construction, habilement ménagées, produisent une harmonie parfaite. Mais pourquoi l'illustre architecte qu'on appelle *Le Bernin*, et qui dessina la magnifique colonnade de Saint-Pierre, a-t-il eu la malencontreuse idée d'affubler ce portique des deux lourds et laids clochetons qu'un critique bien inspiré qualifia un jour d'oreilles d'ânes ?... C'est à croire qu'il y eut là jadis quelque jalousie d'artiste. Vite qu'on les démolisse ; ils gâtent tout le plaisir des amoureux de l'art pur. Ces deux horribles appendices n'ont pas été la seule faute de goût du Bernin sur les places publiques de Rome. A quelques pas d'ici, au centre de la place Navone, devant la façade fantaisiste et tourmentée de l'église de Sainte-Agnès se dresse le monument le plus étrange peut-être de tous ceux qui décorent une place publique. C'est une fontaine, mais qu'elle fontaine ! Innocent X y dépensa des sommes considérables qu'il eut beaucoup mieux employées à donner des pensions de retraite au Bernin et aux artistes en décadence. Du milieu d'un grand

bassin ovale de marbre blanc, qui n'a pas moins de 75 pieds de
diamètre, surgit un immense rocher percé de quatre ouvertures,
et surmonté d'un obélisque en granit de 50 pieds de hauteur qui
était jadis placé sur la spina du Cirque Maxence près de la voie
Appienne. Dans les angles du rocher, quatre statues de marbre
blanc représentent les plus grands fleuves de chacune des quatre
parties du monde : le Gange, le Danube, le Nil et la Plata : une
grande quantité d'eau échappée de leurs urnes tombe dans le
bassin, tournoie et se précipite dans les cavernes du rocher, d'où
sortent, comme pour s'abreuver, de monstrueux animaux de
marbre qui caractérisent aussi l'Europe, l'Asie, l'Afrique et
l'Amérique. Il y a là, en particulier, un éléphant et un palmier
qui produisent, dans le groupe général, l'effet le plus inattendu...
Cette fontaine, comme on le voit, est tout un poëme, mais on
reste stupéfait devant un pareil dévergondage d'imagination :
l'obélisque perché sur ce rocher à jour est surtout bien imaginé :
il y a là une aberration de goût gigantesque et qui vaut celles du
poëme contemporain d'*Adone*, où le chevalier Marini décrivait
en vers mythologiques les fleurs de la Passion.

J'ai peut-être un peu longuement décrit cette fontaine qui
excita l'admiration du xviie siècle italien et fut chantée en vers
et en prose : mais le manque de mesure a le don de m'exaspérer,
et je protesterai toujours contre les fautes de tact et de goût,
même chez les plus grands artistes, surtout lorsque leurs
œuvres, ornant des places publiques, font partie de l'éducation
nationale.

C'est sur la place Navone, une des plus vastes de Rome, bien
qu'elle ne soit profilée que sur les substructions extérieures du
cirque d'Alexandre Sévère, que se tient le marché aux fruits :
aussi rencontrons-nous ici des Romains et des Romaines avec le
costume classique et pittoresque, popularisé chez nous par les
familles de Pifferari en tournées musicales ou dansantes. Les
femmes sont robustes, aux épaules larges et carrées, et portent
sous leur épais voile multicolore, le collier de corail et d'énormes
boucles d'oreilles en or; les hommes font maigre figure à côté d'elles : mais leurs vestes sombres et leurs chapeaux coniques tranchent vigoureusement sur les manches blanches et les corsages
rouges de leurs compagnes. Il y a dix ans, des moines de toutes les
couleurs piquaient leur note originale sur cette foule bigarrée,
pendant que, deux à deux, en files bien alignées, s'avançaient
de jeunes élèves des écoles en soutane et grand chapeau à la
Basile, regagnant leurs collèges : on en croisait dans tous les
quartiers, des noirs, des blancs, des bruns, des bleus, des gris :
cela était en harmonie avec la multitude d'églises qu'on rencontrait à chaque pas : aujourd'hui ces costumes ont à peu près disparu, et la monotonie s'empare peu à peu de la physionomie
intime des rues de Rome, comme de celles de toutes les autres
capitales de l'Europe.

Derrière la place Navone, adossé au palais Braschi, on voit
encore, posé sur un piédestal, le fameux torse antique mutilé,

qu'on a baptisé *statue de Pasquin*, et qui a joué un si grand rôle dans l'histoire satirique de la cité romaine. Les plaisanteries qu'on trouvait tous les matins sur son socle à l'adresse des puissants du jour et souvent du Pape lui-même, ont engendré notre mot français *Pasquinade*. On prétend que ce torse légendaire eut plus d'une fois l'honneur d'une sentinelle de garde, et qu'Adrien VI voulut le faire jeter dans le Tibre. Il entretenait de facétieux colloques avec un autre de ses pareils, appelé *statue de Marforio* et situé dans un quartier voisin du Capitole, près de la prison Momertine. *Quod non fecerant barbari, fecere Barberini*, avait-il dit un jour, à l'occasion de l'exploitation du Colisée comme carrière pour la construction du Palais Barberini... Ses mots, on en juge par celui-ci, emportaient la pièce. Aujourd'hui Marforio est exilé au Musée du Capitole, et le pauvre Pasquin, devenu silencieux, exhibe toujours son torse déhanché, avec l'expression d'un cri de douleur qui semble la punition de ses anciennes impertinences.

Notre itinéraire étant réglé par les démarches nécessaires pour obtenir d'être admis à l'une des plus prochaines audiences du Saint-Père, je profitai du voisinage du *Séminaire français*, pour aller porter à l'un de ses directeurs, le P. Brichet, un morbihannais comme nous, une lettre de créance et lui demander de m'indiquer les formalités à remplir. Reçu avec la plus grande affabilité par ce vénérable prêtre, j'appris qu'il fallait aller au Vatican présenter une requête à Mgr Ricci, prélat chargé des audiences, et que je ferais bien de me faire recommander par Mgr Fournier, évêque de Nantes, en ce moment à Rome et logé près de la place d'Espagne. Le P. Brichet, en me donnant une lettre pour Mgr Ricci, m'informa de plus que le costume uniforme d'audience est de rigueur : habit noir et cravate blanche pour les hommes, robe noire et mantille pour les femmes : ni gants, ni chapeaux. Le concierge du Séminaire français tient en réserve des habits noirs, qu'il loue pour la circonstance, aux touristes imprévoyants : on ne compte plus ceux de nos ·compatriotes qui lui ont dû leur audience.

Pendant cette visite, mes compagnons m'attendaient à *Saint-Andrea del Valle*, l'une des plus belles églises de Rome, dans le style qui nous a donné le Val-de-Grâce et les Invalides ; admirant à loisir les peintures de la coupole par *Lanfranc*, les célèbres pendentifs du *Dominiquin* représentant les quatre évangélistes, et la belle copie en bronze de la Pieta de *Michel Ange*. Nous visitâmes ensuite *le Gesu*, la somptueuse église des Jésuites, à peu près de même style et de même date que Saint-André, éblouissante de stucs dorés et de marbres multicolores, avec son maître autel aux colonnes de jaune antique, son tombeau du cardinal Bellarmin, un des rares cardinaux de l'ordre, magistralement dessiné par Le Bernin lui-même, et son autel de Saint-Ignace resplendissant de richesses : la statue du fondateur de l'Institut est en argent massif ; le Père Eternel qui surgit du fronton, tient en main un globe du monde en lapis lazzuli, le plus gros bloc connu de cette pierre précieuse ; et des deux côtés de l'autel deux immenses groupes allégoriques en marbre représentent le triomphe de la religion catholique sur l'hérésie. Les jésuites sont pauvres dans leurs cellules ; mais ils ont déployé, pendant les deux derniers siècles, la magnificence la plus théâtrale dans leurs églises et spécialement dans celle-ci. Ils ont reconnu sans doute les inconvénients de ce système décoratif qui fait beaucoup trop appel, sous prétexte d'honorer Dieu et les Saints, aux sens matériels : car, de nos jours, ceux de France au moins sont revenus à de plus austères traditions : ils ont abandonné le style dit jésuite et ne construisent plus que des églises du gothique primitif. Un autre Sainte-Beuve pourrait se livrer sur ce thème, comme dans l'*Histoire de Port-Royal,* à d'interminables variations. Je lui abandonne la partie.

Nous hélons un fiacre, et en route pour la place d'Espagne, en traversant le *Corso,* avec une courte station au palais Colonna, où la poste est admirablement installée dans l'ancien cercle des zouaves.—C'est une belle rue que le Corso : elle est longue et largement ouverte : son architecture est noble et suffisamment variée : en somme elle mérite bien sa réputation, car elle a été pendant bien longtemps la plus magistrale des grandes voies de toutes les capitales européennes, à une époque où l'on semblait ignorer les splendeurs de la ligne droite : mais nous avons été gâtés par M. Haussmann et la moindre des nouvelles rues parisiennes pourrait essayer, malgré la monotonie qui les caractérise, d'entrer en lutte avec elle. C'est sur son parcours qu'ont lieu les fameuses courses de chevaux en liberté du carnaval. Vers son extrémité, la *via dei condotti* qui la traverse à angle droit, mène à la *place d'Espagne* que décore un gigantesque escalier très monumental, composé de douze volées de douze marches, brisé par des terrasses à balustres classiques et couronné par l'obélisque en granite rouge de l'ancienne spina du cirque de Salluste et par l'église de la *Trinité-du-Mont.* Je laisse mes compagnons y monter pour aller admirer là haut la belle descente de croix de Daniel de Volterre, et je vais dans une rue voisine frapper à la porte de Mg^r Fournier, confortablement installé chez une famille de bourgeois romains. Vaste salon avec meubles du premier empire. Toujours gai, souriant et pétillant d'esprit, Mg^r Fournier, mon confrère à la société archéologique de Nantes, m'accueille à bras ouverts, en m'appelant son cher archéologue, m'annonce qu'il a remis l'avant-veille au Saint-Père un exemplaire de la notice sur les fouilles de Saint-Donatien de Nantes que j'ai récemment publiée avec MM. Petit, Anizon et Cahour, et me rédige, séance tenante, une chaude lettre de recommandation pour Mg^r Ricci : j'en possède déjà une de Mg^r Bécel, évêque de Vannes, mon diocèse natal. Mg^r Fournier m'assure qu'ainsi muni, je ne puis manquer d'obtenir du premier coup la faveur de la plus prochaine audience. Acceptons-en l'augure.

De la Trinité du Mont, quelques pas conduisant aux jardins de l'*Académie de France* et du *Monte Pincio.* Les lauréats de nos écoles qui viennent ici passer leurs années d'études complémentaires sont vraiment privilégiés par la fortune. Impossible d'imaginer une position plus heureuse que celle de ce Palais Médicis, dont la façade fut jadis dessinée par Michel-Ange, et qui domine la Ville Eternelle. A ses côtés, s'étendent de vastes jardins où la végétation se plait à accumuler toutes ses richesses. Les aloës dressent leurs sveltes candelabres au milieu des bosquets de myrte, et les immenses pins parasols projettent leur ombre majestueusement sur des vasques d'eau vive. Il est vrai que l'art y coudoie d'un peu trop près la nature, et qu'un sempiternel obélisque se dresse froidement au milieu de ces splendeurs ; mais on lui pardonne en contemplant l'admirable panorama dont on jouit du haut de la balustrade des jardins. A nos pieds, les étages de terrasses ornées de statues, de colonnes et de grands arbres qui descendent à la *place du Peuple* : puis cette place immense, de forme elliptique, avec ses monumentales décorations, son obélisque central jadis transporté d'Hiéropolis à Rome par Auguste, aujourd'hui gardé par des lions de pierre versant de l'eau dans des vasques, ses hémicycles couronnés par des fontaines, ses dômes de *Santa Maria di Monte* et de *Santa Maria dei Miracoli* ouvrant l'entrée du Corso entre les deux rues symétriquement convergentes del Babuino et di Ripetta... ; plus loin, les dernières maisons du vieux Champ de Mars, le Tibre, la campagne romaine, et l'imposante masse de Saint-Pierre découpant sa coupole sur le rideau du Janicule et du Vatican. C'est un tableau qu'on ne peut oublier, vaste, artistement coupé, vigoureusement éclairé par un soleil prodigue de ses plus généreux rayons. Que de grandes choses se sont passées dans les courtes frontières de ces champs si profondément remués par les siècles ! Que de mêlées sanglantes ! Que de dévouements obscurs à côté d'exploits glorieux ! Notre éducation classique a été si fortement imprégnée d'histoire romaine à toutes les époques anciennes et modernes, qu'on reste-là pensif, absorbé par ses souvenirs.

Mais il faut nous arracher à ce rêve, et nous descendons les rampes du Pincio, au milieu des bosquets, des statues et des colonnes rostrales artistement étagés sur ses terrasses successives, pour aller vénérer la *Vierge de Saint-Luc* à l'église *Santa Maria del Popolo*, riche en peintures, en tombeaux et en chapelles luxueuses, et adossée à la Porte du Peuple. On prétend que Raphaël lui-même a donné les plans de la chapelle Chigi, et les dessins des mosaïques de la coupole, où l'on voit Jupiter, Diane et Mercure entourer Jehovah ! Bizarre mélange de paganisme et de christianisme que nous avons déjà signalé comme si commun à l'époque de la renaissance italienne : renaissance de quoi, au surplus, sinon de l'idée païenne avec l'art païen ?... La Madone attribuée à l'évangéliste Saint-Luc et précieusement conservée dans un reliquaire du maître autel, n'est pas dans ce cas. Le tableau est peint des deux côtés et le sacristain en ouvre les portes pour les touristes : mais on n'aperçoit dans chaque sens qu'une peinture fort noire constellée d'or et de pierreries. Le travail des joailliers éclipse complètement celui de l'apôtre. On peut constater cependant que si ce vénérable tableau ne remonte pas véritablement à Saint-Luc, il est au moins fort ancien, car ses profils généraux, les seuls qu'on puisse bien saisir, ont beaucoup de rapport avec ceux des Vierges bysantines.

De la place du Peuple, on se rend au palais du *Vatican* par la Via Ripetta qui longe le Tibre, au bord de ce qui fut jadis le Champ de Mars. Rien de remarquable jusqu'au *Pont Saint-Ange*, où l'on traverse le fleuve, j'allais dire très irrespectueusement la rivière, car en cette saison il n'a rien d'imposant et roule des eaux jaunes qui justifient l'épithète de *flavus* des anciens poëtes : il était donc jadis aussi limoneux qu'aujourd'hui ; et comme il n'est pas bordé de quais, les échappées qui se présentent en chemin sur ses rives n'offrent absolument rien qui puisse flatter l'imagination. Mais la scène change au détour d'une ruelle étroite embranchée sur la Ripetta, lorsqu'on débouche brusquement sur une place ensoleillée, et qu'on se trouve en présence de la masse imposante de l'ex-mausolée d'Adrien, précédée d'un pont monumental que décorent de gigantesques statues d'anges aux ailes repliées, et couronnée par un ange encore plus gigantesque, déployant largement ses ailes dorées sur la ville qu'il protège. Seul, le pont paraîtrait massif, et ses lignes architecturales, avec ses énormes dés et ses reliefs puissants écraseraient le spectateur : mais le cylindre colossal du château qui se dresse par dessus l'enceinte à machicoulis de la forteresse, forme un tel repoussoir que le pont paraît presque léger. On a voulu, sous le règne de Louis-Philippe, décorer le pont de la Concorde à Paris, avec des statues gigantesques comme celles-ci : mais le repoussoir manquait : il a fallu les enlever et les transporter dans la cour d'honneur du château de Versailles. En tout, l'harmonie générale est nécessaire.

Etrange témoignage des vicissitudes humaines, ce tombeau fastueux d'un Empereur, devenu prison d'Etat, puis citadelle, où nous voyons entrer des officiers d'artillerie fringants et dorés, au lieu de flamines en robe blanche ! Aussi, comment ne pas être envahi par des réflexions philosophiques en entrant dans la belle rue du *Borgo*, qui monte vers la *Place Saint-Pierre*, étalant des deux côtés ses boutiques de chapelets, de mosaïques et d'objets de dévotion de toutes sortes ? Mais l'animation des magasins et les objurgations des marchands pour vous faire franchir leur seuil, ne tardent pas à changer le cours de ces idées. Peu à peu, les perspectives de la place se dessinent plus nettes, et bientôt nous avons devant les yeux l'ensemble d'œuvres d'architecture le plus monumental qui soit au monde.

Je ne chercherai pas à décrire, après tant d'autres, ce cirque immense entouré d'une forêt de colonnes et de statues au fond duquel se dresse la basilique couronnée par le dôme de Michel-Ange ; cet obélisque qui perce au milieu des dalles de marbre, comme l'aiguille géante d'un fantastique cadran ; ces fontaines jaillissantes qu'ont voulu imiter de loin celles de notre place de la Concorde, et qui apportent la note brillante et mouvementée dans ce concert majestueux... Je remarquerai seulement que la pente générale du cirque qui semble s'élever vers la basilique, et surtout celle de la place supérieure en trapèze, dont les deux côtés inclinés allongent intentionnellement la perspective, contribuent dans une large mesure à augmenter les dimensions apparentes du tableau. Il y a là des artifices de construction d'une habileté extrême : les architectes de la trempe du Bernin et de Michel-Ange étaient versés dans l'esthétique de tous les arts à la fois : aussi tout concourt-il ici à produire une harmonie saisissante. On peut critiquer bien des détails : la façade de Saint-Pierre, en particulier, n'est qu'un grand placage de palais hybride, mais le dôme couvre tout ; la façade est un point dans un ensemble merveilleux ; et ce défaut ne frappe les yeux que lorsque le dôme disparaît à mesure que l'on s'approche ; alors le tableau général a aussi disparu ; la colonnade n'est plus là pour varier, par ses courbes élégantes, la sécheresse de lignes massives et heurtées ; mais si le goût proteste contre la lourde décoration du portique à deux étages qui annonce plutôt un palais civil ou un théâtre que le premier temple de la chrétienté, sa masse vous écrase, et un véritable sentiment de stupeur succède à l'impression critique lorsque, entrant sous l'arcade centrale, on lève les yeux vers les voûtes cyclopéennes qui s'étendent dans toutes les directions.

Ce n'est pas seulement au seuil de la basilique vaticane que cette impression de stupeur vous saisit : elle persiste pendant la visite entière, et elle se reproduit chaque fois que l'on y retourne. On dirait qu'elle fait partie du programme que s'impose, en tout ordre d'idées, le génie italien. Vous allez entendre *della musica stupenda,* nous avait dit le suisse de la cathédrale de Bologne pendant les préparatifs de la grand'messe de la fête patronale. Ici l'architecture est véritablement *stupendissima.*

On entre d'abord dans un immense vestibule ou portique, grand comme une cathédrale qui serait posée en travers du chemin, car il mesure cent mètres de longueur, y compris les vestibules secondaires de ses extrémités, et l'église Sainte-Sophie de Constantinople qui ne passe pas pour une des petites, a quelques mètres à peine de plus que lui ; sa largeur est plus grande que celles des nefs principales de nos cathédrales gothiques ; et pour qu'on ne s'y trompe point, on l'a décoré, non pas de statues ordinaires, mais do monuments équestres. Constantin et Charlemagne, à cheval, en grand costume d'Empire, se disputent l'honneur de garder les deux extrémités du vestibule de la basilique dédiée au prince des Apôtres, comme, devant les palais de nos empereurs modernes, des cavaliers géants sont postés en sentinelles. Nous foulons le sol où jadis Néron avait établi son cirque et ses jardins particuliers ; ici même il livra les chrétiens aux bêtes et aux torches de résine et de pétrole. Aujourd'hui ses successeurs s'humilient devant ses victimes et se transforment en soldats de Saint-Pierre.

Franchissons les portes de bronze. Le colossal vaisseau de la grand'nef s'étend devant nous ; mais l'œil n'en saisit pas tout de suite les vastes dimensions : les points de repère manquent, et l'ensemble des lignes est si harmonieux que l'on croit voir des portiques ordinaires : or, on compte seulement quatre arcades de chaque côté pour atteindre le baldaquin qui recouvre le maître autel, placé sous l'axe de la coupole : quatre arcades, ce n'est rien ; mais on avance, et les pas se multiplient et les quatre arcades ne disparaissent pas ; les doubles pilastres qui les séparent ont des largeurs invraisemblables ; et les petits anges qui supportent les bénitiers disposés à leur pied sont plus grands que leurs visiteurs. On avance toujours : il n'y a plus que trois arcades et le baldaquin ne paraît pas se rapprocher : par les baies largement ouvertes, on aperçoit des coupoles secondaires, des monuments gigantesques, des chapelles vastes comme des églises. Plus on avance, plus cette immensité vous écrase : on n'est plus qu'un point perdu dans cet espace et ces vides énormes qui manquent systématiquement de divisions intérieures allongeant la perspective, vous semblent, à la réflexion, d'autant plus grands qu'ils ont d'abord paru plus petits... L'impression produite est-elle véritablement religieuse ? Je ne sais trop ; il y faudrait plus de calme ; or il y a de l'effarement dans cette stupeur, et je ne retrouve pas ici le recueillement qui s'impose de lui-même dans nos cathédrales gothiques. Mais c'est bien le chef-d'œuvre du faste et de la magnificence : il y faut des foules enthousiastes, des trompettes vibrantes et des pompes théâtrales pour que tout y soit à l'unisson.

Comme nous devions revenir le lendemain pour étudier en détail les merveilles de la basilique en attendant l'audience du Saint-Père, je laissai mes compagnons de voyage devant l'antique statue de bronze dont les pieds sont usés par les baisers des pèlerins, et je me rendis au Palais pour présenter à Mgr Ricci mes lettres de créance. On entre au Vatican par un portique situé à l'extrémité de la colonnade circulaire du Bernin. En arrivant sur la place, nous nous étions heurtés à un poste nombreux de bersaglieri qui, placés là sur leur frontière, ne peuvent faire un pas de plus. A la porte du Vatican, je rencontrai les vieux gardes Suisses, bariolés de rouge, de jaune et de noir, qui regardent tristement les sombres soldats du roi d'Italie postés en face. Que d'évènements passés depuis dix ans ! Que de changements sur la carte de l'Europe ! Le territoire papal est maintenant borné par les murs du jardin du Vatican : mais la voix du Pontife ne connaît pas de barrières et passant par dessus les murailles crénelées, elle s'élève encore pour réveiller le monde et troubler l'orgueil des puissants.

Je fus reçu avec la plus grande bienveillance par Mgr Ricci, qui m'inscrivit aussitôt pour l'audience publique du lendemain en me recommandant l'exactitude et la tenue de rigueur : puis nous parlâmes archéologie et l'érudit prélat voulut bien me féliciter de la brochure sur les fouilles de Saint-Donatien que Mgr l'évêque

de Nantes avait remise quelques jours auparavant à Sa Sainteté.
La présence d'esprit est l'un des apanages des prélats romains :
ces gens là sont des charmeurs.

Je retrouvai mes compagnons sous le baldaquin de bronze
aux colonnes torses qu'on accuse d'avoir été pris aux voûtes du
Panthéon d'Agrippa ; et nous fimes route aussitôt pour le *Capitole*, en longeant la rive droite du Tibre et les bas quartiers du
Transtevère. Nous passâmes devant l'ancienne villa Chigi, dite
la *Farnésine*, où j'avais admiré jadis les célèbres fresques de
Raphaël représentant la *fable de Psyché* ; mais ce n'était pas le
jour de visite et le palais était fermé : je n'en eus qu'à moitié
regret, car j'ai toujours trouvé que ces fresques sont beaucoup
plus belles en gravure qu'en réalité : le dessin en est admirable
et la gravure le rend dans la perfection ; mais les tons de chair
ont tellement poussé au rouge, et les guirlandes qui entourent les
panneaux sont d'un vert si criard, que je préfère les revoir dans
les collections de la chalcographie du Louvre. Le *triomphe de
Galathée* lui-même, gagne à cette transformation. Les Raphaë-
listes diront peut-être que je blasphème, mais je n'ai pas l'habitude d'accepter les impressions de commande : je dis ce que je
sens et ce que je pense. Si Raphaël est le maître du dessin, il
n'est pas toujours le maître de la couleur.

Ayant traversé le Pont San Bartolomeo qui, comme le Pont
Saint-Ange, a résisté, depuis les empereurs romains, aux invasions des Barbares, aux sièges des mercenaires, et aux injures
du temps, nous entrons dans le *Ghetto*, ancien quartier des juifs,
dédale de ruelles sombres et tortueuses, au milieu desquelles les
ruines du *théâtre de Marcellus* dressent leurs élégants portiques
encombrés d'échoppes, vieux souvenirs de nos cours d'architecture de l'Ecole Polytechnique, comme les entablements du *Palais
de la Chancellerie* dont nous admirons un peu plus loin la belle
ordonnance. Cet ancien palais *Riario*, qui fut malheureusement
construit avec du travertin provenant du Colisée, est bien le
monument du type le plus pur et le plus harmonieux que j'ai
jamais rencontré. Bramante s'est surpassé dans ce chef-d'œuvre
dont le Parlement romain fit son siège en 1848, pour y voir
assassiner Rossi sur les marches de son grand escalier. La cour
intérieure surtout, avec son portique à double étage, est d'une
perfection à la fois simple et élégante, à laquelle le tempérament
le plus profane ne peut être insensible. Il y a là une harmonie,
une sveltesse, une sobriété de lignes qui commandent l'admiration. J'avais écrit au crayon sur mon guide, en 1861, *cour
sublime*. Cela sentait l'enthousiasme de la prime jeunesse ; mais
je ne rétracte pas ce jugement, et je regrette de ne pouvoir l'ap-
pliquer complètement au *palais Farnèse*, tout voisin, bien qu'il
soit plus imposant et qu'on l'ait déclaré quelque part le plus beau
spécimen de l'architecture moderne. C'est peut-être parce que
Michel Ange y a collaboré en continuant l'œuvre après la mort
de San Gallo ; mais il a voulu y imposer sa note personnelle et
a rompu ainsi l'unité de style et l'harmonie générale. Ce qui est

sûr, c'est que ces deux palais sont les plus achevés de tous ceux de Rome. Je ne connais rien de si monumental et en même temps de si élégant que ces cours intérieures à plusieurs étages de portiques ajourés au travers desquels le soleil d'Italie produit des effets merveilleux d'ombre et de lumière. L'impression ne serait peut-être pas la même sous nos ciels brumeux et ternes : mais ici le génie de l'architecte a trouvé ce qui convenait le mieux aux conditions climatériques de son pays.

Le Palais Farnèse, vendu par le roi de Naples à Napoléon III, possède la célèbre galerie peinte à fresque par les deux Carrache et par le Dominicain, rivalisant de hardiesse, de dessin et de coloris pour épuiser l'histoire mythologique de Bacchus, Ariane et autres divinités fort en vogue au temps de la Renaissance païenne. Je ne cacherai pas que je la préfère à la Farnésine dont les carnations n'ont pas l'heur de me plaire : mais l'étalage de chair divine et humaine y est poussé au même excès : il y a sur les plafonds de ces anciennes demeures des princes romains un tel dévergondage de nudités à profusion, qu'on se demande instinctivement si l'efflorescence artistique du xv° et du xvi° siècle en Italie n'a pas coïncidé avec une singulière absence de toute retenue morale : les œuvres littéraires du temps pourraient en apporter de nouvelles preuves : mais je n'ai pas le loisir d'approfondir ici ce sujet : il suffit d'en avoir noté la remarque naturelle, et j'ai hâte d'aborder le Capitole.

Le *Capitole* n'est pas ce qu'un vain peuple pense. Lorsqu'on arrive à Rome, la mémoire toute remplie des souvenirs de la Roche Tarpéienne et du Siège des Gaulois, on s'imagine volontiers qu'on va se heurter aux murailles d'une redoutable forteresse crénelée, huchée sur des rocs inabordables et couronnée par un donjon comme celui de Vincennes. Rien de tout cela. Au lieu de la force, la grâce. On arrive devant un escalier monumental encadré de balustres qui détachent leurs fines découpures sur des massifs de plantes vertes, et couronné par les statues colossales de Castor et Pollux tenant en laisse leurs chevaux. Ayant gravi cet escalier, on se trouve sur une esplanade de médiocre étendue, dallée en marbre, bornée, sur ses trois côtés, par trois élégants petits palais à terrasse balustrée, et décorée de statues, de trophées et de colonnes milliaires antiques, au milieu desquels se dresse la statue en bronze de l'empereur Marc Aurèle. Deux de ces palais sont consacrés aux services de l'Administration Municipale ; le troisième est un Musée. Derrière celui du fonds, un léger campanile s'élance pour remplacer le donjon absent. Dans tout cela rien de terrible ni de sinistre. C'est ici que fut couronné Pétrarque, et si la scène manque d'ampleur, elle n'est pas dépourvue de poésie. En arrière, vers le Forum, sont situés les parties abruptes, les rocs à pic invisibles de ce côté : à droite, la Roche Tarpéienne masquée par des constructions sans caractère ; à gauche, sur le sommet du Mont Capitolin, là où se dressait jadis le temple de Jupiter tonnant, l'église franciscaine d'*Ara Cœli*, pauvre et sans style, à laquelle on accède par un gigantesque escalier d'une seule volée de 124 marches, appuyé à sa base sur deux lionnes en basalte d'Egypte.

Nous entrons au Musée. La cour est encombrée de statues et de monuments antiques plus ou moins complets, depuis Marforio qui ne répond plus à Pasquin, jusqu'à la tête colossale de Cybèle venue de la villa d'Adrien. Les murailles de l'escalier sont couvertes de marbres gravés provenant des fouilles du Forum, et représentant à grande échelle le plan de Rome ancienne, une sorte de cadastre du temps de l'Empire, source de précieux repères pour les archéologues. Les salles et la galerie regorgent de chefs-d'œuvre de la statuaire, que la gravure a rendus classiques : *Agripprine assise* ; le *Satire jouant de la flûte* ; le *Gladiateur mourant* ; l'*Antinoüs* de la villa d'Adrien ; le *Faune de Praxitèle* ; l'*Enfant à l'Oie*, et cette inimitable *Vénus, dite du Capitole*, qui tourne sur un pivot pour que le visiteur puisse la contempler sous tous ses aspects. Et que dire de la collection des bustes authentiques de *Scipion*, de *Pompée*, de *Cicéron*, de *Térence* et de tous les Empereurs Romains ! On ne se lasse pas d'admirer : les heures s'écoulent brèves, et l'on en vient à contester à Condorcet sa théorie des progrès de l'espèce humaine, car il faut bien avouer que nous ne pouvons plus atteindre à cette perfection de l'art antique. Est-ce la main de l'ouvrier qui faiblit ? Est-ce notre race qui s'étiole et qui ne lui offre plus constamment sous les yeux les beaux types d'autrefois ?... Qu'on discute et qu'on mesure : nous sommes loin des statuaires de la Grèce et de Rome.

Mais il faut quitter ces hauteurs sereines pour descendre au *Campo Vaccino* sur l'emplacement du Forum antique, et assister, sur des espaces immenses, au spectacle de la plus épouvantable ruine s'étalant dans la plus désolante réalité. Je ne connais rien de navrant comme la vue de ce *Campo*, au sortir du Capitole. On vient de converser avec les anciens maîtres du monde ; leurs bustes, aux physionomies expressives et vivantes, semblaient vous adresser la parole, et voici ce qui reste des splendeurs de leurs triomphes, de leurs temples et de leurs palais ! On dirait d'une ville entière anéantie par les fureurs d'un long bombardement. J'ai visité les ruines encore fumantes de Saint-Cloud et de Paris, après les dévastations des Prussiens et de la Commune : elles n'étaient pas plus pitoyables. Au milieu d'énormes amas de décombres dont l'épaisseur atteint plus de vingt pieds, émergent, çà et là, des colonnes isolées ou groupées supportant des fragments d'entablement, ou les parties supérieures de monuments à moitié enfouis, dont la base, dégagée à grand peine, est située au fonds de véritables puits formés par les murs de soutènement des décombres. Partout des débris de fûts ou de chapiteaux, des murs pantelants, des voûtes suspendues... Et quel cadre au tableau ! A droite, le Mont Palatin couvert par les Jardins Farnèse qui enveloppent les débris du palais des Césars ; à gauche l'immense portique enterré du temple d'Antonin et Faustine, qui sert d'entrée, à mi-hauteur, à l'église Saint-Laurent, et les voûtes éventrées de la basilique de Constantin ; au fonds la masse imposante et presque informe du Colisée. Ces ruines ont encore grand air dans leur horreur : elles gardent un caractère de majesté ineffaçable comme ces descendants de princes déchus qu'on reconnaît encore sous les haillons de la pauvreté. Mais est-ce donc là le sort de toutes les merveilles du luxe et de l'orgueil humain ? Où sont les jardins suspendus de Babylone ? où, les cent portes de Thèbes?.. Ici fut la tribune aux harangues : nous foulons les restes de l'escalier des gémonies ; ces trois gigantesques colonnes corinthiennes qui se dressent comme des fourches patibulaires appartenaient au temple de Jupiter Stator ; ces huit autres, d'élégant ordre ionique, ornaient le péristyle du temple de la Fortune... *Fortuna mendax !*

Les monuments les mieux conservés, sans doute à cause de leur masse qui les a mis à l'abri d'une destruction brusque et violente, sans être cependant suffisante pour permettre de les exploiter comme carrières de pierres de taille, ce sont les arcs de triomphe. Il y en a trois, échelonnés sur ce vaste espace. Le plus voisin du Capitole, entre la tribune aux harangues et l'autel de Janus, est l'*Arc de Septime Sévère* à trois portes encadrées par des colonnes cannelées, couvert de bas-reliefs représentant les expéditions de l'empereur, encore muni de son attique où s'étale la pompeuse inscription triomphale, mais privé de son couronnement de bronze qui représentait le quadrige de Septime Sévère et de ses fils. L'arc est enfoui jusqu'à la hauteur des voûtes des portes latérales, mais le Pape Pie VII l'a fait dégager en construisant des murs de soutènement contre les remblais de décombres qui l'environnent, et bien que la perspective pour laquelle il a été construit lui manque au fonds de ce trou, son ensemble est imposant. Les guides font remarquer sur deux lignes de l'inscription de légers enfoncements dans le marbre, parce que Caracala, après avoir tué son frère Géta, fit effacer son nom sur tous les monuments. *Nil novi sub sole.* Quand nous grattons sur les nôtres des cartouches fleurdelysés ou les N couronnés, nous imitons Caracala ! Bel exemple à suivre ! S'imagine-t-on qu'on peut supprimer l'histoire ?... *Poveri !*

Les deux autres arcs, ceux de *Titus et de Constantin*, sont situés sur la *Voie sacrée* elle-même, et comme elle est assez élevée sur ces points, ils ne sont pas enterrés et permettent d'admirer leur perspective. L'arc de Titus, situé au point culminant de la voie, est le plus beau : il fut élevé au retour de la prise de Jérusalem, et bien qu'il n'ait qu'une seule porte, ses lignes sont si harmonieuses qu'on ne peut lui refuser le titre de chef-d'œuvre. L'extérieur n'est pas chargé de sculptures comme l'arc de Septime Sévère, mais on admire sous l'arcade deux magnifiques bas-reliefs représentant le triomphe de Titus. Il me semble bien me rappeler en avoir vu des moulages au Musée du Louvre.

L'arc de Constantin, plus léger, rassemble beaucoup à notre arc du Carrousel qui lui a emprunté sa disposition générale à trois portes, avec les statues qui amortissent les colonnes sur l'entablement : mais les bas-reliefs qui le décorent, relatifs à Constantin et à Trajan, en l'honneur de qui l'arc avait jadis été commencé, sont de style et de factures si disparates que toute l'harmonie du monument en est rompue. Les reprises à longue distance ne valent jamais rien : l'unité de conception est la mère du beau dans tous les arts.

Mais voici les restes de la *Meta Sudans*, amas de briques fortement cimenté qui formait le noyau d'une énorme fontaine. Tout prend ici des dimensions colossales. Aussi bien, nous approchons du *Colisée*, dont le nom latin était *Colosseum*. Que dire de ce merveilleux amphithéâtre qui servit d'arène sanglante aux Gladiateurs, aux bêtes féroces et aux martyrs ! Comme à la basilique de Saint-Pierre, l'esprit reste confondu, stupéfait, devant cette masse cylindrique qui se développe en ellipse sur près de cent mètres de grand axe et quarante mètres de hauteur. On prétend que ce fut un chrétien, l'architecte Gaudentius, qui soumit à l'empereur Vespasien le premier plan de ce gigantesque édifice où le christianisme devait payer de tant de sang sa victoire définitive. La décoration extérieure en a été conçue avec une extrême habileté et donne à cette vaste surface un aspect à la fois élégant et solide. Un triple rang d'arcades superposées entre lesquelles se dresse, soutenant chaque frise, une colonne à demi engagée dans la muraille, la divise en trois couronnes comme une tiare : le rez-de-chaussée est d'ordre dorique, le premier étage d'ordre ionique, le second d'ordre corinthien : la solidité à la basse, l'élégance au milieu, la légèreté au sommet ; et le tout est surmonté d'un quatrième ordre en attique, dont l'entablement très en saillie est percé de trous pour laisser passer les matereaux de bois doré auxquels s'attachaient les cordages du velarium de pourpre. C'est une magnifique ordonnance, harmonieuse, coulée d'un seul jet, rationnelle autant qu'artistique, et je ne connais, dans l'architecture moderne, que la cour du Louvre qui puisse lui être comparée.

On dit que douze mille Juifs, prisonniers de guerre, furent d'abord employés à la construction de ce colosse, comme jadis leurs pères l'avaient été à celle des Pyramides ; et lorsque Titus l'inaugura, les fêtes durèrent cent jours, pendant lesquels on tua dans l'arène cinq mille animaux sauvages et dix mille captifs. Quel carnage ! Et Titus passe pour un des bienfaiteurs de l'humanité ! Que fut-ce donc sous Héliogabale et Caracalla !... La ruine d'aujourd'hui est le châtiment de ces crimes.

C'est en proie à une émotion profonde qu'on pénètre sous ces voûtes enchevêtrées qui supportent les gradins sur lesquels s'entassaient 80,000 spectateurs, et que l'on foule de ses pieds le sol arrosé du sang de tant de victimes. Il est des souvenirs qui charment : il en en est qui terrifient : d'autres vous étreignent sous une angoisse poignante : il n'y a aucune honte à déclarer franchement que nous ressentîmes ici cette dernière impression. On contemple en silence les parois intérieures de cette énorme cuve de pierre ; on n'ose plus parler ; on s'attend presque à voir sortir des gouffres béants aux extrémités de l'arène, quelque panthère oubliée par les siècles, ou descendre du haut de ces degrés gigantesques quelque ange apportant des couronnes, quelque colombe mystique à la recherche d'une âme égarée.... Par ces gueules de vomitoires, une foule étrange ne va-t-elle pas surgir ? et sous ces voûtes sombres voisines du podium, n'allons nous pas rencontrer un cortège de saintes femmes recueillant pieusement, pour aller les porter aux catacombes, les dernières gouttes de sang de leurs frères !...

En sortant du Colisée, la tête lourde et le cœur serré, on a besoin de grand air. Nous ajournâmes au lendemain la visite aux ruines du palais des Césars, et nous donnâmes l'ordre à notre cocher de nous diriger vers le désert des *Thermes de Caracalla*.

Au moment où, repassant près de l'arc de Constantin, nous jetions un dernier coup d'œil sur le Forum, nous vîmes passer une pension de collège ecclésiastique, dont tous les élèves, y compris les plus jeunes, portaient la soutane et le chapeau à la Bazile. J'avais déjà remarqué en Angleterre les enfants du Christ's Hospital, circulant au milieu des monuments de Londres avec leur houppelande bleue, leur ceinture de cuir et leurs bas jaunes : c'était une vision du passé apparaissant, en pleine efflorescence de la civilisation moderne, chez un peuple qui conserve religieusement les anciennes traditions. Ici, le contraste en sens inverse était encore plus frappant. Il nous sembla que nous venions de voir l'image vivante du christianisme écrasant du pied les antiques et voluptueuses splendeurs de la civilisation païenne. On dit que ce fut sous l'impression du spectacle de la pauvre église d'Ara Cœli succédant au Temple de Jupiter Tonnant, que Gibbon conçut, en 1764, l'idée de sa célèbre histoire de la chute de l'Empire romain. Nous venons de comprendre comment ces contrastes soudains peuvent en effet puissamment agir sur les esprits les moins disposés aux profondes méditations. Qu'est-ce donc lorsqu'elles saisissent un tempérament que ses dispositions naturelles poussent aux études philosophiques !

Notre cocher ne connaissait pas bien la route qui mène aux Thermes de Caracalla. Il nous égara au milieu de ruelles désertes bordées de murs qui limitent des vignes et des jardins. L'une d'elles était si étroite, qu'il eut toutes les peines du monde à rebrousser chemin, lorsqu'il eut reconnu qu'il se trompait. Nous arrivâmes enfin aux portes de ce gigantesque carré de près d'un kilomètre où les Romains de la décadence avaient accumulé tous les raffinements du luxe le plus effréné. On se promène sur les dallages mosaïqués de salles immenses dont les voûtes pantelantes prouvent que nous n'avons qu'à apprendre de la hardiesse de leurs constructions. Nulle part, établissement thermal n'a été conçu sur un plan aussi grandiose. Les statues qu'on a retirées de ses fouilles ont enrichi tous les musées de Rome, et rien ne donne mieux l'idée de cette civilisation tout en dehois que de pareils monuments. A quoi pouvaient servir les maisons particulières, quand on trouvait ici, pour chacune des heures de la journée, la satisfaction de tous les besoins et de tous les plaisirs du corps et de l'esprit ?

Etait-ce fatigue de tant d'impressions superposées, ou influence de la malaria qui se fait souvent sentir à cette époque, je ne sais : mais je me sentis pris d'un violent accès de fièvre sous ces voûtes froides et humides. Le jour baissait. Nous nous hâtâmes de regagner l'hôtel de la Minerve, où l'on nous remit, en arrivant, les lettres officielles d'audience qu'un garde noble de Sa Sainteté avait apportées pendant notre absence : je me couchai aussitôt pour être guéri le lendemain, et je m'endormis en rêvant aux Empereurs, aux Vestales et aux Martyrs.

VENDREDI 9 OCTOBRE. — *Rome (suite).* — Une bonne nuit ayant réparé nos forces, nous revêtimes nos uniformes, habits et mantille, dès le matin, pour nous rendre au Vatican ; mais comme l'audience ne devait avoir lieu qu'à onze heures et demie, nous décidâmes de passer la matinée à visiter les peintures du Palais, où quatre stations classiques sont obligatoires, à la *Chapelle Sixtine*, aux *Loggie* et aux *Stanzze* de Raphaël, et à la *Pinacothèque*.

A la *Chapelle Sixtine*, triomphe Michel-Ange avec son magistral plafond représentant les scènes de la Bible encadrées par les Sybilles, et la grande fresque du Jugement Dernier qui couvre tout le mur du fonds. Est-ce réellement une chapelle, ou bien une Salle de conférences? J'avoue que le caractère religieux ne me paraît pas intense dans cette vaste nef rectangulaire, aux murs secs et droits, sans divisions, voûtée simplement en plein cintre et terminée par un mur plat. Mais on ne vient pas ici pour la salle elle-même ; elle ne vaut que par ses fresques. Je goûte peu l'orgie de chair du *Jugement dernier :* elle est, du reste, enfumée, et pas mal passée au noir : je la préfère en gravure. En revanche, les fresques à compartiments de la voûte sont merveilleuses ; les sybilles et les prophètes assis en attitude méditative dans les pendentifs simulés vous regardent d'une façon qui impose absolument le respect : mais il est désolant qu'on soit obligé de se casser la colonne vertébrale à hauteur du cou, pour pouvoir admirer les tableaux pleins de vie des pseudo-caissons : la Création du premier homme ; l'Expulsion du Paradis terrestre et autres chefs-d'œuvre tant de fois reproduits. Nulle part, le génie du dessin n'a atteint pareille envergure.

Aux *Loges de Raphaël*, les fresques de la galerie à jour de la cour Saint-Damase produisent un effet tout opposé. Ce n'est plus le grandiose et l'étourdissant, mais le chef-d'œuvre de la coquetterie. Trop d'arabesques même, et trop de floritures ; les ravissants petits tableaux du plafond sont noyés dans .n déluge de minuscules ornements de toutes les couleurs qui papillottent aux yeux et distraient l'attention. Les injures du temps, malgré les privilèges du beau soleil d'Italie, se sont heureusement chargés d'adoucir et d'estomper ces encadrements qui ne m'ont pas ébloui comme ceux de la Farnésine : cependant je persiste à croire que ces charmantes scènes bibliques sont plus agréables à contempler dans un album gravé finement que sur la voûte des loges. Mais qu'on ne croie pas pour cela que je sois un ennemi de Raphaël : je vais prendre pour lui ma revanche dans les Stanzze.

Les *Stanzze*, ou chambres situées en arrière de la Galerie des Loges, entre la cour Saint-Damase et la cour du Belvédère, sont quatre grandes salles d'apparat, aux murs sans reliefs, recouverts d'une décoration architecturale à fresque, dont les panneaux sont remplis par les grandes compositions philosophiques et historiques de Raphaël et de ses élèves. Ici, sauf le trompe l'œil de l'architecture que nous autres, gens du Nord, nous n'admettons guère, mais qui est bien dans le génie italien fort habile à figurer des reliefs et des perspectives sur des surfaces planes, il faut admirer sans réserve. Entre toutes, la chambre de l'Ecole d'Athènes est inimitable. On resterait en méditation pendant des heures entières entre ces deux grandes épopées, l'une païenne, l'*Ecole d'Athènes*, l'autre chrétienne, la *Dispute du Saint-Sacrement*, qui se font face l'une à l'autre. L'harmonie de la composition générale, l'éclat de la couleur, la finesse pleine de vie de toutes les têtes, la perfection du modelé, tout concourt à l'enchantement. C'est ici qu'a été pour moi la véritable révélation de Raphaël. Ajoutez-y la grâce exquise du *Parnasse* voisin, le mouvement extraordinaire de la scène d'*Héliodore frappé de verges*, où l'ange vengeur vole véritablement ; enfin l'intensité de lumière éclatante obtenue sur cette page magistrale qui s'appelle la *Délivrance de Saint-Pierre* et qui semble se détacher du mur avec un relief d'une profondeur inouïe..., et ne me parlez plus après cela d'autres peintures décoratives ; je les donne toutes pour ces cinq panneaux.

A quelques pas de là, se trouve la *Pinacothèque*, c'est-à-dire un petit musée de peinture composé seulement d'une quarantaine de tableaux : mais quels tableaux ! leur réputation est universelle : la *Communion de Saint-Jérôme*, du Dominiquin, la *Transfiguration* et la *Madone de Foligno*, de Raphaël, le *Martyre de Saint-Erasme*, du Poussin, la *Mise au tombeau*, du Caravage, la *Résurrection*, du Pérugin, le *Martyre de Saint-Pierre*, du Guide, le *Mariage de Sainte-Cécile*, de Murillo, une *Madone* du Titien..., sans parler de bien d'autres qu'il faudrait citer de concert, tous placés dans un jour excellent et montés sur charnière pour qu'on puisse les mettre bien au point. Le Poussin déclarait que les trois chefs-d'œuvres de la peinture étaient la *Transfiguration*, la *Communion de Saint-Jérôme* et le *Crucifiement* de

Daniel de Volterre. On a protesté avec raison contre la mention de ce dernier tableau qu'on remplace en général par le *Martyre de Saint-Pierre*, du Titien ; mais je n'accepte plus cet arrêt depuis que j'ai pu admirer à la Haye la *Leçon d'anatomie*, de Rembrandt, et à Amsterdam, sa *Ronde de nuit* : je ne le rapporte donc qu'à la peinture italienne, et je dois déclarer franchement, au risque de passer pour un Philistin, que je préfère la *Leçon d'anatomie* à la *Transfiguration*, tant les poses sont ici théâtrales et conventionnelles. C'est admirablement peint, à coup sûr, mais je ne puis supporter cette femme à genoux que tout le monde connaît au bas du tableau, bien qu'elle soit devenue un modèle classique de dessin pour le corps comme pour les draperies. Il me semble que l'idéal ne doit pas exclure le naturel, et j'ai beau m'extasier très sincèrement, je ne le rencontre pas ici : il y a trop de pose intentionnelle ; et malgré l'invraisemblable nudité de Saint-Jérôme au milieu des chapes brochées d'or, je préfère aussi à la *Transfiguration*, le tableau du Dominiquin. Si Raphaël est le roi de la peinture décorative, il a de sérieux rivaux dans la peinture de chevalet.

Mais dix heures sonnent, et nous rappellent qu'il est temps de déjeuner avant l'audience. Le Borgo n'est pas aussi riche en restaurants qu'en boutiques d'objets de dévotion : on y trouve cependant le nécessaire et surtout le généreux vin de Spolète. Nous eûmes vite accompli cet exercice salutaire ; et munis de chapelets de corail et d'albâtre, de médailles, de camées, que nous devions présenter à la bénédiction du Saint-Père, nous nous acheminâmes de nouveau vers la cour Saint-Damase. Sur la présentation de nos lettres d'audience, on nous fit entrer dans une vaste salle d'attente, où se trouvaient déjà réunis quelques groupes de pèlerins italiens et français.

Neuf ans auparavant, j'avais vu le Pape Pie IX promenant sa verte vieillesse sous les grands arbres de Castel Gondolfo, son ancienne villa d'été. C'est un des souvenirs les plus vivaces de mon premier voyage. J'étais allé le matin, à Frascati, aux pieds des montagnes d'Albe, visiter d'anciens camarades de collège, engagés aux zouaves pontificaux, qui y tenaient alors garnison. Après le désert de la campagne de Rome, parsemé de ruines, d'aqueducs et de tombeaux délabrés, ce versant des collines de Tusculum semble un oasis, une sorte de paradis terrestre, avec ses villas verdoyantes et ses bois parfumés. De Frascati, je montai à pied à Castel Gondolfo, qui domine d'un côté la plaine de Rome, de l'autre le vieux cratère devenu le lac d'Albano, par une route pittoresque, ombragée d'arbres séculaires et propice à la rêverie, car je n'y rencontrai âme qui vive. C'était un 15 août pourtant, et un beau jour d'été. Sous ces ombrages, la chaleur était douce et je me laissai aller à la mélancolique poésie du paysage, en sorte que j'arrivai, presque sans m'en apercevoir, devant la porte du palais papal, perché sur le bord du cratère éteint. Aucun garde : portes grand ouvertes, comme pour la maison du bon Dieu. Trois heures de l'après-midi ; pas un seul passant sur la place, ni dans la longue avenue de maronniers qui s'étend magistralement devant le palais. J'entrai librement, parcourus des vestibules, gravis un escalier monumental, et parvenu sur le palier, j'aperçus, par une porte à demi ouverte, des monsignori qui jouaient au billard et ne parurent pas s'émouvoir de ma présence. Je n'osai pas troubler leur partie fort animée, et ne trouvant personne à qui parler, je descendis. Sur la place j'avisai alors, en tête de l'avenue, une baraque à laquelle je n'avais pas pris garde, et heureuse fut ma surprise en apercevant devant elle un pantalon rouge : c'était un poste d'infanterie française affecté à la garde spéciale du Saint-Père. Je liai bien vite connaissance et j'appris que le Pape sortait tous les jours vers quatre heures, qu'il était inutile de demander une audience et que je le verrais librement. En effet, un coup sec retentit bientôt sous le perche du palais. Notre sentinelle cria : Aux armes ! Tout le poste sortit : — Portez armes ! — Présentez armes ! — Genou terre ! — Et le tambour battit aux champs..... Mon émotion fut vive à ces voix de France.

Cependant, le cortége pontifical s'avançait dans le plus simple appareil. En avant, deux gardes nobles, et à cinq pas en arrière, Pie IX, en soutane blanche, entouré de quatre prélats en soutane violette que j'avais aperçus dans la salle de billard. Rien de plus. Les promeneurs s'avançaient à petits pas. Le Saint-Père, droit et majestueux, mais de physionomie affable, presque souriante et vraiment paternelle, bénit, en passant, le poste qui se releva, puis se dirigea vers le chemin couvert, bordé d'arbres admirables qui longe la colline pour descendre à Albano. Une vieille femme qui remontait le chemin se jeta à ses pieds : le Saint-Père s'arrêta et lui donna sa bénédiction : j'en fis autant sans vergogne, et le Pape me bénit simplement, sans plus de formalité d'audience. Longtemps je suivis des yeux sa robe blanche qui brillait au soleil dans les échappées de lumière. Il y avait, dans ce tableau pastoral, une tranquillité si douce, une paix si profonde, que je restai en contemplation muette. Au loin, la campagne romaine commençait à se dorer des feux du couchant, et je me disais que ce cadre était admirablement adapté à la majesté paternelle de ce grand vieillard dont la voix, mieux que celle d'un puissant souverain, se faisait religieusement écouter sur tous les points de l'univers.

Un détail, puéril en apparence, m'avait, à la réflexion, vivement frappé dans le costume porté ce jour là par le Saint-Père. Sur sa soutane blanche était agrafée une immense ceinture de moire bleue, large d'au moins vingt centimètres : et son chapeau était rouge comme ceux des cardinaux. Or nous étions au 15 août, jour de fête nationale en France à cette époque. Il avait donc intentionnellement revêtu nos couleurs. Son costume était comme un remerciement discret au poste qu'il venait de bénir, et j'en fis la matière d'un sonnet :

CASTEL-GONDOLFO

Souvenir du 15 Août 1865

—

(SONNET)

Sur les bords escarpés d'un antique cratère,
S'élève un vieux château de vénérable aspect.
Un dôme annonce au loin qu'on lui doit le respect,
Mais l'aspect en est libre et bannit le mystère.

C'est Castel-Gondolfo, l'asile salutaire
Où le Pontife-Roi, cherchant l'ombre et la paix,
Se retire en été, près d'un poste français.
Tout à coup le tambour bat aux champs — Genou, terre !...

Le Pape sort suivi de la plus simple cour,
Laissant petits et grands qu'il bénit tour à tour,
Approcher confiants de sa Majesté Sainte.

Pour la France il fait plus : sous un rouge chapeau
Je vois d'un ruban bleu sa robe blanche ceinte ;
Il veut, en ce quinze août, porter notre drapeau !

Le soir, lorsqu'au moment de descendre à Albano pour prendre
le dernier train du chemin de fer, je jetai un regard sur la
silhouette du cratère, poétiquement estompée dans la pénombre
et couronnée par le dôme de la villa pontificale, il me sembla
qu'une traînée blanchâtre de vapeurs légères montait, comme
une échelle de Jacob, du palais vers les régions célestes. Et je me
dis que là-bas, sous le dôme, le vicaire de Jésus-Christ priait
pour la France. Un peu plus loin, sur la place Colonne, où j'arrivai vers neuf heures, au milieu des brillantes illuminations et
d'une foule joyeuse, les musiques de nos régiments fêtaient plus
bruyamment la Saint Napoléon. Neuf ans sont écoulés : nous
avons payé chèrement la dette de nos fautes : les pantalons
rouges ne sont plus les gardiens de Rome, et le Pape est prisonnier dans l'étroite enceinte des jardins du Vatican.

J'en étais à ce point de mes anciens souvenirs, lorsqu'un
mouvement général me rappella l'heure présente. Un majordome
apparut et nous fit passer dans la salle officielle d'audience, sorte
de longue galerie sans meubles, éclairée d'un seul côté par de
grandes baies, et décorée dans le goût de Versailles, à moins que
ce ne soit absolument l'inverse. Là, le maître des cérémonies
nous rangea debout des deux côtés de la galerie, et nous recom-
manda de nous mettre à genoux dès que le Saint-Père entrerait,
en ayant soin de tenir à la main les objets que nous désirions
faire bénir. Quelques instants après, une porte latérale s'ouvrit
près du fond de la salle, et le Pape entra, en soutane blanche,
calotte blanche et ceinture bleue, suivi de quelques prélats en
violet et d'un officier des gardes nobles. Je constatai qu'il a beaucoup vieilli depuis neuf ans, mais sa physionomie conserve tou-

jours le même caractère de paternelle bonté. Sachant que la plus grande partie des groupes admis à l'audience était composée de français, Sa Sainteté restant d'abord debout au fond de la salle, nous adressa la parole en français, avec un fort accent méridional qui donnait une saveur particulière à son allocution : — « Mes chers fils, nous dit le Pape en substance, vous êtes venus demander au vicaire de Jésus-Christ sa bénédiction : je vous en félicite : c'est un témoignage de votre foi, et je suis heureux de le constater : mais il ne doit pas vous suffire. Vous confesserez cette foi, je l'espère, toujours et partout, en particulier au milieu du monde, en quelque situation que vous viviez ; car le respect humain est la plaie des sociétés chrétiennes de nos jours. Ayez le courage de le combattre sans relâche et de vous montrer en toute occasion de fidèles enfants de l'Eglise... » J'ai traduit cela en vers :

Une audience du Saint-Père

(SONNET)

Près de ce temple Saint où le zèle des âges
Entasse les trésors de la terre et de l'art,
Captif dans son palais, un auguste vieillard
Du sombre esprit du mal contemple les ravages.

Immobile en sa foi, sourd aux prétendus sages,
N'espérant qu'en Dieu seul, il oppose un rampart
Aux flots de l'onde impie, et porte son regard
Sur les siècles passés dont il tourne les pages.

Ses mots sont pleins de vie : et pour mieux s'en nourir
On voit de tous pays les chrétiens accourir.
Il les reçoit en père et leur parle en apôtre :

— « Mes enfants, prenez garde au faux respect humain.
Aimez Jésus : cherchez son bien plus que le vôtre... »
Il dit, et tous les cœurs tressaillent sous sa main.

Après cette allocution, suivie de la bénédiction générale de tous les objets de piété qu'on portait à la main, le Saint-Père s'avança entre les deux rangs de pèlerins, et s'arrêtant près de chaque groupe, il écoutait paternellement les requêtes et donnait à chacun une bénédiction particulière. Mon compatriote Duclos, l'encyclopédiste, jadis secrétaire perpétuel de l'Académie française, ayant été reçu en audience privée par Clément XIII, il y a environ cent ans, se permit la fantaisie, lorsque le Saint-Père lui fit présent d'un chapelet orné d'une médaille d'or, de baiser la main de Sa Sainteté, privilège réservé aux seuls cardinaux. Comme on lui faisait remarquer dans l'antichambre la liberté grande qu'il avait prise, il répondit avec désinvolture qu'il avait l'habitude de baiser la main des jolies femmes et que le Saint-Père ne pourrait que se trouver flatté de la comparaison. Clément XIII, à qui on rapporta le propos, eut la bonté d'en rire et ne fit pas donner l'ordre à l'irrévérencieux philosophe de quitter la ville Eternelle. A Versailles, les boutades de Duclos ne tiraient pas à conséquence : il a son franc parler, disait Louis XV. A Rome, il jouait gros jeu : mais les Papes ont toujours eu un faible pour les bretons. Nous ne risquâmes cependant pas le baise main, lorsque Pie IX approcha la sienne de nos têtes. On lui présentait de bizarres requêtes. Nos voisins de gauche lui dirent qu'ils avaient fait le pélerinage dans l'espoir d'obtenir un héritier que leur refusait jusqu'alors la nature. Le Saint-Père leur représenta doucement que leur prière devait s'adresser directement au ciel et non pas à lui-même. Il y a des gens véritablement bien naïfs dans les manifestations de leurs croyances.

L'audience dura environ vingt minutes. Lorsque sa Sainteté fut sortie, on fut obligé de nous prévenir qu'il fallait regagner l'antichambre : nous restions tous debout, tournés vers la porte entr'ouverte par où il venait de disparaître, et subjugués par le charme de la paternelle majesté de ce beau vieillard.

Nous rentrâmes à la Minerve pour quitter nos habits de cérémonie, et comme nous avions l'esprit rassasié de quintessence d'art par notre contemplation matinale des peintures du Vatican, nous décidâmes de passer l'après-midi à des explorations en plein soleil et sous terre : au Palais des Césars et aux Catacombes.

Pour changer de route, nous nous rendîmes au Forum par la *Place Trajane*, une des plus intéressantes de Rome. Elle a été entièrement déblayée, et son sol se trouve actuellement au fonds d'une vaste fosse entourée de murs de soutènement qui maintiennent les rues du pourtour. De cette fosse émergent toutes les bases et la partie inférieure des colonnes qui formaient les portiques du *Forum de Trajan*, et qui furent rasées, lors des destructions, au niveau général des décombres. Au milieu se dresse la *Colonne Trajane*, un des plus beaux et des mieux conservés des monuments grandioses de l'ancienne Rome. Elle a servi de type à la *Colonne Antonine* élevée en l'honneur de Marc Aurèle, et à notre *Colonne Vendôme*. La seule modification qu'elle ait subi est d'avoir vu remplacer la statue en bronze doré de Trajan, qui la surmontait, par une statue de Saint-Pierre, de même que Saint-Paul a été substitué à Marc Aurèle sur la colonne Antonine ; mais elle a conservé les trois mille figures des bas reliefs de sa gigantesque spirale ; et ces bas-reliefs, qui représentent des sujets tirés des deux expéditions de Trajan contre les Darces, sont le portrait le plus fidéle, a dit quelque part un éminent critique, que les Romains nous aient laissé d'eux-mêmes et de leurs ennemis. On ne peut malheureusement étudier la plupart d'entreeux qu'en gravure, car la vue directe ne permet de saisir les détails que des premiers enroulements. C'est un fouillis de soldats, d'esclaves, de bateaux, de huttes, de machines de guerre et d'engins de toute sorte, enlevés dans le marbre de Carare, et se développant jusqu'au chapiteau sur 35 mètres de hauteur. Les bas-reliefs de la colonne Antonine sont de style inférieur, plus saillants et moins bien conservés : le galbe de la colonne y est aussi moins élégant, peut-être à cause du relief exagéré des sculptures : ici, tout se fond admirablement dans l'ensemble et l'artiste a, du premier coup, atteint la perfection. On peut monter sur la galerie du chapiteau par un escalier tournant de 182 marches taillées dans le marbre ; mais nous n'eûmes pas la fantaisie de nous fatiguer à tenter cette ascension pour le vain plaisir d'emboîter le pas dans la trace de ceux des courtisans du vainqueur des Daces : nous allons le faire plus facilement sur les dalles mêmes du *Palais des Césars*.

Quelques minutes suffisent pour se rendre du Forum de Trajan au Grand Forum. Les portes des *Jardins Farnèse* qui couvraient, il y a peu de temps encore, tout le revers du *Palatin*, de leurs terrasses méthodiques, de leurs ifs, de leurs orangers, et de leurs arbustes froidement taillés en figures géométriques, se présentent juste en face de nous. Gravissons l'escalier de pierre qui monte au haut de la colline : on a depuis quelques années procédé à de vastes fouilles ; nous voilà sur ce Palatin qui fut le berceau de Rome, dans cette enceinte *quadrata* tracée par Romulus lui-même, et dont on aperçoit encore, sur quelques points, les substructions cyclopéennes. Plus tard, les Empereurs se l'approprièrent en entier pour bâtir leurs somptueux palais. Voici les demeures d'Auguste, de Tibère et de Caligula ; le théâtre de l'orgie romaine, des fêtes voluptueuses et des drames sanglants de l'Empire. Mais en quel état ! Des ruines pantelantes couvrent tout l'espace (plus de vingt hectares) qui s'étend entre le vallon du Circus Maximus et le Forum. On s'y perdrait sans un guide. On passe sur des ponts volants ; on traverse des souterrains ; on circule entre des rangs de bases de colonnes abattues ; on frôle des stucs et des mosaïques ; et les murs de l'habitation de Tarquin l'Ancien se mêlent avec ceux du palais d'Auguste ; le vieux temple de Jupiter Stator cotoie la maison de Tibère, et celle de Clodius appuie le Pont de Caligula. Mais rien ne reste entièrement debout ; la dévastation la plus implacable a tout ravagé ; et de tant de splendeurs, il n'y a plus que des débris gigantesques, sujet de méditations pour le philosophe. *Sic transit gloria mundi.* C'est la leçon de l'histoire, et elle parle ici plus éloquemment que dans les livres. Assez d'infamies, assez de crimes se sont jadis commis sous ces voûtes aujourd'hui délabrées : la punition est venue à son jour, toutes ces magnificences ne sont plus que poussière et il faut que l'archéologie déploie sa science et sa sagacité pour remettre chaque chose à sa place. Pendant de longs siècles, tout fut oublié : et sur les décombres qui recouvraient le Tablinium, la basilique de Jupiter et le fastueux Nymphœum, poussaient encore naguères des ronces et des herbes sauvages.

Les Jardins Farnèse n'avaient pu englober dans leurs dessins géométriques tout cet ensemble de ruines : une grande partie, en particulier celle qui comprend les hautes murailles, était restée en friche ; et si l'on ne pouvait, au siècle dernier, assister, comme aujourd'hui, à la résurrection complète des palais impériaux superposés à ceux de la République et de la première monarchie romaine, on avait cependant sous les yeux, entre l'Aventin et le Colisée, un spectacle de ruines assez imposant pour qu'il dût frapper vivement l'imagination. Or savez-vous ce qu'en pensaient les philosophes encyclopédistes, ces guides de l'humanité tenue par eux en lisière ?... Ces débris jettent dans l'âme une sorte de mélancolie qui n'est pas de la tristesse, écrivait Duclos en 1767, ils font naître des réflexions sur le sort des empires, ramènent l'homme à lui-même et *l'avertissent de jouir !!!*... Voilà le seul enseignement que l'auteur des *Considérations sur les Mœurs* retira de sa visite. Jouissons vite, mes frères, puis qu'après nous tout tombe en ruines ! Et l'on appelle ces gens-là les éducateurs des peuples !... Pour nous, l'impression saisissante fut celle du châtiment, et nous répétions le *Nunc erudimini qui judicatis terram* dont je fis la chûte d'un sonnet.

LES RUINES DU PALATIN

— SONNET —

Lors qu'afin d'éblouir les peuples asservis,
Les Césars entassaient sur la Montagne Sainte,
Sans respect pour les murs de son antique enceinte,
Palais de marbre et d'or à l'Olympe ravis ;

Lorsque de voluptés, de hontes assouvis,
De parfums énervés, de roses tête ceinte,
Torturant les captifs de Venède ou de Sainte,
Ils s'enivraient du sang versé sur les parvis,

Ils n'imaginaient pas qu'un jour, dans les ruines,
Des fils de ces Gaulois condamnés aux résines
Viendraient ici glaner quelques débris épars...

Nous y voilà pourtant. D'un seul coup de tonnerre,
Dieu s'est enfin vengé de l'orgueil des Césars.
— Maintenant, méditez, vous qui jugez la Terre !

Hélas ! ceux qui jugent la Terre sont rarement disposés à s'inspirer de ces leçons de l'histoire. Presque toujours le pouvoir grise ou aveugle, et notre palais des Tuileries est aujourd'hui dans le même état que ceux du Palatin. [1] Mais où sont les splendeurs de Memphis, et celles de Ninive, et celles de Babylone ?... L'humanité tourne indéfiniment dans le même cercle : elle ne se corrige pas, et quelque touriste attristé fera sans doute les mêmes réflexions, en l'an deux mille cinq ou six cents, sur les ruines poudreuses du Trocadéro ou du Grand Opéra.

Quand on remonte du fonds de ces couloirs humides aux murs massifs de brique sombre qui semblent suinter du sang, aux voûtes démantelées qui menacent la tête du visiteur, aux

---

[1] Cette leçon permanente a déplu, et depuis 1874 on les a rasées. On revient à la théorie de Duclos.

cachettes pleines de soupirs étouffés ou de souvenirs terribles, on éprouve le besoin de respirer à pleins poumons l'air pur de la campagne. Nous avisons près du Forum un corricolo, et nous voilà prenant la route d'Ostie, pour aller visiter, à une demi lieue de Rome, la basilique de *Saint-Paul hors les murs*. On passe au pied du Mont Aventin, et l'on sort de la ville par la Porte Saint-Paul, qui a conservé son ancien caractère, avec ses tours largement crénelées rétrécies par le haut, comme de gigantesques bouteilles. L'aspect des alentours de cette porte Saint-Paul est étrange. On dirait d'un décor d'opéra romantique, dont la toile de fond est formée de pittoresques murs à créneaux, et dont le premier plan est occupé par la massive *Pyramide de Cestius*, tombeau quasi-cyclopéen de l'époque d'Auguste. On est absolument dépaysé, et l'on verrait sans étonnement sortir, derrière la pyramide, quelque guerrier en armure antique.

De là, des flots de poussière nous mènent jusqu'à la basilique, une des sept merveilles de Rome. Incendiée en 1823, elle a été reconstruite a peu près sur le même plan que celle d'Honorius qui datait du v⁰ siècle ; et l'on a déployé un tel luxe dans cette reconstruction qu'il est impossible d'imaginer une plus grande profusion de marbres rares et de matériaux précieux. La *Confession*, c'est-à-dire le maître-autel, avec ses quatre colonnes d'albâtre jaspé données par le vice-roi d'Egypte, ses porphyres, ses onyx et ses malachites, est un monument unique en son genre. Les mosaïques sur fonds doré de la frise du pourtour, représentant les portraits des 300 papes qui semblent un concile général et permanent des pontifes de tous les siècles de l'ère chrétienne, assemblé sous la présidence de Saint-Paul ; les caissons fouillés du plafond, les innombrables colonnes polies qui séparent les cinq nefs, les vitraux étincelants, tout étonne et ravit ; mais franchement, on ne se croirait pas ici dans une église : le parquet de marbre reluit comme s'il était ciré : on dirait d'une splendide salle de réception détachée de quelque palais féérique. La richesse est inouïe, mais le caractère religieux absent ; cela flatte l'œil et n'élève point l'âme vers le ciel : du moins pour nous autres gens du Nord, car tout est relatif, et il est possible que ce déploiement de luxe excessif inspire aux Italiens des idées religieuses : ils recherchent partout le stupéfiant : je l'ai déjà dit, mais je crois bon de le répéter, car la musica stupenda de la Cathédrale de Bologne est revenue d'elle-même à nos mémoires devant les magnificences de Saint-Paul.

A côté de la basilique on visite un ancien cloître du xiii⁰ siècle, fort élégant, à deux rangs de colonnettes disposées en quinconce, comme à notre Mont Saint-Michel. J'avoue franchement que ce cloître gracieux m'a beaucoup plus séduit que le temple somptueux auquel il est accolé ; confession d'archéologue : mais que ceux qui n'ont jamais enfourché de dada me jettent la première pierre.

De Saint-Paul, nous nous dirigeâmes, à travers la campagne, vers la *Basilique de Saint-Sébastien* pour descendre aux *Cata-*

combes Les chemins ne sont pas brillants dans cette région ; et notre corricolo n'avançait qu'avec peine : mais la distance n'est pas longue, et nous ne tardâmes pas à atteindre la voie Appienne, sur laquelle est située la basilique, à deux milles environ de la Porte Saint-Sébastien. Bien que restaurée au xvii° siècle, l'église n'offre rien de remarquable en elle-même ; mais elle a pour le touriste un attrait tout particulier, car c'est auprès d'une de ses chapelles que débouche l'escalier qui descend aux *Catacombes de Saint-Calixte*. Un vieux moine nous apporte à chacun une chandelle de résine et nous précède sous terre. La descente est profonde, mais l'escalier facile, et parvenus aux derniers degrés, nous nous engageons à la suite du moine dans un dédale de couloirs bas et étroits, percés dans le tuf, dont les murailles présentent, de chaque côté, plusieurs étages de compartiments creusés en forme de longues boîtes, dans lesquels les premiers chrétiens ensevelissaient les corps des martyrs. Aux carrefours, on rencontre de petites chapelles antiques ; on lit çà et là des inscriptions gravées dans le roc, et parfois on remarque des peintures à fresque, dont les sujets symboliques avaient pour but de représenter à la mémoire des fidèles les principaux mystères du christianisme. Ce que le chevalier de Rossi et ses émules ont retiré de là de trésors pour l'apologétique chrétienne est incalculable : on a pu reconstituer la vie, les usages et les croyances des premiers siècles, et démontrer que les rites et les dogmes étaient alors les mêmes qu'à présent. L'émotion qu'on ressent, en parcourant ces couloirs sombres dont le sol a été foulé par tant de confesseurs de la foi, est poignante : on se retrouve au milieu de ces vaillants chrétiens eux-mêmes. Voici la première tombe de Sainte-Cécile, celles de Sainte-Agnès, de Saint-Sébastien, de Saint-Calixte... Involontairement on fait un retour sur soi-même, et l'on se demande si l'on aurait aujourd'hui le même courage en face d'une persécution : nous sommes bien petits devant ces héros et devant ces héroïnes. Cependant nos grand'-pères se sont laissés guillotiner en 1793 pour cacher des prêtres proscrits, et refuser de travailler le dimanche ou de chômer le décadi.

Après les sépultures chrétiennes, les sépultures païennes. *La voie Appienne* en est bordée des deux côtés : et nous voici, au sortir des Catacombes, poussant une pointe, au grand trot, dans la direction de Capoue, entre deux rangs de mausolées en ruine, d'anciens columbaria, et de monuments funéraires de toute sorte. C'est un spectacle étrange que cette fastueuse représentation de la mort s'étendant, comme une gigantesque danse macabre, sur dix ou onze milles, c'est-à-dire sur quatre lieues de distance. Au cinquième mille, la voie s'infléchit pour respecter les tumuli qui recouvrent les tombeaux des Horaces et des Curiaces, puis elle reprend sa direction première, mais nous ne la suivons pas au-delà. Le plus colossal de tous ces mausolées est celui de Cécilia Metella, femme du triumvir Crassus. C'est une tour énorme, de cent pieds de diamètre, revêtue de marbre à l'extérieur, couronnée d'une frise à bucrânes et d'une élégante corniche que surmonte aujourd'hui un stupide anneau crénelé, à la place d'une colonnade à coupole démolie par les Gaëtani au moyen-âge. On prétend que les murs de la tour ont dix mètres d'épaisseur. Je ne les ai pas mesurés, mais il est certain qu'on reste stupéfait devant ce monstrueux emblème de la vanité posthume, qui servit de donjon féodal aux Gaëtani.

Non loin de là se dressent les ruines de l'ancien *cirque de Romulus Maxence*, le mieux conservé de tous ceux qui nous restent. Le socle de sa *Spina* monumentale, jadis couverte de colonnes votives et de statues, existe encore, et permet de se rendre un compte exact de ces longues arènes où les courses de chars pouvaient se donner carrière : *Metaque fervidis evitata rotis, terrarum dominos evehit ad Deos*. Dix-huit mille spectateurs prenaient place sur les gradins qui disparaissent aujourd'hui sous l'herbe et sous les ronces.

Nous rentrâmes en ville par la *Porte Saint-Sébastien*, ouverte, comme la Porte Saint-Paul, dans de vieilles murailles crénelées. Elle n'est pas agrémentée d'une formidable pyramide à l'instar de celle de Cestius, mais en revanche elle est voisine des débris de l'*arc de triomphe de Drusus*, élevé en l'honneur de sa victoire sur les Germains ; et tout près de là, en dedans de la muraille, on remarque les restes informes du *tombeau des Scipions*.

Nous voulions terminer la journée par une visite à la basilique majeure de Saint-Jean-de-Latran. Il se faisait tard, et nous résolûmes de couper au plus court. Avisant devant les thermes de Caracalla une via qui se dirigeait en ligne droite sur le sommet du mont Cœlius que couronne la basilique, nous nous y engageâmes, mais c'était un vrai bourbier ; sans doute notre cocher ne la connaissait point, car il eut refusé de nous y introduire ; il nous fallut descendre de voiture et aider aux roues ; puis nous nous décidâmes à gravir à pied toute la colline en recommandant au corricolo de nous attendre en haut, sur la place.

Plautius Lateranus s'était fait bâtir un palais sur le Cœlius. Ayant pris part à la conspiration de Pison, il fut mis à mort, et Néron confisqua son palais. Plus tard l'empereur Constantin en fit don à l'évêque de Rome qui y consacra la première église établie à ciel ouvert, hors des Catacombes. Constantin s'y fit baptiser. C'est pour cela qu'elle a conservé le rang de primauté entre toutes les églises du monde, même avant Saint-Pierre : et les papes viennent y prendre, aussitôt après leur élection, possession de leur siège épiscopal. Aussi cette inscription frappe-t-elle tout d'abord les regards sur la frise de la façade : *Sacrosancta Lateranensis ecclesia, omnium orbis et urbis ecclesiarum mater et caput*. Rebâtie sous Clément XII par Galiléi, cette façade est imposante et je la préfère à celle de Saint-Pierre. On la critique en disant que c'est le triomphe de l'ordre colossal, qui fausse le juste sentiment des proportions. Colossal, incontestablement ; mais l'ensemble est harmonieux, et c'est l'harmonie qui constitue, à mon gré, le principal mérite de l'architecture : étant donné le style, je crois qu'on ne pouvait mieux faire. Cinq portes correspondant aux entre-colonnements et surmontées de cinq immenses arcades disposées en loggias, donnent entrée dans la basilique au fond d'un grand portique sous lequel on a placé la statue de Constantin trouvée dans les Thermes. Les cinq portes aboutissent à cinq nefs ; et celle du milieu est divisée en arcades dont les piliers massifs sont décorés de gigantesques pilastres entre lesquels on a placé des niches très ornées, occupées par les statues colossales des douze apôtres : un plafond à larges caissons rappelle que ce temple est une ancienne basilique restaurée. La perspective de cette nef est grandiose et prend son principal caractère dans ces deux files d'apôtres géants qui vous écrasent de leur masse de marbre et de leurs quinze pieds de hauteur. Le *stupendum* est décidément la devise de la grande architecture italienne, quel que soit le genre qu'elle aborde.

Dans les nefs latérales, les chapelles des Corsini et des Torlonia sont éblouissantes de richesse : mais elles n'imposent pas le respect comme le tabernacle du maître autel qui contient, posé sur quatre sévères colonnes de granite, un reliquaire contenant les têtes des deux apôtres Saint-Pierre et Saint-Paul. Ici, les anciens souvenirs s'accumulent. A quelques pas, on visite un curieux monument dont la coupole est portée par une colonnade centrale à deux étages, disposée en octogone ; c'est le baptistère de Constantin, bâti sur le lieu même où le premier empereur chrétien reçut l'eau baptismale. Puis, voici la *Scala Santa* qu'on ne monte qu'à genoux, car la tradition veut que ses 28 marches de marbre blanc aient appartenu au palais de Pilate à Jérusalem, et aient été gravies par le Sauveur pendant la Passion. Elle est située sur une petite place à côté de la basilique, et nous restâmes ici en muette contemplation devant l'admirable panorama qui, du haut de cette montagne déserte, se développait devant nous au soleil couchant : au premier plan, de vastes enclos sans constructions, puis les vieilles murailles de Rome serpentant sur les collines avec leur dentelle de créneaux découpés : au delà la campagne lointaine sillonnée en tous sens par des lignes d'anciens aqueducs dorés par les derniers rayons du crépuscule : et dans le fonds, les montagnes de la Sabine, violettes et bleues, comme les horizons, invraisemblables pour les gens du Nord, des tableaux de Léonard de Vinci. Nous étions seuls sur la place : pas un bruit : ce silence et cette intensité de couleurs nous impressionnèrent vivement, et nous rentrâmes à la Minerve sans échanger un mot malgré la distance.

Après dîner, nous ébauchâmes, malgré la fatigue de tant d'émotions diverses, une promenade nocturne. Sur la place Colonne, une musique militaire exécutait les plus riches fragments des opéras nationaux : l'assistance était nombreuse autour du monument de Marc Aurèle et dans les cafés voisins ; des bouquetières circulaient dans la foule et nous offraient des fleurs : mais toutes nos villes de garnison, présentent, les soirs d'été, des spectacles analogues. Le Corso était aussi animé, mais moins brillant ; et nous pénétrâmes, dans le cœur de la cité, jusqu'à la célèbre *fontaine de Trévi*, adossée à l'une des façades du palais Conti, et dont les eaux jaillissantes produisaient aux lumières l'effet le plus pittoresque. Le grand Neptune de Bracci se détachait nettement de sa niche triomphale, conduisant ses chevaux marins et commandant à l'empire des ondes : mais quelle contradiction bizarre que toute cette mythologie patronée par des papes ! Au-dessus de la tête de Neptune se détachait en grosses lettres sur l'inscription réglementaire : *Benedictus XIV, Pont. Max.* Cela nous rendit encore une fois rêveurs. Décidément, les inconséquences italiennes, ne sont pas faites pour nos esprits gaulois.

SAMEDI 10 OCTOBRE. — *Rome (fin)*. — Notre programme comportait pour ce matin la visite du musée de sculpture au Vatican. Il faut contourner la basilique de Saint-Pierre : entrons-y une dernière fois pour en mieux étudier les détails.

Plus on retourne à Saint-Pierre, plus s'accentue l'impression de stupéfaction profonde qu'on éprouve devant ses masses gigantesques, et plus on admire l'art consommé avec lequel on a réussi à décorer d'une façon harmonieuse des surfaces de dimensions si extraordinaires : car la grande difficulté était de ne pas trop multiplier les lignes et de leur donner une valeur en proportion avec la masse générale : elle a été résolue franchement, avec une ampleur qui déroute la critique. Nous traversons d'abord la nef centrale qui ne contient intentionnellement aucun accessoire venant rompre les grandes lignes. Tombeaux, mausolées, monuments commémoratifs ont tous été relégués dans les chapelles des nefs latérales, grande chacune comme une vaste église. Une seule exception a été faite pour l'antique statue en bronze de Saint-Pierre, assis sur une chaise curule et bénissant les fidèles qui ont usé son pied des traces de leurs baisers : elle est placée contre un des piliers de la grande coupole et à l'intérieur de la nef. J'ai lu quelque part que c'est une ancienne statue d'un Jupiter quelconque : cela me paraît absolument invraisemblable : il m'est impossible de me représenter un Jupiter sous ces traits et dans cette attitude. Un autre souvenir du prince des apôtres est la chaire de bois enclavée dans un monument de bronze d'un goût assez douteux qui, sous le nom de *Tribune*, occupe tout le fonds absidial de la basilique. Ici, Le Bernin s'est fourvoyé. Rien de plus faux et de plus lourd que ces gloires flamboyantes, ces nuages et ces rayons figés en métal. On en a fort abusé en France depuis Le Bernin ; et jusqu'en ces dernières années, on a plaqué à profusion, contre les absides de nos églises et de nos chapelles, des gloires de pierre, de plâtre, ou de carton pâte. La plus complète que je connaisse en ce genre, et je pourrais bien dire la plus monstrueuse, est celle de la chapelle de la Vierge dans l'Église Saint-Roch à Paris. On ne peut rien imaginer de plus contraire à l'essence de l'art que ces immenses raquettes disposées en éventail qui ont la prétention de représenter des rayons lumineux : aberration d'imagination et de goût qui n'a fait que s'aggraver de lustre en lustre depuis trois siècles.

Le Bernin fut mieux inspiré lorsqu'il conçut le projet du *Baldaquin de bronze de la Confession.* L'harmonie des proportions y est absolument remarquable, et ce monument meuble comme il convient le vide énorme que recouvre le dôme. On lui a cependant reproché de paraître plus petit qu'il ne l'est en réalité. Sa hauteur totale est de près de 30 mètres, c'est-à-dire que sa croix atteindrait la galerie qui surmonte la colonnade du Louvre ; et pourtant, à le voir, on lui en donnerait à peine 20. Ceux qui ont formulé cette critique sont des maladroits : ils n'ont pas fait attention qu'ils décernaient à l'œuvre du Bernin un magnifique éloge. Il ne faut pas en effet la considérer isolée, mais placée dans son cadre, sous le gigantesque dôme et vue de la grand'nef. Or ses proportions sont d'une harmonie parfaite avec les arcatures qui l'enveloppent. Peu importent les dimensions effectives ou absolues : il fallait un monument d'une perspective déterminée, et Le Bernin a résolu le problème en artiste sûr de soi.

Nous parcourûmes ensuite les transsepts et les chapelles pour passer la revue des merveilleux tableaux en mosaïque placés au-dessus des autels, (tellement achevés qu'il faut s'approcher de très près pour reconnaître la trame de la pierre et de la chaux), et des tombeaux de princes et de papes qui ornent les nefs latérales. Les décrire tous demanderait un volume. Parmi les tombeaux isolés, nous remarquâmes entre tous celui de *Sixte IV* couché, tiare en tête, sur un socle aux formes élégantes, chargé de fins bas-reliefs; et parmi les mausolées adossés aux pilastres, ceux de la *reine Christine* de Suède et de la *princesse Mathilde* de Toscane. Je les préfère dans leur simplicité aux grandes machines de Canova qui a pourtant consacré deux belles œuvres l'une à *Clément XIII*, l'autre à *Jacques III d'Angleterre.* Mais de toutes ces sculptures la plus belle est la *Pieta* de Michel-Ange, placée sur l'autel de l'une des chapelles latérales. C'est là du grand style et d'une expression pénétrante. Michel-Ange est bien le roi de la sculpture moderne.

Mais les Anciens sont encore les maîtres de Michel-Ange. Je renonce à décrire toutes les splendeurs du musée de la sculpture antique, le plus complet et le plus beau qui soit au monde. Dans ces galeries interminables et d'une architecture somptueuse, qui entourent les jardins du Vatican, on vit pendant quelques heures de la vie grecque et romaine. Tous les chefs-d'œuvres classiques mille fois reproduits par la gravure, sont ici représentés en original. Tous les dieux, toutes les déesses de l'Olympe, les empereurs, les impératrices, les consuls et les grands hommes de la République Romaine, défilent l'un après l'autre avec leurs attributs, leurs armures, ou leurs costumes d'apparat, en marbre, en bronze, en porphyre, de grandeur naturelle, réduite ou colossale, dans toutes les postures imaginables.. Notre musée des antiques au Palais du Louvre ne serait qu'une goutte d'eau dans cette mer océane. Et quelles pièces capitales! C'est l'*Athlète* au strigile, le *Silène* tenant Bacchus dans ses bras, le *Discobole*, la *Minerve* Medica, l'*Ariane*, le *Cupidon* bandant son arc et la *Vénus* de Praxitèle, le *Démosthènes* de la ville de Cicéron, le *Méléagre*, et dans les quatre chambres isolées du Belvédère, ces merveilles de la statuaire antique, l'*Apollon*, l'*Antinoüs* et le *Laocoon*, faisant face au Persée et aux deux pugilateurs de *Canova*, le seul moderne qu'on ait admis en si noble compagnie. Et je ne parle ni de la salle des animaux, ni des sarcophages, ni des vases en granite et en porphyre poli, ni des mosaïques incrustées dans le sol, ni des inscriptions, ni des autels funéraires. Il faudrait plusieurs semaines pour étudier en détail toutes ces merveilles, et l'on reste confondu devant cette multitude d'œuvres parfaites qui dénote chez les anciens une incomparable puissance de génie artistique.

Après déjeuner, il nous reste cinq heures pour visiter la partie Sud de Rome que traverse la grande voie qui mène du Palais Barberini à Saint-Jean de Latran, et nous nous dirigeons vers ce palais en passant par la *Place d'Espagne* où Pie IX fit élever en 1856 une élégante colonne surmontée de la statue de la Vierge pour consacrer le souvenir de la proclamation du dogme de l'Immaculée Conception. Il a grand air le *Palais Barberini*, avec ses trois étages en portiques, sa grille monumentale et les beaux arbres du parc, sur la masse verte duquel se détache en blanc rosé la silhouette de marbre : mais il est fâcheux que de si magnifiques matériaux aient été enlevés au Colisée exploité comme carrière. Tous ces palais de princes Romains possèdent des galeries de tableaux que le public est admis à visiter, certains jours de la semaine, moyennant une légère rétribution au suisse. Celui-ci nous a offert des Titien, des Rembrandt et des Caravage : et ses deux pièces capitales, qui éclipsent toutes les autres, sont une *Fornarina* de Raphaël et la célèbre *Béatrice Cenci* du Guide. La Fornarina est inférieure à celle de Florence, un peu plus épaisse et plus lourde : mais il est difficile d'imaginer portrait plus saisissant, avec mouvement plus gracieux, que celui de la fameuse parricide ; il nous a longtemps poursuivi après notre visite, et il a fallu que nous en achetassions des photographies.

Au milieu de la place qui s'ouvre devant le palais, sur l'ancien cirque de Flora, se dresse la *fontaine dite du Triton*, construite par Le Bernin, le plus fécond architecte de Rome, et composée de quatre dauphins appuyés l'un sur l'autre, dont les queues portent une vaste conque où siège un Triton accroupi, lançant une immense gerbe d'eau à travers une coquille qu'il porte à la bouche avec ses deux mains. C'est le premier et le plus beau des quatre monuments du même genre échelonnés sur la grande voie que nous allons suivre, qui en a pris le nom de *Rue des Quatre Fontaines* et que je préfère au Corso, parce qu'elle est moins raide et plus pittoresque.

Nous nous y engageons, et notre première halte est pour la vénérable et curieuse chapelle de *Sainte-Pudentienne*, une des plus anciennes de Rome, construite sur l'emplacement de la maison de Saint-Prudent, où logea Saint-Pierre. L'entrée est assez informe, et si l'on n'apercevait pas sur le côté un élégant campanile du XIIIe siècle, on ne se douterait pas qu'on est en présence d'une église : mais quelle revanche à l'intérieur ! Les anciennes colonnes de la chapelle primitive ont été conservées en enclaves dans les pilastres de la restauration du XVIe siècle, et l'abside nous offre une grande mosaïque du VIe ou du VIIe siècle, qui constitue l'un des plus précieux monuments de l'art chrétien, même au-dessus des mosaïques de Ravenne. Elle représente le Christ assis, drapé dans une toge d'or d'excellent style, au milieu d'un hémicycle à constructions symétriques. Des deux côtés du Sauveur, on aperçoit groupés, mais à mi-corps seulement, comme placés dans une tribune, Saint-Pierre couronné par Sainte-Pudentienne, Saint-Paul couronné par Sainte-Praxède, et à leur suite, Prudens, Priscille et leurs enfants. Dans les airs, accompagnant une croix magistrale, sont figurés les attributs des quatre évangélistes. La conservation de cette page est parfaite et la composition générale en est très artistique. Sous les dalles de la chapelle, se trouve l'ouverture d'un puits dans lequel Pudentienne avait recueilli le sang et les restes de plus de 3,000 martyrs. L'émotion religieuse qu'on ressent dans cet humble sanctuaire est plus forte que dans un temple magnifique.

Nous en faisons presque aussitôt l'expérience à la Basilique de *Sainte-Marie-Majeure*, une des quatre principales avec porte Sainte, disposée en saillie sur la Rue des Quatre-Fontaines, entre l'inévitable obélisque égyptien arraché à un cirque, et une belle colonne corinthienne en marbre blanc qui soutenait jadis une des voûtes de la basilique civile de Constantin et supporte une statue de la Vierge. Les façades sont prétentieuses, aux lignes tourmentées, et sont flanquées de lourdes constructions en forme de palais pour les sacristies et services accessoires : les deux dômes sont écrasés, et le campanile, le plus élevé de ceux de Rome, ce qui ne veut pas dire grand chose, a peu de caractère. Mais l'intérieur rachète amplement les hésitations du dehors. La perspective est grandiose, et bien que je n'aime guère le style des basiliques à plafond plat qui devrait rester exclusivement affecté aux salles civiles, je reconnais que ce défilé de grandes colonnes ioniques en marbre blanc veiné, qui proviennent, dit-on, d'un ancien temple de Junon, est d'une ordonnance élégante et majestueuse. Les chapelles latérales sont fort riches, en particulier la chapelle du Saint-Sacrement avec les tombeaux de Sixte-Quint et de Pie V, et la Chapelle Borghèse grandes comme des cathédrales avec leurs dômes et leurs annexes. Leur luxe éblouissant nous a pourtant moins séduits que les anciennes mosaïques conservées sur les parois latérales de la grand'nef et sur l'arc triomphal qui la sépare de l'abside. On s'étonne de voir comment après tant de sacs, de ruines et de reconstructions, de si précieux monuments ont pu parvenir intacts jusqu'à nos jours.

De Sainte-Marie-Majeure on se dirige par la *Voie scélérate*, où l'infâme Tullie fit passer son char sur le corps du roi son père, vers *San Pietro in Vincoli* qui abrite le Moïse de Michel Ange. Chemin faisant, nous nous arrêtons pour admirer un vrai décor d'opéra : au fonds le Capitole et son campanile en silhouette franchement découpée : à gauche un immense palmier qui domine de ses palmes le dôme de l'une des églises situées au bas du Forum ; à droite une grosse tour carrée à machicoulis dont l'aspect féodal contraste singulièrement avec les constructions voisines qui font partie d'un cloître contigu à Saint-Pierre-ès-Liens : en premier plan, des murs, des cours et des arcades de toute taille et de tout style. Cela est disposé à souhait pour la fantaisie d'un peintre et d'un aquarelliste. Nos élèves de l'école de Rome n'ont vraiment pas grand mérite à trouver ici des sujets d'étude en quelque genre que ce soit : ils naissent sous les pas.

L'Eglise de *Saint-Pierre-ès-Liens*, reconstruite sous Jules II, avait été fondée par l'impératrice Eudoxie pour y conserver les chaînes avec lesquelles Saint-Pierre fut attaché dans sa prison. On les y garde encore dans un tabernacle de bronze ciselé par Pallajuolo, et l'Eglise possède plusieurs autres ouvrages artistiques importants tels que la charmante *Sainte-Marguerite* du Guerchin et l'*Espérance* du Guide : mais tous pâlissent devant le majestueux *Moïse* de Michel Ange qui peut soutenir la comparaison avec le Penseur. Il est vraiment fâcheux que le tombeau du pape Jules II, pour la décoration duquel il fut exécuté, n'ait pu voir son achèvement. Les figures éparses qu'on en conserve dans notre Louvre et à Florence sont, avec celle-ci, de fiers témoins de la puissance géniale qui avait présidé à la conception de ce mausolée gigantesque et de l'intensité d'impression qu'il eût produite sur le spectateur. Ce Moïse est surhumain : il vous écrase de sa majesté. On dirait que Dieu va parler par sa bouche, et je n'ai pu le louer dignement qu'en vers :

Le Moïse de Michel Ange

(SONNET)

Debout devant ce veillard immobile
Je suis longtemps resté rêveur ; craignant
Que de son bras, par un geste effrayant,
Il ne lançat la foudre sur la ville.

Bien au-delà de la force virile
Son regard plonge, en maître. Et cependant
Ses doigts nerveux s'arrétent, en jouant,
Dans les longs flots de sa barbe docile.

Tel il parut assis sur le Sina !...
Un fier archange alors le dessina
Pour ciseler ce bloc de marbre épique.

Et le voilà, du ciel même apporté ;
Car à ses Dieux le statuaire antique
Ne sut donner si franche majesté.

Près de Saint-Pierre-ès-Liens, on visite le musée de l'Académie des Beaux-Arts, dite *Académie de Saint-Luc*, où l'on conserve, avec les portraits des académiciens, une petite mais bonne collection de toiles remarquables, parmi lesquels nous retenons entre toutes la célèbre *Fortune* du Guide, et l'*Ariane* du Poussin. Elle est de l'ordre de celles des nombreux palais de princes romains, comme le palais Barberini que nous avons visité ce matin et comme le palais Colonna par lequel nous terminons notre excursion. Le *Palais Colonna* est la résidence de notre ambassadeur auprès du Vatican : la galerie en est magnifique, avec des meubles en incrustations, ivoire et ébène, et des tableaux de prix du Guerchin, du Guide, de Véronèse, du Titien, de Salvator Rosa, qui n'éclipsent pas de charmants portraits de la famille Colonna par Van-Dyck et le *Sommeil des bergers*, de notre Nicolas Poussin. Quand on pense qu'on peut visiter à Rome, en prenant son heure et en comptant ses loisirs, une vingtaine de palais analogues, on comprend quelle magnificence devait offrir la Cour Pontificale aux siècles derniers, quand elle était animée par une aristocratie de cette taille. Elle aussi a péri par où elle avait péché.

Nous revinmes à la Minerve par le quartier du Quirinal, mais nous n'eûmes pas la tentation d'entrer dans le lourd et massif palais aux reliefs trop accentués, que le roi d'Italie s'est approprié sans façon pour en faire sa demeure, et où je n'avais remarqué en 1865 que de beaux meubles du temps de l'Empire, qui servent sans doute encore, et des portraits de papes qu'on n'y a certainement pas laissés à leur place.

De Rome à Ceprano. — A cinq heures du soir, nous prîmes le train pour Naples ; et en traversant la campagne romaine, parsemée de débris des anciens aqueducs, au pied desquels sont accroupis des bœufs mélancoliques aux longues cornes, nous fûmes pris nous mêmes de mélancolie devant ce désert lamentable que couronnait les montagnes d'Albe éclairées en violet intense par les rayons du soleil couchant : et nous réfléchissions à ce contraste vigoureux qui résume la Rome contemporaine : partout le paganisme en ruine et le christianisme triomphant. Quel nouveau caractère lui donneront les révolutionnaires italiens si leur domination actuelle se prolonge, nul ne peut le prévoir : ce qui est sûr c'est qu'ils essaieront une réaction en sens inverse : on bouleversera certains quartiers pour les habiller à la parisienne, et cela est déjà commencé du côté de la gare : on élèvera de pompeux monuments et des statues à Cavour, à Garibaldi et aux autres héros de l'unité italienne, surtout aux ennemis les plus farouches de la papauté ; on laïcisera les couvents ; on désaffectera des églises : mais il y a fort à penser que le matérialisme de la civilisation moderne ne réussira pas à enlever à la capitale du royaume d'Italie sa couronne immortelle de capitale de la catholicité.

Bientôt la nuit nous déroba le paysage et nous en profitâmes pour dîner en wagon. Pendant ce temps défilent *Valmontane,* où l'on visite un beau palais des Doria ; *Frosinone,* célébro par le costume pittoresque de ses femmes ; *Collepardo* et bien d'autres villes qui échappent à nos désirs de touristes. A neuf heures du soir, nous arrivâmes à la station de *Ceprano,* ancienne frontière des Etats pontificaux et napolitains, où le train passe la nuit. Dans la cour de la gare stationnait une véritable calèche suspendue sur d'énormes ressorts à l'aide de cuirs gigantesques, et datant pour le moins du règne de Murat. C'était le seul omnibus d'hôtel ; comme il faisait nuit close, nous y montâmes tous les trois, et fouette cocher ! Nous voilà lancés sur une route cahoteuse qui nous parut tracée en plein désert, et qui n'en finissait point. Au bout d'un quart d'heure, n'apercevant que les étoiles et courant toujours la poste, nous commençâmes à nous demander où l'on nous menait et les terribles histoires d'enlèvement par les brigands nous revinrent à l'esprit. Allait-on nous emmener dans quelque caverne où l'on exigerait notre rançon sous peine de nous couper les oreilles ?... Nous n'étions qu'à demi rassurés : le cocher nous sembla de sinistre figure et nous allions l'apostropher en mauvais latin, quand le pavé résonna sous les roues. On nous déposa à la porte d'une auberge d'une simplicité primitive, la plus achalandée cependant de l'endroit ; une vieille hôtesse, comme on en voit dans les tableaux d'étude, nous donna des lampes de cuivre du genre des lampes de mineurs et restées les mêmes sans doute depuis les anciens Volsques ; nous montâmes un vieil escalier tournant en pierre, dont la rampe était une grosse corde usée par le frottement, et l'on nous distribua deux chambres jadis blanchies à la chaux et dont les murs énormes avaient l'aspect de murs de forteresse. Le mobilier était absolument dépourvu de confortable et les draps n'avaient certainement pas été renouvelés à notre intention. Nous fermâmes nos portes au verrou, et ne dormimes que d'un œil, en lit de camp, avec des réflexions amères sur le peu de souci que les Compagnies de chemins de fer italiens prennent de leurs voyageurs. Il ne nous arriva cependant rien d'autrement désagréable, et le lendemain, de très bonne heure, nous reprîmes notre route de nuit dans le carrosse préhistorique, pour arriver à la gare avant le départ du train de Naples, fixé à six heures.

CHAPITRE HUITIÈME

Naples, Pise et Gênes

Dimanche 11 octobre. — *De Ceprano à Naples.* — En route
pour Capoue. Au départ, un lever de soleil éclatant, qui colore
en or vif et en violet les montagnes des Apennins ; les silhouettes
sont largement découpées ; vastes plaines et lointains horizons.
Voici *Aquino*, où naquit Juvénal ; *Pontecorvo*, dont fut prince
Bernadotte ; *San Gennaro*, avec sa forteresse féodale que prit
d'assaut Charles d'Anjou ; et le *Mont Cassin*, couronné par le
célèbre monastère jadis fondé par Saint-Benoît : on dirait de loin
d'une immense citadelle, et l'on ne se trompe qu'à demi, car il
fallut s'y défendre contre les Lombards, les Sarrasins et les
Normands. Féodal encore le castel de *Téano*, qui s'élève au
pied de l'ancien volcan éteint de la Roca Monfina. Ces tours et
ces murs crénelés, grimpant sur le flanc des coteaux, donnent au
paysage une note franchement pittoresque. Nous traversons le
pays qu'on appelle *Terre de Labour*. C'est le dimanche ; et les
chemins, aux abords des villages, les cours des gares et les vignes voisines sont égayés par les frais costumes des Italiennes,
en habits de fête, se rendant à la messe. On ne s'arrête que
quelques minutes devant *Capoue*, et nous n'avons garde d'imiter
Annibal. Il est vrai que nous n'y avons point grand mérite, car où
sont les délices d'antan ?... Les cinquante mille habitants de jadis
se trouvent réduits à dix mille à peine ; et les milliers de gladiateurs qu'on y dressait n'ont pas laissé d'héritiers : de l'immense
amphithéâtre qui pouvait contenir, assure-t-on, soixante mille
spectateurs, il ne reste que des substructions informes, et la
gare moderne elle-même est en ruines. Nous poursuivons notre
route sans regrets, et nous ne nous arrêtons pas davantage à
Caserte dont on aperçoit, de la gare, l'immense façade du palais
royal et les magnifiques avenues. La campagne est maintenant
tout entière occupée par des peupliers sur lesquels grimpent des
vignes, comme au temps des *Géorgiques* de Virgile ; une grande
masse violette couronnée d'un panache de fumée jaunâtre apparaît bientôt sur l'horizon : c'est le Vésuve ; et vers onze heures,
nous prenons possession de la gare de Naples.

Naples. — Bagages consignés, nous nous mettons aussitôt à
la recherche de la cathédrale, dédiée à *San Gennaro*, (Saint Jan-
vier) pour y entendre la messe dominicale : et, en quelques mi-

nutes, un fiacre nous y conduit au milieu d'une foule compacte qui encombrait boulevards, rues et ruelles. Située dans une rue étroite, sans dégagements en rapport avec son importance, et restaurée à la moderne, la cathédrale avec ses pilastres, ses stucs et sa voûte peinte, ressemble à toutes les grandes églises d'Italie ; mais le dimanche, elle offre une animation extraordinaire et toute spéciale. La nef, vide de chaises, est pleine de gens allant, venant, causant, comme dans un forum ou dans un immense vestibule : on y reconnaît cependant, dès l'entrée, le caractère religieux ; car au pied de chacun des grands pilastres de la nef, est assis, à découvert, un prêtre vêtu d'un surplis et tenant à la main une longue gaule ; ce sont des indulgenciers qui attendent des pénitents et qui ne chôment guère : hommes et femmes viennent s'agenouiller publiquement devant eux et demander l'indulgence, puis la grande gaule s'abaisse sur leur tête en signe d'espérance d'absolution. Les apôtres se disaient grands pêcheurs d'hommes : à voir ces longues baguettes se lever et se baisser au-dessus de la foule, on dirait qu'ici, sauf respect, on pêche à la ligne les pénitents. C'est un spectacle étrange et qui frappe vivement l'imagination la plus rebelle. Pendant ce temps, les offices se célèbrent dans les chapelles latérales ; et nous assistons à la messe d'onze heures et demie dans la célèbre chapelle de Saint-Janvier. Beaucoup de jolies toilettes féminines, mais un sans-gêne absolument napolitain : on reste vissé sur sa chaise, car il y en a ici, et l'on ne se donne même pas la peine de se lever pour l'élévation : en revanche on joue de l'éventail et de la prunelle : c'est aussi peu édifiant que possible et je ne puis m'empêcher de me rappeler, par contraste, la cathédrale catholique de Manchester et la petite église d'Altorf, où j'ai vu les fidèles rester à genoux tout le temps de l'office sans détourner la tête un seul instant, et où les chaises et les bancs ne servent qu'à déposer les chapeaux. Autres tempéraments, autres mœurs..... Avant de sortir, nous descendons dans la crypte de Saint-Janvier placée sous le maître-autel, et décorée de marbres antiques, provenant d'un ancien temple d'Apollon ; puis nous retrouvons la foule circulant toujours dans la grand'nef ; on prépare un baptême, et les baguettes des pénitenciers ne cessent de monter et de descendre sur la tête des pénitents.

Au dehors, et sur les voies qui mènent au *Museo Borbonico,* vers lequel nous nous dirigeons en cherchant un restaurant, la foule est aussi compacte et bruyante ; vraie fourmillère de gens endimanchés, à toilette prétentieuse mais peu soignée, qui ressemble à la cohue de notre boulevard Saint-Martin les jours de fête. Il n'y a qu'un mot assez trivial pour en définir le caractère : cela grouille et bourdonne à plaisir. On est littéralement étourdi ; et après avoir vainement cherché un peu de repos dans un restaurant où nous déjeunons au vin de Capri, nous demandons un refuge au Musée qui nous offre encore les mêmes flots humains. Il faut en prendre son parti.

Le *Museo Borbonico,* aujourd'hui *Musée National,* est l'un des plus vastes, des plus complets et des mieux aménagés que j'aie rencontré dans mes voyages. Le monument se compose d'un immense rectangle de 150 mètres de long sur 100 mètres de large, coupé en deux par un bâtiment transversal de manière à ménager deux grandes cours intérieures. On y trouve de tout : antiquités égyptiennes et osques, peintures et mosaïques romaines, statues en bronze et en marbre, inscriptions, verres antiques, terres cuites, monnaies et médailles, gemmes et bijoux, papyrus inédits, galerie de tableaux, riche bibliothèque, meubles précieux... C'est une encyclopédie de l'art sous toutes ses formes et à tous les âges : mais ce qui l'a surtout rendu célèbre dans le monde entier, c'est qu'il conserve les richesses exhumées d'Herculanum et de Pompéï, et qu'il permet d'embrasser d'un seul coup les détails de la vie publique et de la vie privée de l'ancienne société romaine ; c'est la résurrection complète de deux villes enfouies qui livrent chaque jour leurs plus intimes secrets : et cette visite d'un nombre prodigieux d'objets mobiliers et d'ustensiles de toute sorte, sauvés des fouilles, est une excellente préparation à celle des ruines mêmes de Pompéï.

Une section spéciale est consacrée aux fresques détachées des murailles des maisons romaines, et qui se fussent détériorées à l'air libre, si on ne les avait pas mises à couvert : les plus belles sont protégées par des verres. Ce sont de véritables tableaux, à la facture large et ferme, mais rarement fondue, comme il convient à la peinture décorative. On en compte plus de deux mille, parmi lesquels nous distinguâmes en particulier : la *Séparation d'Achille et de Briséis*, le *Sacrifice d'Iphigénie*, le *Retour de la chasse d'Atalante*, *Léda montrant à Tyndare ses trois microscopiques enfants* qu'elle tient dans la main comme de petits oiseaux ; puis des scènes de la vie réelle : un curieux intérieur de ferme, des scènes du théâtre tragique ou comique avec les grands masques et les pittoresques accessoires, des musiciens, des danseuses, des amours enguirlandés et de ravissantes arabesques (on devrait dire des romanesques) dans lesquelles les artistes de ce temps étaient passés maîtres. Le nombre des couleurs employées dans ces fresques est peu considérable ; les ocres dominent, ce qui produit une certaine monotonie ; mais le dessin est en général si pur, le style si vigoureux, qu'on regrette amèrement de voir qu'on n'ait pu conserver que les fresques et qu'on ait perdu les tableaux, ordinairement peints sur des panneaux de bois.

La section des mosaïques offre autant d'intérêt que celle des peintures : il y en a de toutes les tailles et de tous les sujets Celles qui représentent des scènes historiques sont fort précieuses à cause des costumes et des détails de mœurs qu'elles accusent nettement : la *Bataille d'Issus* n'a pas moins de cinq mètres de longueur avec des personnages de grandeur naturelle. Il en est de signées : et parmi elles, nous distinguons en première ligne les musiciens trouvés dans la villa de Cicéron ; c'est une œuvre de *Dioscorides de Samos* ; rien ne peut lui être comparé pour l'élégance des draperies ni pour la finesse des traits des personnages mis en scène. Les animaux représentés sont d'une vérité extraordinaire ; il y a là des poissons, des coqs combattants, des crustacés, des oiseaux de toute sorte, qui semblent sortir du sol au naturel.

Quant aux terres cuites et aux objets mobiliers en bronze, il faudrait un volume entier pour en dresser le simple catalogue : leur nombre dépasse vingt mille, depuis les ustensiles de cuisine jusqu'aux patères pour les sacrifices, en passant par les balances, les candélabres, les armures, les lampes, les billets de théâtre, les instruments de chirurgie, les colliers, les bracelets, les épingles, les pinces à épiler et autres objets de toilette les plus intimes : peignes, vases à cosmétique, cure-dents, miroirs de métal, etc... En parcourant ces interminables vitrines, riches en surprises de toute sorte, nous répétons plusieurs fois qu'il n'y a rien de nouveau sous le soleil ; la mode et la vanité ont produit les mêmes fruits dans tous les temps.

Et que dire de la galerie des statues, dont les plus belles proviennent des fouilles de Rome, les rois de Naples ayant hérité des Farnèse ?... C'est ici qu'on admire cent chefs-d'œuvre classiques, l'*Agrippine* assise, le *Faune* portant Bacchus sur l'épaule, la *Minerve* Farnèse, le torse de *Psyché*, dite *Vénus de Naples* au crâne scié, l'*Atlas* soutenant le ciel, l'*Hercule* Farnèse, le groupe du *Taureau* trouvé dans les thermes de Caracalla, et la *Vénus callipige*. Ils méritent à eux seuls le voyage.

La Galerie de tableaux comprend un grand nombre de salles que l'on se borne à traverser si l'on n'a pas l'intention de se livrer à une étude complète de l'histoire de l'art. Nous y distinguons seulement le *Jésus au milieu des docteurs* de Salvator Rosa, le *Masaniello fumant sa pipe* de Spadaro, et les *Trois âges de l'homme*, excellente toile de notre Gérard, dans la manière du Poussin : mais nous nous arrêtons longtemps dans le salon spécial où, comme à la Tribune de Florence, on a eu la bonne inspiration de réunir les principaux chefs-d'œuvre de la collection : la célèbre *Danaë* du Titien, ruisselante de lumière ; la *Vierge au lapin* et le *Mariage de Sainte-Catherine* du Corrège ; le *Saint-Jérôme* et le *Silène* de Ribéra ; l'*Ange Gardien* du Dominiquin ; une *Sainte Famille* et une seconde édition du *Portrait de Léon X*, de Raphaël ; la *Vierge à la chatte* de Jules Romain, la *Transfiguration* de Jean Bellin, etc., entourés de tableaux de Parmesan, de Palma, d'Albert Durer, de Carrache et de Piombo, qui font cortège à leurs maîtres et seigneurs. Les moindres galeries italiennes, nous le savons maintenant par expérience, possèdent des trésors ; et celle-ci est l'une des principales.

Est-ce tout ?... Non, car je n'ai pas parlé du *Cabinet des Gemmes*, dont l'entrée est défendue sur le sol par la célèbre mosaïque pompéienne du *Cave Cannem*, et qui contient plus de deux mille objets antiques en or, en argent, en pierres précieuses,

du travail le plus délicat et du goût artistique le plus pur ; ni de
la *Salle des Papyrus*, où l'on conserve plusieurs milliers de manuscrits roulés, sauvés des fouilles d'Herculanum, et que l'on
déroule patiemment à l'aide d'une petite machine inventée par le
Père Piaggi, de façon à pouvoir lire le texte écrit sur ces cendres ; ni du *Musée secret* qui ne l'est plus guère et qui devrait
bien l'être encore, car la turpitude, fût-elle antique, est toujours
répugnante..., mais l'attention se fatigue à contempler tant de
choses diverses ; et vers trois heures de l'après-midi, nous
éprouvons un irrésistible besoin d'air libre : nous montons dans
une voiture découverte et nous partons pour une promenade en
ville et aux environs.

Il y a peu de monuments à visiter à Naples. Cette ville immense, dont la population dépasse cinq cent mille habitants, se
recommande surtout au touriste par son animation extraordinaire et par sa situation admirable au fond de la baie limpide
qui s'étend entre les îles d'Ischia et de Capri. Le Napolitain est
l'héritier direct du citoyen romain qui passait sa vie sur le Forum ; il passe la sienne dans la rue, et l'on se demande à quoi
servent les maisons, quand on en voit les habitants se livrer devant
les portes à tous les besoins domestiques, même à la cuisine en
plein vent ; aussi dans quelque quartier qu'on se dirige, la foule
est-elle toujours épaisse et bruyante. Nous descendons la belle et
large *rue de Tolède* au milieu de cette fourmillière ; nous passons devant la façade du célèbre *Théâtre San Carlo*, décorée au
premier étage d'un élégant portique à colonnes ioniques, posé
sur un soubassement un peu lourd, et nous remarquons que certains voyageurs ont passablement abusé de la crédulité du public
en prétendant que dans les grandes circonstances on ouvre le
fonds de la scène pour laisser apercevoir le Vésuve au naturel,
attendu que les hautes murailles du château se trouvent précisément situées derrière le théâtre ; puis nous faisons le tour de la
place du Palais-Royal *(Largo del Palazzo)* fort monumentale
avec son long portique semi-circulaire et les statues équestres
de Ferdinand Ier et de Charles III ; et nous arrivons au quai de
Chiaja, le long duquel s'étend la jolie promenade de la *Villa
Reale* avec ses grands arbres, ses kiosques, ses bosquets, ses
statues de marbre, et la vue splendide qu'elle offre sur le golfe
bleu, entre la montagne du Pausilippe qui limite le tableau à
droite en accusant vigoureusement ses plans, et le *Château de
l'Œuf*, à gauche, vieille forteresse établie sur une presqu'île s'a-
vançant en mer au pied du Palais-Royal. Au loin, le petit massif
bleuâtre de l'île de Capri, les lignes blanches et dorées de Sor-
rente, et dominant le tout, le cône violacé du Vésuve avec son
panache de fumée multicolore renouvelant incessamment ses
couleurs. Une musique militaire jouait sur l'esplanade, et toutes
les élégantes s'y étaient donné rendez-vous : mais les toilettes,
beaucoup plus parisiennes que locales, ne nous préoccupaient
guère, et pour profiter de la fin d'une belle journée d'automne,
nous donnâmes l'ordre à notre cocher de nous conduire à la route
de Pouzzole, en contournant la montagne du Pausilippe.

Rien de plus pittoresque et de plus charmant que cette promenade ascendante. La route serpente entre de coquettes villas aux terrasses bordées de treilles reposant sur des pilastres de briques, ou garnies de plantes grimpantes du milieu desquels surgissent les grands candélabres des aloès ou les larges bouquets des palmiers. A mesure qu'on s'élève, la vue se développe sur le golfe qu'on découvre bientôt tout entier avec sa nappe d'azur piquée de voiles blanches. Portici, Torre del Greco, toute la ligne des petites villes assises au pied du Vésuve, sur les flots de lave refroidie, se découvre jusqu'à Castellamare, pendant que le profil du monstre toujours vomissant s'accuse de plus en plus et devient le centre autour duquel converge tout le tableau. L'ensemble est d'une couleur qui ne peut se décrire. Quand les poëtes disent qu'ils s'enivrent d'azur, on les accuse parfois de trop écouter la folle du logis ; ici la métaphore se réalise : on se grise positivement de fleurs, de lumière et d'air pur. C'est de l'une de ces terrasses qu'a du être poussé le fameux cri : Voir Naples et mourir !

Les anciens souvenirs qui se pressent en foule ne sont pas étrangers, pour des classiques comme nous, à l'émotion ressentie. Nous foulons le sol des antiques villas de Cicéron, de Virgile, de Marius, de Pompée, de Pollion, de tous les illustres romains. A la pointe extrême du cap, devant la petite *île de Nisita* qui renferme aujourd'hui le lazaret, voici les substructions de celle du gourmand Lucullus, et la *Grotte de Séjan,* immense tunnel creusé dans le roc, comparable à ceux de nos chemins de fer. Devant nous s'étend la baie de Pouzzole terminée par le *Cap Misène,* et entourée de mille débris historiques : *Pouzzole* avec son môle en blocs cyclopéens, ses colonnes du temple de Sérapis tour à tour noyées et exondées, sa solfatarre et son gigantesque amphithéâtre ; le *Lac Lucrin* qui donnait de si belles huîtres à Lucullus ; le *Lac Averne,* d'où le pieux Enée, *pius Æneas,* descendit aux Enfers, la grotte de la *Sybille de Cumes,* et *Baïes* qu'Horace célébrait comme le séjour le plus délicieux de l'Univers. J'avais parcouru toutes ces ruines, à pied, en 1865 ; mais elles ne valent que par ces souvenirs ; les débris, sauf à Pouzzole, n'en sont plus que poussière. Nous nous contentâmes d'explorer de loin le panorama de ce cirque admirable au milieu duquel le cratère d'un petit volcan surgit tout d'un coup au siècle dernier, et nous prîmes la route directe de Naples, pour passer sous le tunnel du Pausilippe, creusé par les Romains dans la montagne et maintenant éclairé au gaz, dont les becs remplacent les torches ou les lampes à l'huile fumeuse d'autrefois. A la sortie du tunnel, du côté de Naples, une halte est obligatoire pour monter au *Tombeau de Virgile,* modeste columbarium placé sur une légère retraite des rochers à pic, et abrité par un laurier que planta Casimir Delavigne à la place de celui qu'avait jadis planté Pétrarque.

Notre cocher était un bon diable qui comprenait assez bien notre italien métissé de latin et de français : nous fîmes prix avec lui pour nous conduire le lendemain à Pompéi et revenir par le Vésuve. En attendant, il nous mena prendre notre bagage à la gare et nous déposa ensuite à l'albergo di Milano près du quai de Sainte-Lucie. Nous passâmes notre soirée dans les environs de ce quai, au milieu d'une animation populaire exubérante. Les boutiques, en plein vent, de pastèques, de figues de barbarie et de limonade étaient constamment achalandées : on se coudoyait autour d'elles : nous fîmes comme tout le monde et mangeâmes quelques figues fort appétissantes en écoutant un improvisateur qui, monté sur un banc, déclamait des vers, d'un air très convaincu : un autre de ses pareils, un Dante à la main, lisait au public, près de là, des stances de la *Divine Comédie*, et l'auditoire buvait ses paroles. Toute la *Strada di Porto* ressemblait à un immense campement de bohémiens ; des marchands se promenaient parmi les groupes avec toute une cuisine, et des fourneaux en feu sur la tête. C'était un brouhaha, un étourdissement continu. Des enfants couraient en chemise, et des bambins tout nus se livraient sans vergogue à leurs ébats au milieu de la foule. Une expansion inouïe de la nature au dehors.

Nous rentrâmes avec des bourdonnements dans les oreilles, et je ne pus dormir qu'après avoir composé le sonnet suivant :

LE GOLFE DE NAPLES

SONNET

Virgile et Cicéron, la Sybille et Tibère,
Horace et Mécènas, Pline et les deux Séjans,
Sont encore les noms que, depuis deux mille ans,
Avec un saint respect en ces lieux on révère.

Serais-je transporté vers l'époque éphémère,
Où le luxe romain semait, à travers champs,
Les villas et les bains sur les riches penchants
Qui versaient à Pouzzole un commerce prospère ?, .

Non, car voici les fruits des modernes travaux.
J'entends siffler au loin la vapeur des vaisseaux,
Un léger fil transmet la missive à voix brève,

Le canon retentit pour annoncer le soir,
Et sous le Pausilippe, où les chars ne font trève,
Au gaz est éclairé l'immense tunnel noir.

LUNDI 12 OCTOBRE. — *Pompéi et le Vésuve.* — A six heures du matin, notre voiturier, fidèle au mot d'ordre, nous attendait à la porte de l'albergo En suivant les quais de Sainte-Lucie, fermés à l'horizon par le port militaire et par le Château de l'Œuf dont l'inévitable presqu'île accompagne tous les points de vue de Naples, nous nous dirigeâmes vers le faubourg qui mène à Portici. *Portici* est situé à sept kilomètres de Naples, *Résina* à huit, *Torre del Greco* à onze. Toutes ces petites villes sont jetées en longueur et bout à bout, en sorte que leurs faubourgs se rejoignent, et qu'on traverse, pendant trois lieues, une suite presque non interrompue de maisons et de villas. A cette heure matinale, tous les corricoli viennent à notre rencontre, chargés de gens, de pastèques et de légumes à destination du marché de Naples : c'est un défilé incessant de véhicules lancés à toute vitesse et débordant de vie. Le contraste est offert par de braves capucins voyageant paisiblement sur d'honnêtes mulets qui se contentent de dresser les oreilles au passage d'un corricolo prêt à les dépasser bruyamment. De temps à autre, un créneau formé par quelque vide entre deux maisons laisse apercevoir, à gauche la montagne du Vésuve, ou à droite la nappe, bleu foncé, du golfe grand ouvert.

A *Portici*, la route traverse la belle cour octogone du Palais-Royal, en passant sous de magnifiques arcades qui disposent l'esprit aux idées sereines ; mais cela ne dure point, car dès *Résina*, bâtie en partie sur les coulées de lave qui ont recouvert Herculanum, on se sent envahi par une émotion poignante à la pensée des nombreuses victimes qui dorment là, ensevelies sous nos pas, depuis plus de vingt siècles. A *Torre del Greco*, plusieurs fois détruite par les éruptions du Vésuve, on traverse deux coulées du siècle dernier. L'image de la destruction va désormais rester toujours présente pendant ce voyage. Au-delà de Torre del Greco le faubourg s'arrète, la campagne s'ouvre, les vignes s'étalent verdoyantes, présentant çà et là des villas abandonnées et en ruine ; mais l'impression de tristesse qu'on ressent malgré soi devant ces désastres accumulés est amortie par le spectacle de l'insouciante constance des Napolitains rebâtissant sans cesse sur les débris des âges précédents, et même sur des traînées de lave à peine refroidie : les maisons blanches grimpent tous les jours sur les flancs de la montagne comme si elles n'étaient pas menacées d'une coulée de feu liquide dès le lendemain.

Il y a dix kilomètres de Torre del Greco à *Torre del Annunziata*. Tout le long de ce parcours, les fabricants de pâtes et de macaroni étendent leurs produits en pleine route, au milieu de la poussière, pour les faire sécher. Notre voiture avait parfois de la peine à éviter d'en écraser les lignes. En Bretagne, les paysans transforment souvent les grand'routes en aires à battre, et j'ai souvent passé sur du blé-noir ou du seigle étalé de cette sorte : mais la paille au moins le protège : et franchement nous ne nous imaginions guère que le macaroni pût être assaisonné de cette sorte. Espérons que celui qu'on exporte chez nous est favorisé d'autres séchoirs.

A Torre del Annunziata, les maisons présentent un aspect particulier ; elles sont, pour la plupart, voûtées en ciment sans autre toiture ; c'est rassurant .. mais nous n'avons pas le temps de consacrer de longues réflexions à tous ces incidents de la route ; au vingt-quatrième kilomètre notre voiture nous arrête devant la porte et le restaurant de *Pompéi*.

De l'extérieur, on n'aperçoit qu'une longue levée de terre, un vaste terrassement qui ressemble à quelque fortification ancienne ; mais dès qu'on a gravi l'escalier de pierre qui conduit au haut de cette levée, un changement à vue s'opère brusquement comme au théâtre, et l'on se trouve absolument dépaysé dans une grande ville déserte dont les chaussées et les trottoirs sont intacts, conservant encore la trace des ornières des chars et du passage des piétons, et dont les constructions latérales, toutes rasées à deux mètres environ de hauteur, sont assez élevées pour qu'on éprouve le sentiment complet de la situation ancienne. Les murailles de la ville ont été entièrement dégagées, de sorte qu'on en connaît exactement la surface, et les fouilles actuelles de l'intérieur en ont à peu près découvert la moitié, l'autre restant encore enfouie sous la cendre et la pierre-ponce : mais la partie mise au jour est la plus importante, car elle comprend le forum avec sa basilique et ses temples, le théâtre et la voie des tombeaux. L'impression est étrange et saisissante : on vit ici véritablement de la vie romaine. Plusieurs maisons présentent une conservation très suffisante, avec leur atrium à mosaïques, la table de marbre pour les offrandes aux Dieux lares, et la grande cour entourée de colonnes, sur laquelle ouvre le triclinium. Les fresques principales ont été transportées au Musée de Naples, mais il en reste beaucoup en place, et les élégantes arabesques sur fond rouge, vert ou noir, se retrouvent presque partout. Nous assistons aux travaux de la fouille d'une nouvelle maison où l'on a découvert une belle fresque mythologique représentant *Orphée*, et des mosaïques du meilleur style ; l'état des fouilles permet d'examiner la coupe géologique de l'épaisse couche de cendres mêlées de pierre-ponce qui avait enveloppé la ville. On procède avec les plus grandes précautions, car on a déjà trouvé plusieurs cadavres et l'on en pressent d'autres : quand je dis cadavres, c'est un abus de mots, car on n'en a que l'apparence : ils ont été entièrement consumés par la chaleur des cendres et on ne les retire que moulés en plâtre ; les cendres se sont exactement modelées sur leurs formes, et ont laissé un vide à leur place après le refroidissement. Lorsque le son du pic fait supposer prochaine une excavation de cette sorte, on avance lentement jusqu'à ce qu'on ait obtenu un petit trou de communication : on verse alors du plâtre liquide par ce trou, et l'on retire la représentation exacte du malheureux Pompéien surpris par le désastre et crispé par les dernières convulsions de la mort. Nous avons vu plusieurs de ces moulages au petit Musée provisoire où l'on dépose les objets trouvés avant de les transporter à Naples. Les plis des vêtements sont fidèlement reproduits sur le corps, et nous avons même constaté une bague de bronze en place au doigt de l'un de ces infortunés. Rien n'est plus émouvant que le spectacle de ces témoins authentiques de la catastrophe.

On retrouve non seulement les ustensiles et les meubles métalliques, mais les provisions de bouche et les fruits eux-mêmes se reconnaissent nettement, bien que carbonisés. Voici des pains retirés du four d'un boulanger dont les meules coniques sont en place dans la cour et n'attendent que la barre d'attelage avec l'esclave pour les faire tourner : voici des assiettes remplies d'olives, de noisettes, de prunes et de fruits de toute sorte... Au détour d'une rue que nous traversons sur des pierres saillantes entre les trottoirs, ce qui prouve que pendant les orages les chaussées devenaient des lits de rivière, nous apercevons, sur la muraille d'une maison, des caricatures et des inscriptions grotesques tracées à la pointe par les gamins ou les loustics de l'époque : d'autres sont tracées à la plombagine. Du reste, la caricature plaisait fort aux Romains, car on en a trouvé de fort curieuses parmi les fresques intérieures, en particulier cet atelier de peinture de la Casa Carolina, où tous les personnages sont représentés de taille minuscule à grosses têtes. Ceci nous rappelle une mosaïque de parquet que nous avons remarquée hier au Musée de Naples : un nain offrant un brin d'herbe à un coq dans l'attitude la plus bouffonne qui se puisse concevoir.

Je laisse aux guides spéciaux la description du Forum, du temple d'Isis qui a dû sa conservation parfaite à sa petite taille, du théâtre, de l'amphithéâtre et de tous les monuments découverts : il y faudrait de longues pages et je ne veux faire ressortir ici que l'intérêt dramatique et poignant qui s'attache à ces ruines. Elles me remirent en mémoire un vers de Maynard dont je fis la chûte d'un sonnet :

VISITE A POMPÉÏ

SONNET

Pompéï vit jadis, sur ses places publiques,
Les Romains entasser les marbres précieux.
Son Forum était vaste et ravissait les yeux
Par l'éclatant décor des mœurs asiatiques.

Un seul jour vit périr ces palais magnifiques.
Le Vésuve, instrument de la fureur des Cieux,
Couvrit d'un voile épais le faîte ambitieux
Des temples, des tombeaux et des riches portiques.

Parcourant ce désert nu, lamentable et froid,
On se sent envahir par un mortel effroi.
On croit voir d'un linceul sortir chaque muraille,

Et le soudain malheur de ce pompeux orgueil
Vous jette un cri strident comme une voix qui raille :
Un superbe palais n'est souvent qu'un cercueil.

Nous déjeunâmes, après notre visite, à la trattoria de l'arrivée, où l'on trouve, avec d'excellent vin de Capri, toutes sortes de *ricordi* ayant couleur locale, photographies, boutons et broches en lave du Vésuve, bijoux imités de l'antique, et monnaies romaines de plus ou moins bon aloi, car l'art de la contrefaçon s'exerce en ces lieux avec une dextérité exceptionnelle ; et vers midi, nous reprimes la route de Naples jusqu'à Résina, où s'embranche celle qui conduit au *Vésuva*. Les files de macaroni séchaient toujours au soleil, étendues dans la poussière et maniées par des gens à moitié nus, enfants en chemise, ou hommes faits vêtus d'un simple caleçon ; la nature primitive au milieu de la civilisation la plus raffinée...

A Résina, notre automédon prit un cheval de renfort pour gravir les pentes de la montagne ; et nous voilà, sous un soleil torride, montant lentement vers l'Observatoire, par une route très pittoresque, tracée en lacets alternés et nous découvrant, à mesure que nous nous élevions, toutes les splendeurs de la baie de Naples. Le premier tiers de la hauteur est occupé par des vignes dont les nappes verdoyantes sont coupées, de distance en distance, par de longues langues brunes qui représentent les plus récentes coulées de lave, celles sur lesquelles la végétation ne s'est pas encore décidée à paraître : on ne traverse ensuite, pendant le second tiers, que des scories énormes, grises, brunes, sèches, désolées, résidus sinistres des vomissements du monstre, débris des grandes forges infernales. On arrive alors sur un plateau correspondant à la cassure de l'ancien cône, dont l'arrière seulement subsiste sous le nom de *Somma*, enveloppant en demi cercle le cône actuel, composé de débris de cendres et de débris de pierre ponce. Sur ce plateau, on rencontre une hôtellerie où il faut laisser les voitures, et à quelque distance le célèbre observatoire où le professeur Palmieri mesure tous les phénomènes des éruptions. Il faut une heure environ pour atteindre à pied la base du cône, au milieu d'un cahos de scories et de blocs de lave amoncelés. Des guides abrités derrière ces blocs se démasquent à tout instant, s'offrant pour vous conduire et vous accompagnant, malgré vos refus, jusqu'au pied du volcan proprement dit. Là, nouvelles cérémonies : l'un vous présente des sangles, un autre des bâtons, celui-ci s'apprête à vous pousser par derrière, celui-là à vous tirer par devant. Je savais par expérience quelles étaient les difficultés de l'ascension, car je l'avais accomplie neuf ans auparavant ; la pente des cendres est supérieure à 45 degrés, et lorsqu'on a fait un pas pour monter, on redescend en enfonçant au moins des deux tiers. Rien n'est plus fatigant, et la chaleur du soleil s'ajoutant à celle des cendres déjà très sensible, on est bientôt essoufflé, exténué, incapable de mettre un pied en avant sans se reposer après chaque pas. Mes compagnons qui n'imaginaient pas ces difficultés refusèrent d'abord l'aide des guides et nous commençâmes à monter seuls ; mais trois ou quatre facchini, habitués à ces résistances et à leurs suites, nous suivirent. Au bout d'un quart d'heure, nous n'en pouvions plus. On s'arrête pour respirer : ils réitèrent leurs offres, on refuse encore. Nouveau quart d'heure d'ascension pénible, toujours suivis par la troupe obséquieuse ; puis nouvel arrêt près d'un tas de scories disposées en abri, duquel sort, comme d'une boîte à surprise, un personnage avec une bouteille en verre. La bouteille porte l'inscription de *Lachryma Christi* et prétend contenir le fameux vin recueilli sur les pentes du Vésuve. Nous en buvons et le déclarons parfait ; mais dans l'état de fatigue où l'on se trouve, on prendrait la plus affreuse drogue pour de l'ambroisie... Nous ne sommes cependant parvenus qu'à la moitié de la hauteur du cône et le sommet semble nous fuir. Cette fois on accepte l'offre des guides. On nous passe des ceintures de sangle, et les uns tirant, les autres poussant, la dernière étape est franchie en dix minutes. A cinq heures, nous parvenions au sommet du Vésuve. Quelque jour, sans doute, on y montera plus facilement en funiculaire.

Le sommet du Vésuve n'est autre chose que le rebord d'un vaste entonnoir de plusieurs centaines de mètres de diamètre, ouvert au haut du grand cône. Ce rebord est tellement étroit qu'il ne laisse place qu'à une seule personne dans le sens transversal. Lorsque j'y montai en 1864, il n'y avait point de fumées ; on apercevait distinctement le fond de l'entonnoir, d'où émergeait un petit cône secondaire de déjections ; et toutes les minutes, après un grondement souterrain, une sorte de bouquet de feu d'artifice sortait de ce petit cône et retombait en gerbe de pierres rouges et pluie d'étoiles au fond de l'entonnoir, sans atteindre le bord sur lequel j'étais placé. C'était un spectacle extraordinaire, et je restai contempler un grand nombre de ces explosions ; un guide se hasarda même à descendre assez loin dans l'entonnoir et à me rapporter des débris sulfureux qui, pénétrés de substances acides et renfermés dans ma malle, trouèrent tout mon linge au retour. Aujourd'hui, une telle colonne de vapeurs s'élève de toute l'embouchure de l'entonnoir, qu'il nous est impossible d'en distinguer le fonds ; mais le spectacle n'en est pas moins fantastique. Ces vapeurs, qui tourbillonnent, offrent toutes les couleurs de l'arc-en-ciel ; il en est de jaunes, de rouges, de vertes, de violettes, dont le soleil couchant accuse vivement les teintes. On dirait de ces feux de bengale multicolores qu'on allume aux derniers tableaux des féeries pour préparer l'apothéose : mais elles exhalent des odeurs tellement acres, sulfureuses et pénétrantes, qu'on recule involontairement sur la pente du cône : les guides enfoncent leurs bâtons dans les cendres à l'intérieur de l'entonnoir et les retirent enflammés : un cigare s'allume à leur simple contact, à quelques mètres au-dessous de la crête : nos pieds commencent à protester contre cette chaleur du sol mouvant... Malgré soi, on éprouve une impression de terreur ; si la lave bouillante allait tout à coup s'élever du fond de l'entonnoir, atteindre le sommet et nous entraîner dans sa descente... Ces émotions fortes se traduisent toujours chez moi par des vers :

L'ASCENSION DU VÉSUVE

(SONNET)

Sous les rayons ardents d'un soleil embrasé,
On gravit la montagne en refoulant la cendre.
Deux pas on croit monter, un pas il faut descendre,
Et par un poids de p'omb on se sent écrasé.

On ruisselle : on hésite ; on s'arrête harassé ;
On s'arme de courage, et pour ne pas se rendre,
Au ceinturon du guide on consent à se pendre :
Puis on gravit encore, sans jamais dire assez.

On atteint le sommet... Des profondeurs du gouffre
Un nuage irisé de vapeur et de soufre
S'échappe en tourbillons qui vous brûlent les yeux...

C'est l'enfer qui, chassant sa venimeuse bave,
La vomit en courroux contre l'azur des cieux,
Pour la lancer au front de l'homme qui le brave.

Quand nous nous retournâmes vers la baie pour redescendre, le soleil allait disparaître derrière le cap Misène, et le panorama était admirable. Naples toute dorée s'encadrait dans un vaste tableau, coloré de tons vifs et brillants dont la richesse est inconnue dans nos climats : des bleus intenses, des verts profonds, des violets, des pourpres, des ors vifs : un véritable chatoiement de pierres précieuses. Nous descendîmes du haut du cône plus vite que nous n'avions monté : on s'asseoit sur la cendre et on se laisse glisser, exercice peu conservateur pour les habits, mais fort divertissant pour les acteurs. En dix minutes nous arrivâmes au plateau, et vers sept heures, à nuit close, nous retrouvâmes notre attelage à l'hôtellerie de l'Observatoire. Nos chevaux étaient trop pressés de regagner leur gîte ; au détour d'un lacet, ils s'abattirent. Grand émoi ; le mal heureusement n'était pas grand : l'un deux s'était couronné au genou, et nous prîmes à pied les devants pour lui permettre de tourner plus facilement et sans charge les derniers lacets. Quelle ne fut pas notre surprise, en nous rapprochant de la voiture au bout d'un quart d'heure, de la voir occuper par trois grands gaillards qui, la trouvant vide, s'y étaient confortablement installés, avec l'acquiescement du conducteur ! Nous n'eûmes plus de pitié pour le cheval abattu, et nous fîmes descendre, non sans peine, nos envahisseurs : la discussion, en nuit noire et plein désert, n'était peut être pas sans péril, mais nous ne la fîmes pas languir ; et à peine réinstallés, nous partîmes à fonds de train, en admirant, à chaque tournant, la vue fort originale des lignes de gaz de la ville de Naples éclairée *à giorno*, à nos pieds. A neuf heures, nous soupions à l'albergo, avec un solide appétit. Mais soyez donc compatissants pour les bêtes de louage !...

MARDI, 13 OCTOBRE. — *Naples et la Mer.* — A Venise, on vend des parures en verre filé et en coquillages ; à Rome tout est à la mosaïque ; à Naples triomphent le corail et la lave du Vésuve ; à Pise nous trouverons des marbres et à Gênes des filigranes. Les principales villes d'Italie ont ainsi, chacune, leur industrie particulière et leur cachet artistique spécial : on n'a partout que l'embarras du choix. Nous passâmes une partie de la matinée à des emplettes d'objets de corail. *Largo del Castello,* les boutiques sont innombrables, et les marchands se précipitent sur l'acheteur. Nous ne sommes plus au dimanche : pourtant l'animation est toujours aussi grande et nous retrouvons la fourmillière humaine jusque dans la rue de Tolède, la rue la plus aristocratique de la cité.

Chemin faisant, nous remarquons la *Guglia della Conceptione*, monument bizarre, sorte d'obélisque de style rocaille qui occupe la petite place *Largo Trinita Maggiore* devant la façade plus bizarre encore, avec tous ses bossages taillés en pointe de diamant, de l'église de *Gesu Nuoco*. L'église est vaste, riche en marbres, en stucs, en faïences et en mosaïques : les candelabre placés entre les colonnes et supportés par des anges à figure peu mystique lui donnent un faux air de quelque salle d'apparat dans un palais royal. De sagrande coupole, détruite par le tremblement de terre de 1668, il ne reste que les quatre évangélistes de grand style peints dans les pendentifs par Lanfranc : mais ce qui nous attirait là de préférence était la célèbre fresque de Solimène peinte au-dessus de la porte principale et représentant *Héliodore chassé du Temple*. Elle est d'une grande vivacité de ton et d'un mouvement hardi : sa disposition et ses dimensions sont analogues à celles de la fresque de Raphaël aux Stanzze du Vatican qui nous avait offert plus de noblesse d'attitudes mais moins d'intensité de mouvement. La fougue n'en est cependant pas comparable à celle de la fresque d'Eugène Delacroix à Saint-Sulpice de Paris ; mais je trouve ici plus de vérité d'ordonnance; cette page fait, en somme, grand honneur à l'école napolitaine et au dernier de ses représentants.

J'avais senti la veille un ¡eu de fièvre, et comme j'avisai une boutique de pharmacien dans la *Strada di Porto*, j'entrai pour demander quelques cachets de sulfate de quinine. Je fus reçu par un petit homme d'une vivacité extraordinaire et nous assistâmes à une scène impayable. Il me fallut subir un véritable interrogatoire dont je me tirai comme je pus, car le praticien parlait avec une telle volubilité que nous ne pouvions, à nous trois, comprendre tout ce qu'il disait. — Pourquoi ce quinine ? — Pour la fièvre. — Et pour quelle fièvre et où contractée ?... Quand il sut que j'étais sujet à une sorte de malaria, il m'expliqua que le sulfate de quinine était tout à fait insuffisant et qu'il allait me donner un remède infaillible. Il procéda alors à un mélange de poudres blanches dont il se garda bien de nous prononcer le nom, dans lequel il versa une poudre noire obtenue en pilant je ne sais quel mastic dans un mortier ; et pendant la préparation il nous expliquait qu'il fallait aussi se frictionner le dos de certaine façon : mais comme il vit que nous ne comprenions pas très bien, il appela sa femme, et la prenant comme mannequin, il nous donna une représentation de la méthode en frictionnant sa pauvre moitié de tout son cœur. Nous sortîmes en proie à un fou rire qui m'a guéri de la fièvre beaucoup mieux que sa mixture à laquelle je me gardai bien de toucher. De retour à Nantes je la remis à mon médecin qui reconnut de l'opium dans la substance noire, mais ne put parvenir à déterminer exactement les éléments des poudres blanches.

Nous terminâmes notre séjour à Naples sur cette scène comique, et à deux heures de l'après-midi, nous nous embarquâmes sur le paquebot *Principe Amedeo* qui faisait un service régulier sur Livourne et Gènes. Vingt-six heures de traversée de mer pour Livourne : nous avions le temps de nous reposer de nos fatigues et de coordonner nos souvenirs ; le ciel était d'une pureté absolue, la mer d'une tranquillité parfaite ; aucune crainte de mal de mer. Assis sur le pont du navire, nous regardions défiler devant nous les sites fameux célébrés par les poëtes, et échelonnés le long de ces côtes merveilleuses : Pouzzole et son môle antique ; le château de Baïes, le cap de Misène avec sa falaise à pic ; les îles d'Ischia et de Procida avec leurs étages pittoresques et leurs villas magnifiquement éclairées. Puis nous entrâmes dans la grande mer, et lorsque Capri disparut à nos yeux fermant le cercle de cette baie sans pareille qui nous avait pendant deux jours étalé ses admirables profils, je saluai Naples de ces vers :

NAPLES

SONNET

Naples, du Mont Vésuve, apparaît large et fière,
Comme un vaste amas d'or qu'enchassent réunis
Emeraudes, saphirs, améthistes, rubis,
Et mille autres éclats de magique lumière.

Mais cet or est vivant : confuse fourmillière
Où s'agite et se mêle un peuple sans soucis
Qu'enivrent du soleil les rayons adoucis
Et pour qui le Forum est l'unique carrière.

Il bâtit cependant... Par Bacchus ! il a tort ;
Car dans la rue on vend, on mange, on aime, on dort,
On travaille, on déclame, on joue et l'on parie...

De tout ce mouvement j'ai la fièvre : et je pars
Inscrivant pour écot, aux portes des remparts :
Ici coule à pleins bords la coupe de la vie.

La soirée fut fort belle : la mer était d'un bleu foncé, presque violet ; le temps calme et pur. Après le dîner, nous restâmes longtemps sur le pont, aspirant une brise légère et rafraîchissante sous le ciel étoilé. Il y avait à bord quatre cents hommes de troupe ; quelques-uns chantaient comme on chante en Italie ; nous nous laissions bercer par cette musique et nous n'avions pas l'idée de descendre. Le profil de Gaëte passa devant nous dans l'obscurité. Il se faisait tard : les chants cessèrent. Vint le calme des grandes nuits de mer : on n'entendait plus que le pilonnement monotone de la machine. A la fraîcheur, il fallut cependant songer à la retraite. La consigne italienne étant

inflexible, on sépara les sexes et nous allâmes, chacun de notre
côté, rêver dans les couchettes aux pérégrinations d'Enée sur la
mer Tyrrhénienne.

MERCREDI, 14 OCTOBRE. — *En mer.* — Au bruit sourd et régulier des pistons dans les cylindres de la machine, succède la
rumeur matinale des soldats italiens dont nous avons enjambé
hier soir les corps inertes étendus sur le pont, et qui procèdent
là haut à leur toilette sommaire. Notre réveil est prompt et bientôt
remontés à notre poste d'observation, nous assistons à un magnifique lever de soleil derrière le *Monte Argentario* dont la
silhouette se dessine à l'horizon oriental ; car nous avons fait du
chemin pendant la nuit et nous nous trouvons ce matin presque
à l'entrée du canal de Corse. Le temps est toujours au beau fixe ;
on jouit d'un calme complet de corps et d'esprit, et sous l'influence expansive des tièdes effluves de l'atmosphère, nous lions
conversation avec l'officier qui commande le détachement. C'est
un Piémontais fort peu enthousiaste de ses quatre cents Sici-
liens, fils de brigands, et quelque peu brigands eux-mêmes,
tandis que les Piémontais... parlez-moi des Piémontais, voilà de
rudes et vrais soldats ! Cela nous donne une assez triste idée de
l'unité de l'armée italienne. Il nous semble qu'il y a plus de dis-
cordance, accentuée par une sorte de haine de race, entre les
enfants des deux extrémités de l'Italie, que chez nous entre un
provençal et un breton. Puis l'officier nous vante les mérites
respectifs des écoles militaires de Modène et de Turin ; surtont
ceux de l'Ecole de guerre, qui donne un avancement de cinq
cents rangs sur le grade et le droit de porter des étoiles sur l'uniforme. Il parle à peu près français, et, à l'aide de notre jargon
italien accompagné de latin aux désinences modernes, nous parvenons à nous entendre le mieux du monde.

Entre temps, nous admirons les sites variés qui se présentent
à la rencontre des îles cotoyées au passage. Voici le célèbre
rocher de *Monte Cristo*, où jadis un évêque de Palerme bâtit
un ermitage, et où vivent de la pêche une vingtaine de pauvres
habitants, au milieu des ruines d'une antique abbaye. N'ai-je pas
écrit le mot célèbre ?...Je crois que cette célébrité vient surtout du
fait d'Alexandre Dumas ; mais nous sommes en Italie, où les
adjectifs doivent toujours être pris au quart de leur valeur. Bientôt se dessinent les contours vigoureux de l'*Ile d'Elbe*, et les
conversations s'arrêtent d'elles-mêmes en passant devant *Porto
Lungone :* c'est d'ici que s'est échappé Napoléon en 1815. Instinctivement nous rêvons tous à l'instabilité des choses humaines,
aux furieux assauts du démon de l'ambition, à la fuite de cet
empereur déchu qui ne voulut pas accepter le rôle de Prométhée
se laissant déchirer le cœur par le vautour de l'Envie, et nous
nous disions qu'à la place de Napoléon nous eussions fort bien
accepté la souveraineté de cette île pittoresque si convoitée jadis
par les Florentins et les Pisans. Elle lui eut évité Sainte-Hélène...
Mais on voit bien à ce trait que nous ne sommes pas des Napoléon.

Piombino nous présente ensuite son charmant profil ; puis nous apercevons les montagnes de la Corse, au-dessus d'un horizon qui change de couleur, comme dans un immense diorama. Le bleu intense de la mer devient vert émeraude et s'émaille d'élégants papillons blancs représentés par les chaloupes de pêche à trois voiles latines en triangle, une grande à base inférieure au milieu, flanquée de deux autres plus petites la pointe en bas ; elles sillonnent le canal de Corse en tous sens semblant voltiger à la surface de l'eau. C'est un spectacle charmant, et la cloche du déjeuner nous rappelant que l'air de mer creuse, plus que tout autre, l'estomac, peut seule nous arracher à sa contemplation.

La table est assez bonne à bord de ces paquebots. On nous servit entre autres, un mets étrange, des *frutti di mare,* auquel nous fîmes honneur : ce sont petits poissons, mollusques extraits de leurs coquilles, crevettes avec leur carapace, le tout mélangé et frit dans une pâte succulente. Nous avons essayé plus tard de reproduire chez nous ce plat de choix, mais sans succès. Il faut croire que notre disposition d'esprit aidait singulièrement à celle de notre palais.

Quand nous remontons, la brise est tombée, tout clapotis a disparu ; la mer est un véritable lac d'huile verte. L'île de *Capraja,* sentinelle avancée de la Corse, montre encore à l'horizon le sommet de ses montagnes abruptes. Voici enfin la *Gorgone,* devant laquelle Pisans et Génois se livrèrent jadis une terrible bataille navale ; et à quatre heures de l'après-midi nous jetons l'ancre dans le port de *Livourne,* ouvert en pleine côte et formé à l'aide d'immenses digues fortifiées, hérissées de canons et de batteries qui s'avancent fort loin dans la mer.

Des phares, des môles sans nombre, des quais encombrés, des cales de toute sorte, la plupart étroites et sales, des douaniers exigeants, des facchini insupportables par leurs obsessions, voilà le port de Livourne. Dégagés des dernières formalités, nous nous hâtons de faire porter nos bagages à la gare du chemin de fer de Pise, mais nous y arrivons un quart d'heure après le départ du train, et force nous est de rentrer en ville pour dîner. Elle est bien ouverte : larges rues et belles places, n'offrant pourtant de remarquable que les statues des anciens grands ducs de Toscane : — l'une, près du port, ancienne, représentant Ferdinand Ier debout, en marbre, sur un piédestal aux quatre angles duquel sont enchaînés quatre esclaves de bronze moulés, dit-on, d'après un Turc et ses trois fils, faits prisonniers à la bataille de Lépante ; — les deux autres, modernes, sur la grande place d'armes, avec une inscription qui nous offre un exemple des contradictions qu'amènent les passions politiques. On a inscrit sur le piédestal de l'une d'elles la mention du vote plébiscitaire du mois d'août 1860, déclarant la dynastie austro-lorraine déchue, comme incompatible avec l'ordre et la félicité toscane, et on a laissé subsister les expressions

Optimo principi, bienfaiteur de Livourne, et, aussi les bas-reliefs constatant les vertus du grand duc ! Comment après cela ne pas devenir sceptique au sujet de la constance des impressions populaires.

A huit heures du soir, nous pouvons enfin prendre le train pour *Pise*, où nous arrivons en trente-cinq minutes, et nous nous hâtons, à peine descendus, d'aller faire un pèlerinage sur la place du Dôme, au clair de lune. Rien de plus fantastique que cette immense place au dallage de marbre luisant sous la lumière blafarde, avec ses colonnes de pierre sculptée, la Tour penchée, le baptistère et le Dôme qui dressent leurs silhouettes énergiques au-dessus de la ligne de créneaux dentelés des vieilles murailles de la cité Pisane. Un silence de mort ; pas un être vivant ; à peine quelques becs de gaz égarés... La place est située sur une hauteur, tout à fait à l'extrémité de la ville ; ce n'est pas un lieu de passage. A cette heure, nous y sommes seuls, comme perdus au milieu de ces géants dont le soir augmente la taille. Il y a encore du *stupendum* dans l'impression ressentie qui continue décidément à être la caractéristique bien nette de notre voyage.

JEUDI 15 OCTOBRE — *Pise.* — Au jour, la richesse des détails, les colonnes, les innombrables et fines arcatures, et toute la décoration extérieure fort élégante de ces monuments de la place du Dôme, qui offrent un des premiers et des plus mémorables exemples de l'union des architectures bysantine et romaine, le chatoiement des marbres blancs et noirs, les contrastes vigoureux d'ombre et de lumière, amortissent un peu nos sensations de la veille La grande place déserte est toujours imposante, mais les masses à forte silhouette ne sont plus seules en jeu. A l'intérieur du *Dôme*, nous admirons la belle ordonnance des cinq nefs à arcades superposées, les autels dessinés par Michel Ange, le tabernacle en argent du maître autel incrusté de lapis lazuli, le grand crucifix de bronze de Jean Bologne, la riche marqueterie des stalles du chœur, et la célèbre lampe dont les oscillations révélèrent à Galilée la théorie du pendule ; — à l'intérieur du *Baptistère* cylindrique, les chapitaux antiques des colonnes, les incrustations sur marbre blanc de l'énorme vasque octogone, la statue en bronze de Saint-Jean-Baptiste, et la magnifique chaire en marbre de Nicolas de Pise, tribune hexagone chargée de fins bas-reliefs et portée sur sept colonnettes qui reposent sur des lions ; — à l'intérieur de la *tour penchée*, gracieux campanile circulaire à huit étages d'arcades ajourées, les grosses cloches dont l'ébranlement quotidien n'a pas accentué, depuis des siècles, l'inclinaison sans doute calculée de cette construction étrange ; — mais tout cela est vite parcouru, et nous réservons le meilleur de notre attention pour le *Campo Santo*, immense cloître aux menceaux gothiques, bâti pour servir de cimetière aux grands hommes de Pise et dont toutes les murailles sont couvertes de fresques dues aux pinceaux des grands ancêtres de l'art italien.

Beaucoup d'entre elles ont souffert des injures du temps et sont
en partie effacées : ce qui reste n'en est que plus intéressant ; et
le Job de *Giotto*, le Triomphe de la mort d'*Orcagna*, les grandes
scènes bibliques de *Gozzoli* nous font comprendre comment la
peinture italienne put atteindre, un siècle après, sa magnifique
efflorescence.

Ce Campo Santo, berceau de l'art toscan, est devenu un lieu
de pèlerinage pour les peintres qui viennent y chercher la véritable initiation, et même pour les profanes qui sont profondément
touchés par la vigueur du dessin, la richesse du coloris, la
science de la composition et la noblesse des attitudes. C'est aussi
aujourd'hui un véritable musée, car on y a réuni, en face de ces
fresques inestimables, une profusion de débris antiques, bas-
reliefs, tombeaux, sarcophages de tout style et de toute prove-
nance, jusqu'à ce bizarre hippogriffe de bronze trouvé dans les
fouilles qui précédèrent la fondation du dôme et qu'on suppose
avoir été jadis une idole redoutée servant à rendre des oracles :
on a cru même reconnaître qu'elle avait dû vomir des flammes ;
son bec est entrouvert ; et des matières combustibles pouvaient
être introduites dans son flanc : il contemple aujourd'hui les
débris de tout âge étalés devant lui, et reste sphinx en gardant
son secret.

La ville de Pise n'offre plus rien qui saisisse l'imagination
lorsque l'on quitte ces merveilles ; nous remarquons cependant
quelques façades d'églises lombardes en descendant vers la rivière de l'Arno, sur laquelle on vient de construire un pont fort
élégant dans le style du pont de la Trinité à Florence ; et nous
entrons chez l'un des nombreux sculpteurs de marbre, de porphyre et d'albâtre, qui sont maintenant les seuls industriels de ce
pays, pour en rapporter des souvenirs locaux. On nous offre des
tours de Pise en marbre de toute dimension, des coupes chargées
de fruits en albâtre, des animaux en porphyre vert ou rouge, des
statuettes de toute sorte révélant une habileté de facture, une
virtuosité extraordinaires. Le Pisan naît sculpteur, comme le
Napolitain naît poëte.

De Pise à Sestri. — Nos choix faits, nous prenons, à midi,
le chemin de fer de la Spezzia ; et par un ciel d'une pureté immaculée, nous traversons, au pied des Apennins, un pays très
pittoresque, coupé de forêts d'oliviers, hérissé de mamelons que
couronnent de vieux châteaux forts ou des villes en amphithéâtre
à replis de murailles crénelées. Du côté de la mer, des pentes
douces avec des bois d'orangers ; du côté de la montagne, les
massifs de *Massa* et de *Carrare*, et les immenses carrières de
marbre qui, comme autrefois celles de Paros pour la statuaire
antique, suffisent à tous les besoins de la statuaire moderne.

Un salut à la ville et forteresse de *Sarzane* qui domine la
vallée de la Magra, nid d'aigles d'où sont sortis les Bonaparte
pour jeter leurs serres sur l'Europe ; puis nous traversons sous

un tunnel un riant contrefort des Apennins, et nous débouchons tout à coup au haut du golfe de la *Spezzia*, presque au centre de ce cirque splendide, où les Italiens ont établi, après l'exemple de Napoléon, leur principal arsenal maritime. La gare est située à un kilomètre environ au-dessus de la ville, en sorte que tout le golfe s'étend à nos pieds, avec ses eaux bleues et ses promontoires dorés que font ressortir, en premier plan, les profils rouges et bruns des toitures étagées en amphithéâtre.

Le chemin de fer de Gênes n'étant pas encore terminé, on s'arrête ici, et l'on ne peut reprendre le train qu'à *Sestri Levante*, c'est-à-dire à 60 kilomètres environ. Or, nous ne trouvons ni bateau, ni diligence qui corresponde avec le chemin de fer. Nous voilà bien empêchés. Mais on est organisé à la Spezzia pour une exploitation générale du voyageur : on s'amuse fort de nos gestes de désespoir, et quand on voit que nous sommes décidés à tout accepter, on nous offre un omnibus, soit disant de rencontre, qui nous mènera dans la soirée à Sesti, en s'arrêtant à Borghetto pour le dîner. Fort heureusement, un assez grand nombre de voyageurs du train se trouvent dans notre cas, en sorte que nous parvenons à fréter l'omnibus ensemble pour un prix raisonnable. Nous nous installons tous les trois dans le coupé à titre de premiers occupants ; et pendant qu'on attelle, nous passons en revue les mines narquoises des badauds, plus ou moins d'intelligence avec l'automédon, qui entourent la voiture et doivent se donner rendez-vous chaque jour à la même place pour le même spectacle. Sur la place, passent des dames enveloppées, en guise de mantille, d'un long voile de gaze blanche que nous ne retrouverons qu'à Gênes : cette vue rafraîchit un peu nos idées. En route et bonsoir ! Nous partons à l'aventure, en bonne disposition d'esprit pour tenir tête aux incidents possibles d'un voyage ainsi improvisé.

La voie de terre monte en lacets jusqu'au col de la Spezzia au milieu de forêts d'oliviers, et nous offre, à chaque détour, un panorama de plus en plus étendu sur le golfe, sur la ville et sur les arsenaux de la marine militaire. A l'extrémité de rive droite, les forts de Pescino et de Sainte-Marie, allongent les silhouettes de leurs bastions et de leurs créneaux ; à gauche, San Terenzo, Lerici et Telaro, gros bourgs élégamment groupés sur la côte, celles de leurs dômes et de leurs campaniles. Partout, à mi-coteau, des villas de blancheur éclatante émaillent le vert frais ou sombre des vignes, des oliviers, des cactus et des orangers. En face, la mer bleue, dont la couleur devient plus intense à mesure qu'on s'élève, avec de petits points blancs de voiles triangulaires qui brillent au soleil.

Nous voici au sommet. Brusquement le décor change, et la végétation du versant nord ne ressemble plus à celle du midi : nous traversons des bois de pins et de châtaigners, puis nous entrons dans des défilés sauvages auxquels succède la riante vallée de la Vara, territoire fertile en olives, citrons et orangers, où croissent même le palmier et le cactus-opuntia ; et à six heures du soir, nuit tombante, nous arrivons à *Borghetto*, où l'on nous fait descendre dans une auberge qui ressemble plutôt à un repaire de bandits. Dîner exécrable, qu'on a la prétention de nous faire payer fort cher ; nous protestons énergiquement, et nous traitons l'hôte de tout et le reste, en français bien entendu : comme il n'y comprend rien, il ne nous assassine pas ; mais nous lui servons le vocabulaire à l'usage des coupe-jarrets pour tout notre argent.

Nous quittons ce repaire à huit heures et demie du soir, par nuit noire et pluie battante. Le temps a brusquement changé : la pluie ne nous quitte plus jusqu'à *Sestri Levante*, où l'omnibus s'arrête dans la cour de la gare à deux heures du matin. Mais tout le monde est couché : impossible de se faire ouvrir pour entrer dans les salles d'attente et la mine des auberges n'est pas faite pour nous séduire. Du reste, le premier train doit partir à cinq heures pour Gènes ; il faut qu'on nous ouvre, et nous procédons sous la pluie, avec nos compagnons d'infortune, à un siège en règle des portes de la gare. Notre vacarme est enfin couronné de succès, et nous prenons, sur les banquettes de la salle d'attente, quelques heures d'un repos bien gagné.

VENDREDI 16 OCTOBRE. — *Gènes et Monaco*. — A cinq heures du matin, le train s'ébranle et nous partons pour Gènes. Hélas ! le temps ne s'est pas amélioré : la pluie est diluvienne, et les admirables paysages que nous promettait la route en corniche nous échappent. Chiavari, Rapallo, Recco, ne nous offrent que des silhouettes ruisselantes et cà et là des créneaux brumeux qui se découpent dans les rochers ou la verdure et à travers lesquels filtrent avec peine quelques rayons de soleil égarés. C'est pour nous un désastre : il faut en prendre philosophiquement notre parti et nous contenter de soupçonner la mer et les montagnes entre lesquels nous glissons, franchissant des vallons ombragés et des coteaux pittoresques qui plongent leur pied dans le golfe. Arrivée lamentable à Gènes vers huit heures : les rues sont devenues des torrents où l'eau se précipite. Point de vue, et c'est pourtant le site admirable de cette ville bâtie en amphithéâtre sur des coteaux disposés en demi cercle qui en fait le principal attrait. Je me rappelais mon arrivée par mer en 1864, entre ces longues et belles jetées qui forment le cercle à l'entrée du port, encadrant une rade merveilleuse remplie de gros navires et d'embarcations de toute sorte : une imposante file de magasins en arcades couronnait les quais, et par dessus s'étageaient en masses blanches, vertes ou dorées, les palais, les églises et les jardins, que dominaient des montagnes piquées de gracieuses villas qui brillaient au soleil. Inutile aujourd'hui de chercher à saisir quelques traits de ce magnifique panorama et nous devons nous borner à entrer dans quelques palais et quelques églises : mais aucun de ces monuments, même le palais dogal avec ses deux étages de colonnes géminées, ne s'impose à notre mémoire, et nous ne retenons de la cathédrale que son architecture à assises alternées de marbres blancs et noirs que nous verrons dans quelques jours imitée à Marseille. Il est juste cependant de donner une mention à la gigantesque colonne rostrale surmontée de la statue de Christophe Colomb qu'on a élevée en 1862 près du port : on y peut critiquer certaines maigreurs de lignes, et certains détails de composition : Christophe Colomb, une main appuyée sur une ancre, montre de l'autre l'Amérique agenouillée. L'Amérique porte des plumes sur la tête et regarde une croix qu'elle tient de la main droite, tandis que de l'autre, elle supporte l'éternelle corne d'abondance, emblème assez singulièrement choisi pour accompagner une figure allégorique du nouveau monde ; mais la colonne est bien appuyée par quatre groupes en forte saillie et produirait certainement plus d'effet, si la place dont elle orne le centre était plus dégagée. — Une visite aux marchands d'objets en filigrane et nous n'avons plus qu'à partir.

De Gênes, il y a deux chemins pour rentrer en France : j'avais pris en 1865 celui de Turin, Suze et le Mont-Cenis : mais notre objectif est cette fois Montpellier où nous devons passer quelques jours chez un de mes oncles, le docteur Fonssagrives, professeur à la Faculté de médecine, et nous prenons, à une heure de l'après-midi, le train de Monaco par une pluie épouvantable qui ne cesse que vers Savone. Le chemin de fer est établi presque partout parallèlement et à peu de distance de la célèbre route dite de la Corniche. Des ponts, des tunnels, des rochers à pic encadrant de frais vallons peuplés d'oliviers, d'orangers, de maisons peintes, de villages coquettement posés et de petites villes qui se distinguent de celles du centre de l'Italie par leurs églises à deux tours au lieu des dômes milanais et romains. Les vagues déferlent au pied des contreforts appuyant les montagnes et leur embrun arrive jusqu'à nous ; les aloès et les palmiers piquent leur note exotique dans le paysage : du pittoresque tant qu'on en veut, mais un peu trop continuellement identique à lui-même. Voici *Savone* et sa citadelle, où Napoléon tint si longtemps le pape Pie VII prisonnier ; *Noli* où le soleil se décida enfin à reparaître, ciselant de ses rayons les créneaux des vieilles murailles et de l'ancien château perché sur un roc ; *Albengo*, avec ses tours de brique se détachant vigoureusement sur les sommets alpins couverts de neige fraîche; *San Remo* et ses palmiers... A sept heures de Rome, nous arrivâmes à la douane française où il fallut justifier de notre identité, et après dîner, à sept heures de Paris, nous partîmes pour *Monaco*, ayant ainsi gagné tout d'un coup une heure sur notre journée.

Monaco n'est pas loin : nous reconnûmes le passage de *Menton* à son flot de lumières ; et peu après un gendarme monégasque apparut, annonçant Monte-Carlo. Là nous descendîmes pour avoir le spectacle de la salle de jeu. La situation de Monaco est digne, au clair de lune, d'un imposant décor d'opéra : un énorme rocher à pic formant presqu'île supporte le château de la principauté auquel on accède librement, et la vieille ville

qui lui est contiguë ; cette masse se profile en silhouette sombre
sur le fond argenté de la mer pendant qu'à ses pieds s'étalent en
arrière sur un coteau moins accidenté, les hôtels avec leurs cordons de vives lumières, et le parc féerique orné de pavillons, de
balustres, de plantes rares et de palmiers qui monte au palais de
Monte-Carlo : là, des salles de musique et des salles de jeu : ce
soir on ne donne point de concert et le jeu attire tout le public
cosmopolite autour du tapis vert où la roulette fonctionne au
milieu d'un silence fort impressionnant : jeunes et vieux ont
l'esprit uniquement tendu vers les chances du gain : on n'entend
que le bruit des écus qui tombent sur la table et des rateaux qui
les ramassent, et les phrases saccadées des croupiers indiquant
les phases de la palpitante opération : partout des yeux de
convoitise ou des yeux de désespoir :

LA ROULETTE A MONACO

SONNET

Dans la plus vaste salle, aux lambris magnifiques,
D'un palais élevé pour le plaisir des yeux,
S'étendent en tableaux trois tapis spacieux
Sur lesquels sont gravés des traits cabalistiques.

Et la nuit, sous l'éclat des globes électriques,
Les deux sexes mêlés, forts, faibles, jeunes, vieux,
Accourent se presser en rangs silencieux
Pour jeter leurs trésors sur les signes magiques.

De graves croupiers, le rateau dans la main,
Font mouvoir la roulette, et seuls juges du gain,
Fauchent l'or en moisson toujours riche et nouvelle...

Qu'attendent tous ces gens aux regards inquiets ?
Ils sont venus tenter fortune ; et la cruelle,
Dédaignant leurs soupirs, les prend dans ses filets.

La tenterons-nous aussi ?... Mon beau frère et moi, nous
jetons chacun au hasard une pièce de 5 francs sur le tapis vert.
Rien ne va plus. Les rateaux fonctionnent. Mon beau-frère perd
sa pièce et j'en ramasse deux. Cela nous suffit. Une demi heure
après nous arrivions à Nice pour y chercher un gîte.

SAMEDI 17 OCTOBRE. — *Nice, Marseille et Arles.* — Nous
ouvrons la journée par une promenade matinale sur les boulevards de Nice au milieu des riches hôtels, des villas et des palmiers : ils sont à peu près déserts à cette heure, mais les parfums
des fleurs sont pénétrants, les lumières pas trop vives, la mer est
tranquille, et cette harmonie convient à ce calme. Avant que l'animation quotidienne ne vienne les peupler de couleur et de vie,
nous prenons le train pour Marseille et passons la revue des
petites villes du littoral : *Vence,* perchée sur un monticule jadis
inexpugnable ; ancien siège épiscopal d'Antoine Godeau, l'un des

fondateurs de l'Académie française, nain de la princesse Julie, et poëte favori de Richelieu qui lui donna aussi l'évêché de *Grasse* tout voisin, pour le récompenser, dit-on, d'une paraphrase en vers du *Benedicite* des enfants dans la fournaise : mais je ne crois pas plus cette anecdote que la légende de Napoléon nommant le rennais Bigot ministre des cultes à cause de son nom. Ce sont là rencontres fortuites remarquées après coup. Plus loin, *Antibes*, et sa citadelle en croix de Malte ; *Cannes*, son vieux château, ses charmantes villas en demi-cercle, et son golfe admirable qui nous rappelle le lac Majeur. Les palmiers ont disparu depuis Nice et sont remplacés par des pins pignons plus beaux que ceux d'Italie. Puis on quitte la côte pour entrer dans les terres et suivre une vallée rocailleuse et sauvage d'où émerge *Fréjus* avec les ruines de son amphithéâtre romain. Nous retrouvons bientôt, alternant avec les oliviers, les vignes en échalas, signe du retour. Voici *Toulon* et tous ses forts, juchés jusqu'au haut de la montagne blanche qui écrase la ville et le port de sa masse imposante ; *Saint-Nazaire-du-Var*, avec ses landes, ses pins et ses bruyères qui semblent un coin de la Bretagne perdu dans la Provence ; la baie de la *Ciotat*, ses vastes chantiers et son sol tellement pierreux qu'il a fallu disposer des murettes entre les rangs d'oliviers ; *Les Roches blanches* et leur pittoresque défilé ; *Aubagne* et ses coquettes bastides ; *Saint-Menet* et ses prairies ; suite de paysages et de sites de la plus grande variété qui nous amène bientôt à *Marseille*, sans que nous nous soyons aperçus de la longueur de la route et de la fuite du temps.

On a vite fait de visiter Marseille avec une bonne voiture. Bien qu'elle ait été fondée six cents ans avant notre ère, cette grande ville qui ne compte pas moins aujourd'hui de 400 mille habitants, n'a conservé de ses anciens monuments que l'église *Saint-Victor* située près de l'entrée du port vieux au pied de la montagne de Notre-Dame-de-la-Garde, et composée d'une crypte des premiers âges du christianisme surmontée d'une nef du XIe siècle aux tours et murailles crénelées qui ressemble à une vieille forteresse : on y conserve une antique vierge noire, la croix de Saint-André et des tombeaux des martyrs de la légion thébaine. Tous les autres monuments sont modernes, et sauf le palais de Longchamp, l'arc de Triomphe, la Bourse et la nouvelle cathédrale, sans grand caractère. L'*Hôtel-de-Ville*, bien qu'il soit dû à la collaboration de Mansart et de Puget, est de style fort lourd, et ce n'est pas le buste de Louis XIV entouré de trophées, au milieu du second étage, qui réussit à l'alléger. La *Préfecture* qui ne date que de dix ans est un immense carré de près de cent mètres de côté, orné à l'extérieur de statues de personnages fort divers depuis l'empereur Constantin et Saint-Truphème, jusqu'à Mg[r] de Belzunce et Portalis, et dans la cour intérieure, de celles de Puget, Suffren, Villars et Mirabeau ; mais conçu dans ce style renaissance passablement hybride qui eut tant de vogue sous le second Empire et qui conviendrait à un pavillon plutôt qu'à un grand ensemble : le relief qu'on a beaucoup cherché n'a pas répondu à l'appel ; l'élévation géné ale manque de hauteur et se laisse écraser par les constructions voisines auxquelles on ne l'a point proportionnée. Construite un peu auparavant, vers 1855, la *Bourse* a beaucoup plus de franchise d'allure : je goûte fort son vigoureux portique du rez-de-chaussée, son élégante colonnade corinthienne du premier étage, formant avant-corps, et son attique bien dessiné : r ais le monument le plus imposant de Marseille (car je ne ais que mentionner la nouvelle *cathédrale* commencée en 18 , dont le plus gros œuvre est seul achevé et qui promet un bon morceau de style byzantin, assisé blanc et noir), celui que l'on vante urbi et orbi, comme si c'était le seul que l'on dût citer, c'est le *Palais Longchamp*, musée des Beaux-arts et d'histoire naturelle, construit, comme les précédents, sous le second Empire, dans une situation exceptionnelle, sur le flanc d'une éminence qui domine la ville. Il est bien un peu prétentieux, avec ses rampes et ses cascades et sa colonnade demi circulaire à jour qui réunit le Château d'eau central au Musée des Beaux-Arts à gauche et au Muséum d'histoire naturelle à droite : mais on ne peut lui refuser en somme ni la grâce ni l'originalité : c'est à mon sens une des meilleures œuvres architecturales de ces derniers temps : on a tiré admirablement parti des accidents de terrain ; le monument est bien dégagé et couronne au mieux la colline. Le groupe central dédié à la Durance est de *Cavelier*, et les animaux qui décorent l'entrée de *Barye :* c'est dire que l'architecte marseillais *Espérandieu* n'a rien négligé pour rendre son œuvre parfaite. Les difficultés furent plus tard analogues pour décorer le Trocadéro où l'on procéda en sens inverse en plaçant le bâtiment central au milieu : je donne le prix à la solution de Marseille.

Le musée des Beaux-arts possède quelques toiles et statues de choix de Puget, de Delaplanche et de Turcan ; une Sainte famille du Pérugin, un christ de Van Dyck, un corps de garde de Téniers, un paysage de Ruysdaël, des portraits par Rembrandt, Rubens, Greuze et Ricard, des Corot, des Courbet, des Ribot, des Chaplin et des Boulanger : mais il eût fallu voir tout cela avant Venise, Florence et Rome : nous préférons concentrer notre attention artistique sur l'*arc de Triomphe* placé au milieu de la rue d'Aix qui, prolongée par le cours Belzunce, la rue de Rome et l'avenue du Prado, traverse Marseille d'un bout à l'autre de l'Est à l'Ouest, sur plusieurs kilomètres. Commencé sous la Restauration en l'honneur du duc d'Angoulème pour son fait d'armes du Trocadéro, cet arc à une seule porte fut terminé sous le gouvernement de Juillet avec changement de destination, et mérite un pélérinage à cause des statues et des bas-reliefs de David d'Angers et de Ramey : nous admirons surtout les batailles de Fleurus et d'Hiéropolis du premier, celles d'Austerlitz et de Marengo, du second.

Mais ce ne sont pas, au surplus, les chefs-d'œuvre de l'art que le touriste doit venir chercher ici. Marseille vaut surtout par sa situation, par son commerce et par son port : et c'est merveille de voir l'animation qui règne dans le *Port Vieux* où l'on continue les anciens procédés d'exploitation avec des camions et les navires debout à quai en forêt inextricable, et de l'autre côté du fort Saint-Jean, dans les modernes bassins de la *Joliette* où les derniers perfectionnements de l'industrie moderne, rails, wagons, docks, engins à vapeur et hydrauliques se sont donné rendez-vous pour activer le chargement et le déchargement des grands steamers et des paquebots de toute sorte alignés en flanc le long des môles et des quais. Les grues agitent leurs grands bras : les sacs et les caisses traversent l'espace : la vapeur s'échappe en tourbillons ; les sirènes sifflent ; les locomotives et les trains circulent dans toutes les directions : c'est un mouvement et un bruit continus, étourdissants. Mais si l'on veut se rendre un compte exact de l'envergure de cette activité fébrile, il faut dominer le port et monter à *Notre-Dame de la Garde*. C'est un lieu de pèlerinage vénéré des marins Marseillais : l'église reconstruite de nos jours en style byzantin, est appareillée à l'intérieur en assises de marbres blancs et rouges et ornée de mosaïques avec une richesse extrème : dans la crypte on admire une *Mater dolorosa* de Carpeaux. Or, du haut de la plate-forme, le panorama est magnifique. A nos pieds les forts Saint-Jean et Saint-Nicolas encadrent l'entrée du Port Vieux, l'avenue de la République s'aligne vers la nouvelle cathédrale et se prolonge le long des darses de la Joliette qui fuient indéfiniment vers les montagnes de la Nerthe et le cap Couronne ; à gauche la mer bleue égayée par les points blancs des îles de la rade et du château d'If ; à droite les collines chargées de bastides qui s'étagent au pied du mont Garlaban et du pic de Bretagne, près la Sainte-Baume. C'est un des plus beaux ensembles que nous ayons rencontrés dans notre voyage.

Au retour, nous traversons pour la seconde fois la célèbre *Canebière*, large rue qui débouche sur la place du Port vieux et qui nous avait paru peu mouvementée lorsque nous y avions visité la Bourse. Maintenant c'est l'heure de l'apéritif : les trottoirs sont envahis par une foule bruyante attablée devant les cafés, et tellement compacte que la circulation y est presque impossible. On crie, on gesticule, on se démène. Naples est cette fois dépassé. Etourdis plus encore qu'à la Joliette, nous prenons le train pour Arles où nous retrouvons le calme en visitant tranquillement les Arènes au clair de lune, pour aller ensuite coucher à Montpellier.

Dimanche 18 octobre. — *Montpellier*. — Après une ville de commerce et de bruit, en voici une de science, de recueillement et d'étude. Nous y passons en famille une véritable journée de repos chez l'excellent docteur Fonssagrives qui, après la messe aux Pénitents Blancs, nous fait admirer la charmante fontaine aux Trois Grâces de la place du Théâtre, les splendeurs architecturales de l'Esplanade du Peyrou, avec ses escaliers et ses balustres à la Versailles, son élégant château d'eau et l'immense

aqueduc qui se perd au loin dans la campagne grise au milieu
des vignes et des oliviers ; puis les miniatures de la riche bibliothèque de l'Ecole de Médecine, et les Greuze, les Téniers et les
Courbet du Musée de Peinture. Il y a beaucoup de recoins pittoresques dans les vieilles rues de cette antique cité, d'anciennes
portes de ville, le porche étrange de la cathédrale qui semble un
morceau détaché de quelque abbaye en ruine, la façade à machicoulis de la Faculté de Médecine et bien d'autres curiosités
d'album ; mais il faut nous rappeler que nos trente jours sont à
la veille de s'écouler et nous résigner à partir pour Bordeaux.
La nuit nous surprend entre Cette et Narbonne, au moment où
la verdure maussade des oliviers et le sol de rocailles vont enfin
laisser place, après le passage du col de Naurouze, aux prairies
fraîches et gaies et aux peupliers de la vallée de la Garonne. Un
salut en passant à la double enceinte de la vieille cité de Carcas-
sonne, merveilleusement restaurée par Viollet le Duc, et fantastique aux rayons de la lune. Nous nous endormons devant
Toulouse pour nous réveiller à sept heures du matin en gare de
Bordeaux.

LUNDI 19 OCTOBRE. — *Bordeaux, retour.* — Bordeaux est, à
mon gré, la seconde ville de France au point de vue de l'aspect
extérieur. Tout le quartier du Grand Théâtre, de la place de
Tourny, de la rue de l'Intendance et de l'Ancienne Douane, sur
les quais de la Garonne, lui donne un air de véritable capitale.
Avec cela de vieilles portes, des arcs romains, une magnifique
cathédrale gothique, des églises de tout âge et de tout style, des
tours carrées et des flèches aiguës, un pont monumental sur une
rivière large et chargée de navires, des places gigantesques et
bien plantées, un jardin charmant de fraîcheur, des musées
riches et largement entretenus, tout concourt à la fois pour le
plaisir de l'esprit et pour le plaisir des yeux : mais il y faut du
soleil, et comme à Gênes une pluie diluvienne nous condamne à
n'en point profiter. Aujourd'hui même s'ouvre l'exploitation de
la nouvelle ligne de chemin de fer de Bordeaux à Nantes par
Saintes et La Rochelle : on nous donne les billets n°ˢ 1, 2
et 3; et nous rentrons sans incident dans nos pénates, pour y
prendre un repos bien gagné.

Le beau ciel bleu est loin maintenant. Loin sont les lacs
d'azur, les montagnes violettes et pourprées, les villas dorées, les
chefs-d'œuvre de l'art moderne. Mais nous aussi, malgré notre
ciel gris et nos brouillards, nous avons de l'or, celui de nos ajoncs
et de nos grèves : de la pourpre, celle de nos bruyères ; et cet or
et cette pourpre sont encadrés dans la forte verdure de nos prairies et de nos grands chênes : nos falaises de granite sont découpées par les rudes assauts d'une mer vivante, qui n'est

pas immobile comme là-bas et qui recule et s'avance chaque jour
sans jamais pouvoir nous dévorer : au lieu des dômes trapus,
nous avons les frêles clochers à jour qui s'élancent en aiguilles
vers le ciel : au lieu des voluptueux bosquets de myrtes et de
lauriers roses, nous avons les landes sauvages peuplées la nuit
de malins Korrigans, et nos œuvres d'art sont les gigantesques
dolmens et les alignements de menhirs qui n'ont pas encore
daigné révéler leurs impénétrables secrets. Lequel vaut le
mieux ?... La réponse n'est pas douteuse pour un Breton :

ADIEUX A L'ITALIE

SONNET

Italie ! ô terre des merveilles,
Beau pays que l'art et que les Dieux
Se sont plus, dans leurs magiques veilles,
A combler de tous les dons des Cieux,

Sur tes fleurs, imitant les abeilles,
J'ai couru, butinant en tous lieux,
Et rempli mes gourmandes corbeilles
Des reliefs de tes fruits précieux.

De mes sens tu conquis les couronnes ;
Mais mon cœur, loin des landes bretonnes,
Restait pur et fidèle à sa foi.

Je préfère à tes molles caresses
Le baiser de Merlin, barde-roi ;
Et l'Armor a toujours mes tendresses.

René KERVILER

F I N

St-Nazaire. — Imp. FRONTEAU.

www.ingramcontent.com/pod-product-compliance
Lightning Source LLC
LaVergne TN
LVHW010110070726
842525LV00017B/1044